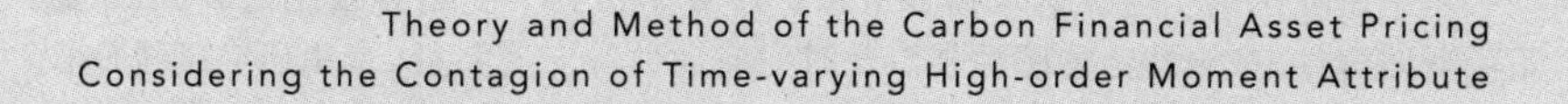
Theory and Method of the Carbon Financial Asset Pricing
Considering the Contagion of Time-varying High-order Moment Attribute

考虑时变高阶矩属性风险传染的碳金融资产定价理论与方法

云　坡　著

中国科学技术大学出版社

内 容 简 介

本书是在国家实现碳达峰和碳中和宏观战略指导下的微观基础研究，基于碳市场非对称性、政策冲击敏感性强以及时变波动性等专属特征，聚焦研究碳排放权市场化交易中的定价问题，科学揭示碳溢价波动形成机理和定价信息。本书从理论层面上，构建了考虑高阶矩属性风险传染关系的碳金融资产定价框架；从实验层面，构建了考虑波动趋势异质性的碳金融资产及其定价因子的高阶矩属性传染关系检验的新方法；最后，构造了 Multi-LSTM 模型和 NAGARCHSK-LSTM 集成模型，实现了碳价的拟合与预测。研究拓展了碳金融资产定价的理论前沿，促进了学科交叉和融合，有助于推进不确定环境下的碳金融市场投资决策。

本书的研究内容、视角和方法可为碳市场建设与监管机构、市场投资者、减排实体以及环境金融领域的本科生和研究生等提供参考。

图书在版编目(CIP)数据

考虑时变高阶矩属性风险传染的碳金融资产定价理论与方法/云坡著.一合肥:中国科学技术大学出版社,2023.3
ISBN 978-7-312-05482-2

Ⅰ.考… Ⅱ.云… Ⅲ.二氧化碳—排污交易—金融市场—定价—研究 Ⅳ.① F831.5 ② X511

中国版本图书馆 CIP 数据核字(2022)第 105612 号

考虑时变高阶矩属性风险传染的碳金融资产定价理论与方法
KAOLÜ SHIBIAN GAOJIE JU SHUXING FENGXIAN CHUANRAN DE TAN JINRONG ZICHAN DINGJIA LILUN YU FANGFA

出版 中国科学技术大学出版社
安徽省合肥市金寨路 96 号,230026
http://press.ustc.edu.cn
https://zgkxjsdxcbs.tmall.com
印刷 安徽省瑞隆印务有限公司
发行 中国科学技术大学出版社
开本 710 mm×1000 mm 1/16
印张 10.25
插页 8
字数 181 千
版次 2023 年 3 月第 1 版
印次 2023 年 3 月第 1 次印刷
定价 58.00 元

前　言

温室气体排放剧增是全球环境负外部性的直接诱因。将碳排放权赋予商品属性,依靠市场化金融手段解决碳减排问题,已成为国际社会应对气候变化、抑制温室气体排放的主要手段。碳金融市场的创建立足于国际社会履行减排责任的各项公约和协议,发展于各国推进碳金融市场运行的政策措施。作为碳金融市场的核心,有效的碳金融资产定价机制将推动碳金融市场机制的成熟和完善、市场效率的提升,更好地服务于碳减排落实。

碳金融资产定价研究不仅需要遵循一般金融资产的基本定价方法,还要反映碳价的驱动特征。而现有碳金融资产定价研究,聚焦从收益率低阶矩视角研究碳金融资产的价格信息传递和风险波动溢出等,忽略从更高阶矩属性研究市场非对称信息和极端冲击等因素对碳金融资产收益的影响。特别是随着全球资本流动的增强,碳金融市场与资本市场和能源市场等在发生低阶矩属性联动关系的同时,也会产生因市场非对称信息和极端冲击而导致的偏度和峰度等高阶矩属性的风险传染现象。而基于高阶矩属性风险传染理论,显著性的高阶矩属性风险传染能够对市场非理性协同运动和极端冲击所导致的价格变动提供有效解释,这一解释视角契合碳金融资产所具备的市场非对称性和极端冲击敏感性等特征。因此,将高阶矩属性风险传染关系纳入碳金融资产定价框架,符合碳金融资产的专属特征,能够用新的证据因子解释碳金融资产的溢价波动。

本书研究创新和结论如下:

(1) 构建考虑高阶矩属性风险传染关系的碳金融资产定价框架。

首先,将二元资产高阶矩资产定价框架拓展至多因子,形成基于高阶矩的碳金融资产多因子定价框架。其次,基于碳金融资产高阶矩属性风险传染理论,对定价框架中碳价及其定价因子间的风险传染关系进行检验和识别,研究市场波动趋势异质性下的风险传染关系和传染强度,从市场非理性协同运动和极端冲击角度解释碳金融资产溢价波动。最后,将识别的高阶矩风险传染关系反馈到拓展高阶矩碳金融资产定价框架中,形成考虑高阶矩属性风险传染的碳金融资产定价框架。该理论框架遵循从"一般到特殊"的构建思想,将融合碳金融资产特征的高阶矩属性风险传染关系纳入定价框架中,为碳金融资产溢价波动提供新的证据解释。

(2) 构建考虑波动趋势异质性的碳金融资产及其定价因子间的高阶矩属性风险传染关系检验的新方法。

市场收益波动隐含了碳金融资产对遭受极端冲击或非对称信息冲击的市场反映,研究基于市场波动趋势差异的风险传染关系符合碳金融市场波动异质性特征。研究发现:① 碳金融资产及其定价因子间不仅存在低阶矩属性的风险传染关系,而且还存在协偏度、协峰度和协波动率等高阶矩属性渠道的风险传染关系。这表明从高阶矩属性出发,考虑碳金融资产及其定价因子间因市场非对称信息和极端事件冲击而导致的风险传染关系,已经成为影响碳金融资产价格驱动机制的新的因子证据。② 快速波动趋势下的风险传染强度大于缓慢波动趋势下的。不同风险波动趋势的传染强度差异,本质上是碳金融资产收益及其蕴含的风险和收益对应关系的一种表征。该结论为筛选具有高阶矩属性风险传染关系的碳定价因子,开展定价模型的拟合与预测提供分析基础。

(3) 构建多层多变量长短期记忆神经网络实现碳金融资产定价框架的拟合与预测。

根据所识别的具有高阶矩属性风险传染关系的碳价及其定价因

子，构建基于碳金融资产定价框架的实证模型，构造处理金融时间序列具有优势的多层多变量长短期记忆神经网络（Multi-layer and Multi-variable Long Short-term Memory Network，Multi-LSTM）对定价框架进行拟合。通过实验手段确定最优的网络结构和参数，提高模型拟合和泛化能力，实现有效收敛。研究发现：相比不考虑高阶矩属性的碳金融资产定价框架，考虑高阶矩属性风险传染的定价框架能够对碳金融资产收益，特别是较长期限的收益进行较好精度的预测和模型拟合；Multi-LSTM 模型的预测绩效和稳定性显著优于其他深度网络模型（Multi-GRU、RNN、MLP）、波动率模型（Garch-M）以及神经网络模型（BP）等回归器。该结论印证了定价模型的优越性以及机器学习方法的拟合优势。

（4）构建 NAGARCHSK-LSTM 集成模型对具有时变高阶矩波动特征的碳价进行拟合与预测。

基于碳资产特有的市场非对称性、政策冲击敏感性强以及时变波动性等专属特征，构建集成定价模型 NAGARCHSK-LSTM，研究市场非对称信息和极端因素对碳价的时变冲击关系。研究显示：碳资产具有明显的时变高阶矩波动特征；考虑时变高阶矩波动特征的碳定价模型 NAGARCHSK-LSTM 能够对碳收益进行较好的拟合和预测，特别是对较长滞后时期的碳价预测效果表现出良好的稳定性和精准度。该结论表明，考虑时变高阶矩波动特征的高阶矩项能有效解释市场非对称信息和极端因素对碳价的时变冲击，是重要的碳价解释。

本书是在国家战略指导下的微观基础研究成果，研究在理论上证明了所构建的考虑高阶矩属性风险传染的碳金融资产定价框架，能对碳金融资产溢价提供有力解释，表明了将高阶矩属性风险传染关系纳入碳资产定价框架的合理性和有效性，拓展了碳金融资产定价理论和方法；在实践上，为碳金融资产定价机制的成熟和完善以及不确定环境下碳金融市场投融资决策提供理论参考。

本书是对笔者研究工作的阶段性总结。在此，首先要感谢笔者的博士研究生导师，合肥工业大学管理学院的张晨教授，她的倾心指导和科研培训为笔者未来的学习工作奠定了坚实的基础。其次感谢笔者就职的合肥学院，在这里笔者体会到了浓浓的师生情谊、融洽的同事关系以及务实的传承精神。再次特别感谢以下项目对本书的支持：2021 年度教育部人文社会科学研究青年基金项目“基于双向多层循环神经网络时变高阶矩传染的碳金融资产定价研究”（编号：21YJC790152）、2021 年安徽省社会科学创新发展研究课题攻关项目“双碳约束下绿色金融推动安徽省制造业绿色转型的路径和优化升级研究”（编号：2021CX028）、2021 年度安徽省高校人文社会科学重点项目“基于多源模态信息融合的我国碳排放权价格机制刻画与预测研究”（编号：SK2021A0574）以及安徽省级质量工程项目（编号：2021zygzts054）、合肥学院人才科研基金项目（编号：20RC62）、合肥学院重大教研项目（编号：2020hfujyxm02）的支持。另外，还要感谢中国科学技术大学出版社的编辑老师们，感谢他们对本书出版的付出。

特别感谢本书所引用文献的所有作者！

限于作者的知识阅历和学术水平，书中难免有不当之处，欢迎读者批评指正！

云坡

2022 年 12 月

目　　录

第1章 绪 论

1.1 研究背景、目的与意义

1.1.1 研究背景

根据研究主题背景，本小节首先分析温室气体排放及其导致的严峻的环境负外部性；其次阐述国际社会依靠市场化手段应对气候变化的实践过程；最后分析碳金融市场的核心问题，即碳金融资产定价的相关研究背景。通过“层层细化、有效衔接”的思路，阐述本研究的来源和逻辑路径。

1.1.1.1 环境负外部性的加剧

温室气体排放剧增是环境负外部性加剧的直接诱因。自18世纪工业革命以来，随着全社会生产技术的进步以及能源结构的变革，世界经济经历了从“蒸汽时代”到“电力时代”，再到“科技时代”的转变，人类在不足300年的时间里创造了有史以来经济社会发展的奇迹。根据美国经济学家德隆（Bradford DeLong）的研究，工业革命之前人类漫长的历史中全球经济年均增速仅0.1%，然而自18世纪至20世纪末，全球人均GDP增长了近37倍，到2009年达到50倍，到2019年更是突破了65倍。经济的巨大增长一方面释放较强的红利效应，极大地变革了人类社会生产生活方式，推动了社会文明的进步；另一方面也因过度的资源开采和耗费以及肆意的工业污染排放等，造成了严峻的环境负外部性，即全球范围内污染物排放急剧增加，爆发了严峻的环境问题和社会问题。二氧化碳作为引发温室效应和全球变暖的主要污染气体，它的排放主要源于工业企业化石能源的燃烧。虽然适度存量的二氧化碳是全球气候环境的重要构成，但是很显然这一存量因人类的经济活动正在发生巨大变化。据世界银行数据显示(图 1.1)，2018 年全球二氧化碳排放量比 1960 年增长了 2.1 倍，人均排放量增长近 67%，人均能源产量及能耗量增长近 60%。

根据美国国家海洋和大气管理局(NOAA)公布的信息显示，工业革命之初，全球大气二氧化碳浓度为 2.8×10^{-4}，而到 2017 年这一数据增长为4.0×10^{-4}，到 2019 年增长为 4.15×10^{-4}。二氧化碳排放量持续增长直接导致全球气温的升高，自 1850 年以来，地球平均气温已升高 1.1 ℃，而全球温度的升高不仅会引发海平面上升、冰川融化加剧、生物多样性减少、热量分布不均而导致的极端气候突变以及农业生产灾害频发等严峻的自然环境问题，而且还会产生更严重的社会问题和政治问题，从而改变人类的生存环境、威胁人类健康，并最终影响经济的持续发展和人类文明进程。因此，在推动经济增长的同时，有效遏制全球气候问题、减少温室气体排放等已经成为人类社会的当务之急。

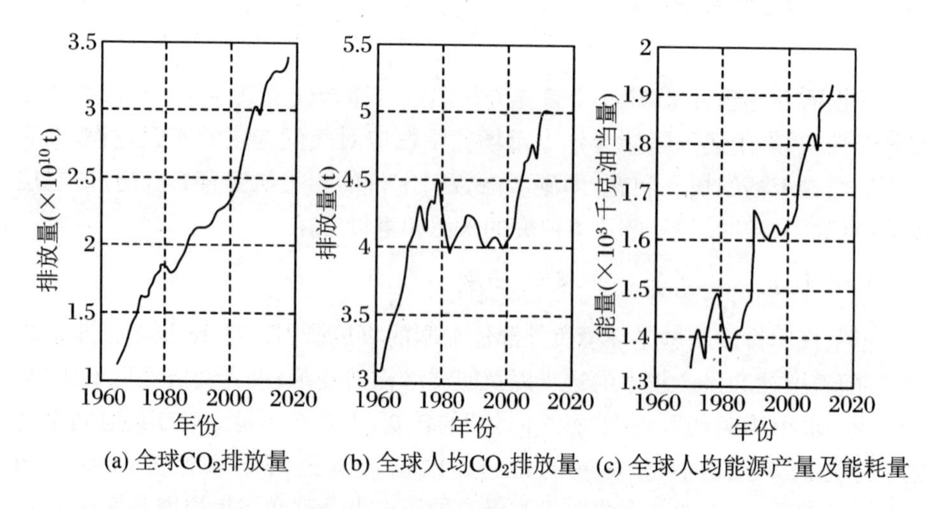

图 1.1　1960～2018 年全球主要温室气体排放曲线①②

① 1 千克油当量＝41868 千焦。

② 数据来源：Wind 金融资讯。

1.1.1.2　碳金融市场的产生与发展

建立碳金融市场是国际社会应对气候问题、降低污染排放的市场化手段。1992年6月召开的联合国环境与发展大会上，全球150多个国家签署了《联合国气候变化框架公约》(United Nations Framework Convention on Climate Change，以下简称《公约》)，并将抑制温室气体排放、实现全球可持续发展设定为最终目标。《公约》在“共同而有区别的责任”原则的基础上，要求发达国家，即温室气体排放较多的国家，有责任采取积极有效措施减少污染气体排放，并向发展中国家的履行公约行为提供资金帮助，而发展中国家暂时不承担法定的减排责任。《公约》的达成和实施最大贡献在于为国际社会解决气候和环境问题提供了国际合作的基本框架。作为《公约》的补充条款，1997年通过的《京都议定书》，进一步落实对发达国家履行温室气体减排的责任，特别是减排气体种类、时间进度安排以及减排额度分配等做出详细规定，并明确提出2008～2012年主要工业国家要实现温室气体排放量比1990年减少5.2%的排放目标。为推动各国减排行动的落实，《京都议定书》设计出三种比较灵活的温室气体减排的市场化履约手段，即联合减排机制(Joint Implementation，JI)、国际排放权交易(International Emission Trading，IET)和清洁发展机制(Clean Development Mechanism，CDM)。其中，JI和IET两种手段是指发达国家间通过以减排项目为基础的合作，来实现碳排放权的转让、交易等；而CDM指在发达国家与发展中国家之间，以绿色项目合作为基础，发达国家通过提供减排技术和资金支撑等措施，使发展中国家实际的减排额度低于责任额度，从而换取这部分经核证的减排量来弥补本国减排额度缺口。

上述三种减排手段的实施，本质上是将碳排放权赋予商品属性，直接促进了国际碳金融市场的形成。作为全球首个基于法律框架的碳排放交易市场，2005年成立的欧盟碳排放交易体系(European Union Emissions Trading System，EUETS)现已成为交易量最大、流动性最强、市场机制比较成熟的国际性碳金融市场，可以为其他国家开展区域碳市场建设、制度规范等提供参考。EUETS建立在总量控制和强制性减排责任履行基础上，基于“自上而下”的配额分配原则，由各成员国确定各减排实体初期分配的排放许可权，即欧盟碳配额(European Union Allowance，EUA)。假如减排单位实际碳排放额度小于分配的排放许可，则可将多余的额度在碳金融市场卖给配额不足的减排企业；

如果企业发生减排额度缺口，也可到碳金融市场购买配额。为推动碳金融市场发展，EUETS根据市场覆盖范围、配额分配形式、交易规则等设置了三个发展阶段：第一阶段（2005年1月～2007年12月）属于实验阶段，减排气体仅限二氧化碳，减排覆盖能源、石化等高耗能行业；第二阶段（2008年1月～2012年12月）将减排气体扩展到包括二氧化硫、氟氯烷在内的其他温室气体，并将交通行业纳入减排范围，实现碳排放量相较于1980年减少19%的目标；第三阶段（2013年1月～2020年12月）进一步将航空行业纳入减排范围，提出实现碳排放量相较于2005年减少21%的目标。

随着《京都议定书》碳排放交易第三阶段逐渐到期，为明确2020年以后全球碳减排行动安排，2015年巴黎气候大会上通过了《巴黎协定》，明确提出两个基本目标：一是实现本世纪内全球气温上升在2℃以内；二是实现本世纪下半叶全球温室气体净零排放。作为负责任的大国，中国政府高度重视温室气体排放的治理和环境问题的解决，对内转变经济增长方式，践行绿色发展理念，对外推动建立应对环境问题的多边合作机制，并为国际社会达成《巴黎协定》而多方斡旋。为落实国际责任，实现《巴黎协定》规定的减排目标，2017年12月，在国内区域碳市场试点的基础上，中国政府正式启动全国统一碳金融市场建设。截至2019年6月，中国试点碳市场的行业范围基本覆盖电力、钢铁、水泥等高耗能行业，累计二氧化碳成交量突破3.3亿吨，成交金额高达70亿元。然而《巴黎协定》的第六条，即围绕国与国之间碳排放的合作和市场交易机制的国际谈判和博弈最为艰巨。虽然以CDM、JI和IET为核心的国际碳市场运行机制和交易细则在“京都时代”已经取得较为成熟的经验，但在“后巴黎时代”，随着国际碳市场治理格局由“自上而下”向“自下而上”模式的转变，《京都议定书》所规定的国际排放交易模式、市场机制、成熟经验以及制度建设等能否在新的时代环境下得以继承和延续仍存在较大的不确定性。2019年12月，在马德里举行的联合国气候变化大会上，全球196个国家和地区就《巴黎协定》的实施细则和目标落实等议题展开谈判，并通过《智利-马德里行动时刻》文件，明确当前国际社会迫切需要削减温室气体排放的强烈愿望。但遗憾的是未就大会核心议题，即《巴黎协定》第六条规定的国际碳金融市场合作和交易等实施细则达成共识，这表明围绕国际碳排放交易市场建设和发展的国际谈判和大国博弈仍将持续，国际碳市场的发展及其对温室气体减排作用的发挥仍存在诸多障碍。

1.1.1.3　碳金融资产定价研究的推进

将碳排放权赋予商品属性，依靠市场化手段解决碳减排问题，已经成为全球各国解决气候问题、控制污染物排放的主要手段。作为碳金融市场的核心，有效的碳金融资产定价机制将有助于推动碳金融市场机制的成熟和完善、市场效率的提升，能更好地服务于碳减排落实。相比于其他成熟的资本市场，碳金融市场具有三个主要的专属特征：一是市场非对称性特征，即由于市场效率较弱，其容易受到非完全理性投资者非理性行为的影响。二是具有极为敏感的政策依赖性或强的政策冲击敏感性特征，能源政策、碳税政策、配额信息、国际谈判、金融危机等都会引发碳金融市场价格的剧烈波动和冲击（图 1.2，见 157 页彩图）。例如，碳配额禁止跨期存储政策的实施导致 2007 年底欧洲碳价严重下滑；2008 年底全球金融危机引发实体经济不景气，进而导致碳价下跌；2012 年底欧洲第二减排阶段到期引发的碳价下降；全球新冠肺炎疫情肆虐导致全球经济再度低迷以及美国股市多次熔断，进而触发碳价大幅下滑（自 2020 年 3 月 10 日以来，受到疫情影响碳金融资产期货和现货价格下跌最为明显，并在连续的 13 个交易日内期货价格跌幅达 35%）。三是碳价波动具有时变性特征，即碳价不仅受自身收益序列长记忆性影响，还受到自身波动率的动态冲击。如何根据碳价专属特征，科学揭示碳溢价波动形成机理和定价信息，并将其融入到碳定价模型中是目前面临的重大挑战。

因此，碳金融资产定价研究不仅要遵循一般金融资产的基本定价方法，还要反映碳价特殊的驱动机制。碳金融资产的价格预测和定价模型构建要反映上述三个不可或缺的关键特征，才能既符合碳价特征的价格驱动机制，又能够提高定价准确性，为碳资产供求企业提高经济效益、金融机构碳金融创新以及投资者投机套利和风险管理等提供价格运行规律和决策依据。

然而通过对现有碳金融资产定价研究的文献分析我们发现：首先，现有碳金融资产定价研究主要聚焦收益率的低阶矩属性视角（均值和方差），研究定价因子对碳价的信息传递和波动溢出关系，而忽略了从更高阶矩属性（市场偏度和峰度）视角研究市场非对称信息和极端事件冲击对碳价的影响机制，这种缺陷使得现有碳金融资产定价研究的准确性备受质疑。事实上，基于市场偏度和峰度的市场非对称性和极端事件等因素已被证实是解释金融资产投资组合收益的重要指标[1-2]。其次，随着全球金融联动的增强，碳金融市场已经成为全球金融资本投机套利和套期保值的重要平台。基于金融风险传染和拓展高阶矩资本资产定价模型(Capital Asset Pricing Model, CAPM)[3],碳金融市场内部发生的市场非对称信息和极端事件冲击而造成的价格风险极易通过全球金融网络传递到其他金融市场或能源市场;同理,其也会受到这些市场价格风险的影响,即碳金融资产与其定价因子间因高阶矩属性的冲击而导致的风险传染关系也会对碳金融资产定价造成影响。而基于高阶矩属性风险传染理论,显著性的高阶矩属性风险传染关系能够对市场非理性协同运动和极端冲击所导致的价格变动提供有效解释[4-5],这一收益波动的解释视角契合了碳金融资产所具备的市场非对称性和极端冲击敏感性等特征。然而,现有碳金融资产定价的研究却忽略了对高阶矩属性风险传染的关注,也未考虑这种风险传染关系对碳金融资产定价的影响。

因此,在全球环境问题日益严峻以及国际碳排放交易机制推进缓慢的形势背景下,研究碳金融资产定价机制及其在特殊市场效率背景下的价格决定机制等,将为碳排放市场交易机制的完善、价格机制的创新等提供参考,使其更好地服务于碳减排的落实和温室气体的减少。

基于上述研究背景,本研究构建一个新的考虑高阶矩属性风险传染的碳金融资产定价框架。该框架不仅通过定价因子各高阶矩项为碳金融资产价格波动提供溢价解释,而且还基于碳金融市场波动趋势异质性特征,考虑市场非对称信息和极端事件冲击而导致的风险传染关系对碳价的影响机制,刻画具有时变高阶矩波动特征的碳溢价形成机制和模型预测效果。由于新的定价框架具有明显的非线性和矩属性维度差异较大等特征,本研究使用机器学习方法中具有长记忆功能的长短期记忆神经网络(Long Short-term Memory Network, LSTM)和门限递归神经网络(Gated Recurrent Unit, GRU)等实现定价框架的拟合和价格预测。新的定价框架不仅吻合碳金融资产特征,而且采用机器学习方法实现数据的拟合和优化,能提供更加准确的定价效果,可以更好地服务于碳金融市场资金配置功能的发挥和减排目标的落实。

1.1.2　研究目标

本研究基于拓展高阶矩金融资产定价理论、金融资产风险传染理论等,考虑碳金融资产的市场非对称性、政策冲击敏感性强以及时变波动性等特征,构建考虑高阶矩属性风险传染的碳金融资产定价框架，并引入机器学习方法实现对定价框架的拟合，以期实现以下研究目标：

(1) 分析碳金融市场与其定价因子市场间高阶矩属性的风险传染关系。基于金融资产风险传染理论，研究碳价与其定价因子间市场高阶矩属性的风险传染关系，尤其是市场非对称信息和极端事件冲击而导致的风险传染关系更加符合碳金融市场价格的专属特征；识别碳金融资产高阶矩属性风险传染渠道；探索不同市场波动趋势风险传染程度的差异，为开展针对性的价格研究提供基础。

(2) 厘清高阶矩属性风险传染关系对碳金融资产的价格影响机理。基于构建的考虑高阶矩属性风险传染关系的碳金融资产定价框架，研究高阶矩属性风险传染关系对碳价的影响和溢价解释；建立碳价与定价因子间高阶矩属性风险传染的非线性关系；基于跨市场联动理论探索高阶矩属性风险传染关系与碳金融资产价格的内在联系。

(3) 探索具有高阶矩属性风险传染关系的定价框架对碳金融资产的溢价解释和收益预测。由于本研究构建的碳金融资产定价框架包含较多的定价因子，而且各因子存在阶矩属性维度的差异，因此需要能够同时满足非线性拟合和数据降维作用的机器学习方法进行定价框架的拟合与预测。本研究采用具有时间序列长记忆性功能的长短期记忆神经网络拟合定价框架；基于实验手段确定网络层数和神经元结构等网络特征；对不同高阶矩属性风险传染关系的碳金融资产定价模型，以及不同期限的碳价进行预测分析和模型性能评估；比较考虑和不考虑高阶矩属性风险传染对碳金融资产定价框架的解释能力差异等。

(4) 刻画具有时变高阶矩波动特征的碳溢价形成机制和收益预测。碳资产具有明显的时变高阶矩波动特征，相比常数高阶矩波动率模型而言，时变高阶矩波动率模型能够通过时变方差、时变偏度和时变峰度方程揭示系统性风险、市场非对称信息以及极端因素对碳溢价的时变冲击关系，刻画碳金融市场及其定价因子市场的市场非对称信息与极端外部因素对碳价时变影响关系。特别是基于机器学习的建模技术能够对这种复杂多维的非线性关系进行良好的拟合和预测，对碳价时变波动所形成的波动集聚现象和溢价机制提供新的解释视角。

1.1.3 研究意义

碳金融资产定价理论和方法是提高碳金融市场有效性的核心，关系到碳金融市场减排功能的发挥和目标的实现，本研究具有一定的理论价值和实践意义。

1.1.3.1 理论价值

(1) 拓展了考虑高阶矩属性风险传染关系的碳金融资产定价理论和方法。从高阶矩金融资产定价理论出发，探索高阶矩属性风险传染的基本内涵及其在定价框架中对碳价的内在影响机理；基于拓展高阶矩资产定价理论和跨市场风险传染理论，构造考虑高阶矩属性风险传染关系的碳金融资产定价框架，引入具有自学习自适应和自调整优势的机器学习技术，实现定价框架的参数估计和溢价解释。该定价框架一方面立足于金融市场经典的高阶矩定价理论和风险传染理论；另一方面也考虑碳价的专属特征，其构建过程融合多领域的金融市场理论，符合从“一般到特殊”的模型构建思路和演进路径，具有一定的理论创新和意义。

(2) 基于机器学习的碳金融资产溢价解释和收益预测研究具有一定的推广价值。碳金融具有明显的商品属性和金融属性。因此，解决碳金融资产定价问题的理论框架和研究方法，一方面源于一般性金融资产经典的定价理论和方法，并在解决碳金融资产的定价过程中进行创新和推进；另一方面，碳金融资产定价问题的解决思路和过程也可为其他资本市场或能源市场定价问题的解决提供参考。尤其是在传统低阶矩属性基础上，考虑富含更多信息和特征的高阶矩属性定价因子将更有效地解释资产收益的溢价波动。使用机器学习方法实现复杂定价因子的非线性拟合与预测，实现具有矩属性维度差异的特征学习和信息融合等也为解决其他市场资产定价问题提供方法上的指导。

1.1.3.2 实践意义

(1) 服务于碳金融市场减排作用的发挥和市场交易机制的完善。碳金融资产定价研究根植于碳金融市场的原始功能和复杂特性，具有明确的问题导向和目标导向。从本源属性而言，碳金融资产定价机制的完善有助于提高减排资金的配置效率,促进减排主体以较低的成本实现自身减排目标和落实减排责任,推动 CO_2 减排实践的落实,从而切实减少污染气体的排放,推动国际社会减排目标的实现。

(2) 推进不确定环境下的碳金融市场投资决策。从金融属性而言,碳金融市场定价机制的成熟和完善,将推动市场效率的提升和碳金融产品的丰富和创新,吸引更多市场参与者,涌现更有价值的市场信息等,从而为碳资产供求企业实现经济效益和生态效益最优化、金融机构的碳金融创新以及投资者的投机套利和风险管理等提供价格运行规律和决策依据。

首先,对碳金融市场交易主体而言,构建考虑高阶矩属性风险传染的碳定价决定机制,从更高阶矩属性开展资产定价研究,分析多市场间的风险传染关系,能够为市场微观参与者捕捉价格信息、预测价格变动等提供技术分析基础。其次,对中观碳交易市场而言,碳金融资产定价机制的成熟和完善,将推动碳市场效率的提升,改善市场活跃程度,这也为其他国家和地区的碳交易市场建设提供思路和借鉴。

1.2　相关文献综述

本节文献综述遵循"一般到特殊"的研究思路,首先,从一般性金融资产的定价理论和方法着手,对金融资产定价的理论演进、研究视角以及研究模型和方法等进行梳理;其次,分析与一般性金融资产相比碳金融资产所具有的专属特征;最后,从研究视角和方法梳理现有碳金融资产定价的研究成果。本节之所以按照这样的文献研究思路展开叙述,是因为期望在一般性金融资产定价理论和方法基础上,发掘现有碳金融资产定价存在的问题和不足,并从金融资产定价的问题本源和逻辑内涵找到解决碳金融资产定价问题的逻辑思路和研究路径。

1.2.1 基于矩属性风险传染的金融资产定价理论与方法

金融市场间的风险传染实质上是刻画金融市场体系内各市场间的价格联动机制和冲击关系。金融资产定价的核心是解释不确定环境下的风险溢价问题,重点关注市场和非市场性因子对风险溢价形成的影响和传导作用[6];因此金融市场间信息传递和市场联动现象所引发的风险传染关系是揭示资本溢价的基本前提,其实质上是金融资产跨市场定价机制形成过程的表征。从揭示金融资产风险溢价形成过程、解释价格变动因素,到适应复杂市场特征的定价模型改进,已有研究从资产收益低阶矩属性视角到更高阶矩属性视角,对金融资产风险溢价波动等进行理论解析和实证检验,且其呈现出脉络清晰的研究逻辑。

1.2.1.1 低阶矩属性下资产定价理论与方法

金融时间序列具有矩属性特征,低阶矩属性反映均值和方差包含的经济信息,体现金融资产收益变化、市场波动状况。低阶矩属性视角下,资产定价研究主要基于金融市场间存在的信息联动和风险传染关系,采用定价因子分析方法研究金融资产的定价机制。

1. 基于市场收益率分析的资产定价研究

基于市场收益率分析的资产定价研究主要从金融资产一阶矩视角考察资产价格波动的影响机理,这也是早期金融资产定价研究所用的思路。从研究方法上,其主要是基于线性或非线性回归方法解释金融资产价格的溢价和变动情况。

建立在理性预期前提下的资本资产定价模型,以投资组合理论为基础,研究金融资产风险溢价和系统性风险之间的关系,其最大的贡献在于将证券超额回报与证券组合回报联系起来,从数学角度证明风险与收益的线性关系。例如,1964 年,Sharpe[7]以纽约交易所所有股票为样本,发现股票平均收益和风险系数接近线性关系。仅将风险系数作为溢价解释因素虽然可以明晰风险与收益间的补偿机制,但严格应用假设很显然不适应现实问题的具体分析。随后的研究逐渐放宽 CAPM 中所有资产均可市场化的假设,更多地考虑非市场化因子,如人力资本、社会保险、退休金等对金融资产定价的影响[8]。仅依据单一或组合市场因素很难对资产或资产组合风险溢价进行充分解释，应该将包括宏观经济(如通货膨胀率、利率等)因素在内的多因素纳入解释框架之内，从而形成基于套利定价理论(Arbitrage Pricing Theory，APT)的多因子定价理论[9-10]。在该思路下，根据风险溢价不断呈现的金融异象和收益变化，通货膨胀因子[11]、流动性风险因子[12-13]、汇率风险因子[14]、全球性和国家特质风险因子[15]、财务标准同质化[16-17]以及税收异质性[18]等因子陆续纳入资产定价 APT 框架，用于提高定价模型对现实风险资产收益的解释能力。

突破 CAPM 仅考虑单一风险因子对溢价的线性影响，将市场化因子由系统性风险拓展到更多维度，1993 年 Fama 和 French[19]将公司规模与账面价值比加入到市价比率的影响因素中，形成三因子定价理论方法，研究发现三因子模型能够解释当时美国股票市场 70%～80%的收益变化。基于配股行为导致的公司长期低绩效[20]、股权分置改革下市场效率与企业绩效[21-22]以及状态转移和股票非预期收益下三因子定价模型的改进与优化[23]等研究结果均表明，三因子定价模型及相关改进能对特定环境下中国资本市场的市场收益及异常变化进行一定解释能力的拟合和分析[24]。由于三因子定价模型无法揭示金融资产收益的动能现象，在三因素基础上纳入资产动能因素，即四因子定价模型，能显著提高定价模型对资产溢价的解释能力[25]。进一步地，2015 年 Fama 和 French[26]继续将盈利能力因子和投资能力因子纳入到三因子模型之中，提出五因子定价模型。研究发现，三因子模型对美国资本市场资产溢价的解释能力已下降到 32%～46%的水平，而五因子定价模型可以达到 46%～58%的解释水平。来自中国的经验证据也表明考虑盈利能力和投资能力的五因子模型极大地改善了投资组合的平均回报，中国股市的低股息意味着盈利能力接近投资水平[27]。

但也有研究指出金融资产定价模型的有效程度因市场效率水平和投资理念而异，中国资本市场的市场效率低于美国等发达国家的资本市场，并且资本市场基本面整体受政策性冲击比较敏感，投资者对公司成长性关注不够等[28]，使得盈利能力因子和投资能力因子无助于揭示资产收益的溢价波动。与美国资本市场实证经验相反，Fama 和 French 五因子定价模型并不适合中国资本市场[29]，特别是对于高投资比例和低盈利能力的小盘股而言，五因子定价模型没有很好的解释能力[30]。将非市场化人力资本因素引入五因子模型，2018 年 Roy 和Shijin[31]提出了一个均衡的六因子资产定价模型，研究发现在解释投资组合回报变化时，人力资本成分与框架中的其他因素一样具有预测能力。

上述基于多元线性回归的金融资产定价研究虽然能够提供资产预期收益与定价因子间影响程度和方向上的关系，但随着金融资产定价因子越来越复杂，金融资产本身的非线性特征使得传统线性回归方法难以准确捕捉资产价格与其定价因子间的非线性结构和映射关系。基于人工神经网络（ANN）的建模技术通过模型参数的自适应调整和优化能够捕捉金融资产收益与其影响因素间的非线性结构，从而使得金融资产与定价因子之间的非线性回归更加准确地为不确定环境下资产溢价提供解释。例如，Gong 等[32]与 Singhal 和 Swarup[33]分别基于人工神经网络，以时间因素、负荷因素、备用因素以及历史电价因素等构建电力市场短期电价自适应预测综合模型。研究发现，基于神经网络的电力资产价格预测模型具有普遍优势，特别是以长短期记忆神经网络和门限递归神经网络为代表的循环神经网络模型对时间序列数据具有显著的拟合优势[34]。为解决传统神经网络学习过程中欠学习与过学习问题，以及网络训练可能陷入局部极小点问题，基于支持向量机（SVM）的回归分类器被用于金融资产价格预测研究中。如通过构建汇率日收益与其滞后收益、定价因子滞后收益间的非线性映射关系，研究发现相比于多元线性回归技术和神经网络技术，基于支持向量机的汇率预测模型能够有效解释汇率资产的价格波动机制[35-37]。随着机器学习建模技术的日渐成熟，以深度学习为特点的深度置信网络、卷积神经网络、循环神经网络等多层感知机在处理复杂网络关系的金融资产价格预测方面展现巨大优势。基于机器学习的回归分类器建模技术通过网络堆栈的形式构造具备自组织、自适应、自调整的多层感知机深层网络结构，实现回归数据的特征提取和网络学习，能够显著提升输入变量和输出变量间的拟合效果。例如，改进的深度置信网络和 Copula-LSTM 模型都能够对汇率价格进行很好的拟合和预测[38-40]。这表明，尽管金融资产价格波动呈现复杂的非线性特征，机器学习方法仍能够通过强大的特征学习和优化手段，最大限度地实现金融资产价格及其定价因子间的网络回归和非线性映射，为掌握金融资产收益的决定机制提供技术支撑[41]。

2. 基于市场波动率分析的资产定价研究

金融市场波动触发的风险传染和信息传递是进行跨市场资产定价机制研究的重要前提。受到突发性经济事件、偶发性事件以及政策性事件的冲击，金融资产的价格呈现明显的尖峰厚尾、波动集聚等特征，这就使得基于收益率一阶矩属性定价模型不再适用。将金融资产波动纳入定价模型中，考虑金融资产收益波动的自回归条件异方差模型（ARCH 模型）、广义自回归条件异方差模型（GARCH 模型）和随机波动率模型（SV 模型）逐渐被用于金融资产的二阶矩属性波动率的预测和拟合研究[42-43]。

经典的 Black-Scholes 波动率定价模型假设金融资产价格服从波动率为常数的几何布朗运动，但其无法反映现实中金融资产价格波动的时变性特征[44]。针对常数波动率的弊端，Heston[45]在 1993 年提出 Heston 随机波动率模型，该模型不仅能捕捉金融资产波动聚集的特征，而且还能反映收益波动的动态性和时变性。考虑突发性市场震荡所导致的价格突变性，基于泊松分布的跳过程能够对金融资产偶发性的价格突变行为提供较好的解释，提高金融资产衍生品定价上的能力[46]。另外，股票价格运动过程中的波动率非对称回馈、跳跃集聚和连续扩散行为等都是金融资产定价不可忽视的重要特征。基于动态跳-扩散随机过程，陈森鑫和武晨[47]提出具有时变跳跃到达率和波动率的双因子交叉回馈期权定价模型。研究显示，基于跳跃过程的资产溢价解释能力优于基于波动率的风险溢价，并且双因子交叉回馈模型的定价能力明显优于单向回馈的跳-扩散模型[48]。针对能源市场和商品市场价格易受跳跃性因素的影响，在三因子期限模型（短期-中期-长期模型）或随机贴现因子模型基础上，人们构建了带有跳跃性的期货定价动态模型，研究发现考虑收益跳跃的期货价格动态定价模型的资产溢价解释能力更强[49-51]。

1.2.1.2 高阶矩属性下资产定价理论与方法

基于有效市场假说的 CAPM 以投资者理性预期为基础，投资者具有同质的预期和价值函数，CAPM 的最大缺陷在于其试图用单一市场因子解释风险资产溢价的变动和定价异象；延伸传统资产定价理论的定价因子，Fama-French 三因子模型在面临新的资产定价异象，如投资者对企业资本投入估计不足导致高投资企业股票收益率变低等投资异象，解释能力不足；多因子 APT 模型在分析具体资产收益时，又存在因素界定模糊的问题。相比之下，五因子和六因子定价模型不仅能够提高对风险资产定价异常现象的解释能力，而且还在一定程度上明晰了多因素的构成框架。即便如此，以上资产定价模型仍存在共性视角，即关注对金融资产风险溢价的低阶矩属性进行因素解释和定价异常分析，而忽略了对资产收益三阶和四阶矩属性的考量。研究表明，金融市场存在有偏性和呈尖峰厚尾性，仅基于一、二阶矩属性信息（均值收益和波动）无法完全反映金融市场的实际分布状况，因此需从更高阶矩（偏度、峰度）中寻找解释信息[52-53]。而高阶矩属性视角下的资产定价研究则以市场非完全有效和投资者有限理性为基础，侧重从投资者情绪、过度自信等市场非对称信息以及外部极端事件、政策性因素冲击等因素对金融资产价格波动提供新的解释。

1. 基于市场偏度分析的资产定价研究

1976 年 Kraus 和 Litzenberger[54]在 CAPM 中加入三阶矩偏度信息进行定价，推导出基于三阶矩属性的资产定价模型，并采用 Fama 和 MacBeth[55] 1973 年提出的两阶段回归方法进行实证，研究发现作为系统性风险的协偏度能够对 1936～1970 年 NYSE 股票收益进行很好的解释，并且三阶矩的市场偏度与预期收益负相关。为获得收益分布右偏的投资组合，理性投资人愿意牺牲部分风险溢价，只有部分而非全部投资组合的收益分布受到偏度影响[56]。2000 年 Harvey 和 Siddique[57]研究发现，条件协偏度不仅能解释各种资产间预期收益的横截面变化，而且还揭示惯性效应和系统性协偏度有关，低预期收益的惯性组合比高预期收益的惯性组合具有较大的偏度值。2016 年 Buckle 等[58]已将波动率测度与组合资产高阶矩属性相结合，研究发现时变高阶矩模型可以更准确地捕捉资产组合在金融危机期间的高阶矩变化特征。融合一阶矩均值、二阶矩方差和三阶矩偏度的三阶矩 CAPM 不仅符合理性投资者风险偏好的预期，而且其资产溢价的解释能力明显优于 CAPM 和三因子模型[59]。并且融合流动性调整的三阶矩 CAPM 的金融资产溢价波动具有更好的解释效果，特别是在中国 A 股市场的资产定价研究中，流动性因子和三阶矩偏度因子具有很强的解释能力[60]。考虑高阶矩属性的金融资产定价模型比低阶矩的定价模型（以均值-方差为基础的定价模型）更加适用于中国资本市场[61]。2010 年基于 Fama-French 资产定价框架，Boyer 等[62]发现高特质偏度的股票具有较低的预期收益，Fama-MacBeth 横截面回归中的预期偏度系数显著为负，表明预期特质偏度和股票组合收益负相关，较低预期偏度的 Fama-French Alpha 值比高预期偏度每月高出一个百分点。将偏度风险溢价构造为统计偏度和风险中性偏度之差，2019 年 Lin 等[63]使用均衡资产和期权定价模型，发现标准普尔 500 指数（S & P 500 指数）期权收益可由偏度风险溢价预测，特别是当市场偏度风险溢价较高时，风险规避者通常要求更高的风险补偿。

2. 基于市场峰度分析的资产定价研究

进一步将峰度矩属性纳入到高阶矩 CAPM 中，协峰度对新兴市场金融资产收益率的解释能力要强于协偏度属性[64]。对于不同样本周期的投资组合而言,样本周期的延长可使系统性协偏度和协峰度对三因子模型的解释力度和显著性程度降低[65]。2013 年通过建立证券风险中性波动下高阶矩资产定价框架,Conrad 等[66]使用期权价格和股市数据提炼出高阶矩分布的密度函数,测试证券收益高阶矩因子的横截面差异与后期收益的关系。研究发现预期峰度变化与后期收益率呈负相关关系,负偏度与投资者正向收益相对应,该研究结果与 Ang 等[67]和 Amaya 等[68]关于特质矩波动研究的结论基本一致。为避免横截面回归方法的固有偏差,Christoffersen 等[69]于 2017 年使用非线性期权风险指数估计法,也发现相似的相关关系,并且指出非线性模型对具有共同偏度和共同峰度风险因子模型的解释能力和拟合效果明显优于传统的 CAPM 和 Fama-French 模型。针对传统投资组合理论不考虑高阶矩风险带来的缺陷,蒋翠侠和许启发等[70-71]设计出考虑偏度和峰度信息的 GARCHSK 模型。研究发现中国股市不仅存在高阶矩属性风险,而且风险具有时变性,因此设计基于高阶矩动态投资组合的模型能够提高金融资产投资组合的效果。

风险传染关系,特别是发生在金融资产更高阶矩属性上的风险传染关系是开展资产定价研究不可或缺的因素[72]。融合证券资产非对称性和尾部信息冲击的高阶矩资产定价模型对服从二维正态和偏态分布假设下的资产溢价进行研究,使用蒙特卡洛非参数方法分析组合资产间协偏度、协峰度和协波动对风险资产溢价的传染效应,研究发现正向协偏度风险和较高协峰度的风险传染关系可以显著解释金融危机期间金融资产风险溢价的下降程度[72-74]。突发性金融危机事件是触发金融风险传染的重要因素,研究发现金融危机期间资本市场间除低阶矩风险传染外,高阶矩属性风险传染关系也更为显著,使用外汇期权模型发现不考虑高阶矩属性风险传染关系的收益率定价存在更大风险敞口,期权价格存在重大定价误差[75]。

1.2.2 碳金融资产价格波动特征研究

碳金融市场是国际社会为应对日益严峻的气候问题,实现温室气体减排目标而进行的金融体制创新。该体制立足于国际社会履行减排责任的各项公约和协议,旨在通过碳配额的市场化交易,借助金融手段撬动各国减排责任的落实和减排机制的可持续运行。因此,碳金融市场的产品价格波动除具有金融资产价格波动的一般性外,还具有特殊性[76]。

1.2.2.1 一般性

金融资产价格序列的异方差源于价格序列显著的非平稳特征,而非平稳的尾部稀疏数据会导致方差变动具有较强的波动性和时变性,形成波动集聚和尖峰厚尾等分布特点[77]。其中,由 Engle 和 Bollerslev 创建的自回归条件异方差模型以及广义条件异方差模型已成为捕捉和映射非平稳异方差时间序列收益率数据的有效工具[78]。

作为金融市场的重要构成,碳金融资产具备一般性金融资产的基本金融属性,其资产收益存在较为明显的波动集聚和尖峰厚尾特征,并且方差波动的时变性较强[79-80]。研究发现,欧盟碳配额现货价格收益序列存在明显的异方差性,尾部分布服从帕累托分布而非正态分布[81]。Benz 和 Truck[82]于 2009 年使用 Markov 区制转换模型和 AR(1)-GARCH(1,1) 模型捕捉到碳现货收益序列的异方差特征。考虑异方差特征、方差时变性以及时变跳跃方差特征的 GARCH 模型能够有效预测和拟合碳价的波动趋势[83-84]。欧盟碳金融市场上的碳期货资产的收益序列呈现出尖峰厚尾和波动聚集特点,且随交易成本增加,波动聚集现象更加明显[85]。通过构建 Copula-ARMA-GARCH 模型刻画影响碳价多源因子间的非线性关系,研究显示碳金融资产收益率具有波动聚集性和异方差特性,碳金融资产统计上的尖峰厚尾特征明显强于其他定价因子市场[86-87],其中,EVT-CAViaR 模型能够较好地刻画碳价的异方差、波动集聚性和国际碳市场受政策性事件影响的极端厚尾现象[88]。基于集成经验模态分解(EEMD)技术将中国区域碳金融市场价格分解成高、低频分量和长期趋势项,发现受市场制度设计和政策调整的影响,碳价波动存在时空异质性特征[89]。采用非对称广义动态条件相关 AGDCC-GARCH 模型分析欧洲碳金融市场与中国股市的动态相关性,研究结果表明,与传统金融资产收益特征相似,欧盟碳期货 EUA 也存在更加明显的尖峰厚尾和波动集聚特征[90]。

1.2.2.2 特殊性

相比于一般性,碳金融资产波动特殊性主要聚焦于商品属性的研究范畴,表现为政策冲击敏感性强、市场波动非对称性以及非线性多重分形特征等。

1. 政策冲击敏感性强

碳金融资产的产生具有显著的政策推动效果,其收益波动极易受到减排技术、配额政策调整、碳税政策实施以及能源市场上能源政策和环境政策的影响。

尽管设计合理的碳金融市场将有效降低减排成本和推动创新,但要实现低碳经济的可持续发展仍需对碳金融市场的运行制定建设性的激励和保护政策[91]。研究发现碳配额的商借和存储制度是碳金融市场有效运作的基本前提[92],碳配额的过度分配以及配额存储政策的执行是造成欧洲碳金融市场第一阶段(2005~2007年)碳价严重下滑的重要力量[93]。通过对第一阶段欧盟碳价经历的结构性调整进行研究,研究者发现碳配额结构性调整、碳价的市场反应通常紧随欧盟公布相关配额信息之后,因为其意味着向市场公开释放有关碳配额存量以及供需之间的市场信息[94]。欧盟碳排放交易体系禁止跨期存储的限制对EUA等衍生品的定价影响显著[95],基于Hotelling CAPM分析,研究表明法国和波兰禁止银行参与碳金融业务的政策也造成了欧盟碳配额在欧洲碳金融市场第一阶段的低价格。

政府的碳税政策也是导致碳金融资产价格波动的重要外部事件。研究认为碳税的征收可以有效减少生产企业CO_2排放,激励高污染企业,尤其是减排责任较大的制造业更加积极参与碳交易市场,购买多余的配额存量,从而适度增加碳排放权的市场需求,推动价格上涨[96-98]。得益于欧盟和联合国提出的救市措施(如"拆量拍卖"、实施储存管理机制控制排放权的供给和价格)和后京都时代碳减排政策的不确定性,2015年核证减排量(CER)交易价格出现突变性上升[99]。采用事件分析法和小波分析法,研究发现欧盟碳金融市场碳交易数据泄露、美国次贷危机和欧债危机等都会对欧盟碳市场的价格波动造成冲击,碳金融市场已成为典型的"政策市"[100-101]。

上述文献是从碳金融市场内部研究相关政策对碳金融市场价格的影响,进一步研究发现,与碳金融市场相关的外部资本市场或能源市场的政策性事件也会通过金融渠道对碳市场价格产生影响[102],即相关碳金融资产定价因子市场的政策变化也会通过金融市场的全球化和跨市场联动机制传递到碳金融市场本身。研究指出,国家能源环境政策和节能减排政策是影响化石能源市场走向的重要力量,而化石能源的燃烧和耗费又是碳排放产生的主要来源。因此,当化石能源市场面临能源政策变动或产业技术升级等背景时,能源消费企业,特别是高耗能的发电企业可以对所依赖的发电燃料(煤炭、天然气、石油)进行调整,使得化石能源市场与碳金融市场价格形成内在的价格传导机制,即能源价格上升将推动碳价上扬,而能源价格下降也将导致碳价下滑[103]。

2. 市场波动非对称性

运用GJR-GARCH、EGARCH、TGARCH等非对称GARCH模型研究发现，碳价尾部数据有明显的非对称性特征[104]。运用非对称GARCH模型检验欧盟碳金融市场的碳配额价格波动，发现碳配额价格存在显著的杠杆效应，碳配额过剩对于价格的负面冲击逐渐减弱[105]。

基于市场波动异质性差异，运用非对称GARCH模型发现，碳金融市场波动趋势上升时碳金融资产收益呈现正向收益的游走性周一效应和负向的周二效应，而波动趋势下降时则表现为负向收益的周一效应和正向收益的周二效应[106]。投资者过度自信和风险偏好差异是碳金融市场波动非对称的主要诱因，投资者过度自信程度越高，碳期货预期价格就越高，投资者的过度自信行为推动了碳期货收益的异常波动[107]。基于欧洲电力公司数据分析碳金融市场与电力市场溢出效应，研究发现碳金融市场正、负收益对主要电力公司股票收益的波动溢出具有明显的非对称效应，负向收益的溢出强度高于正向收益[108]。采用ARCH和GARCH模型对国内碳金融市场进行研究，发现我国区域碳金融市场价格波动普遍存在波动非对称性和市场消息敏感等特点[109-110]。进一步研究发现，我国深圳碳排放权市场收益率呈现波动持久性和明显的时变跳跃行为，并且跳跃方向表现出显著的非对称性，即一次市场价格上涨后，下一期的跳跃方向更趋向于正向跳跃[111]。

3. 非线性多重分形特征

欧盟排放交易体系的价格行为是一个具有分形和混沌特征的非线性动力系统，市场效率并非完全有效，不能用线性范式研究其价格行为、交易机制及政策制定[112]。对欧盟碳市场和我国湖北碳市场之间的价量多重分形特征的研究显示，欧盟碳期货市场和我国湖北碳市场的价量关系具有非线性多重分形及长记忆性特征，并且我国湖北碳市场产品HBA的分形程度强于欧盟碳期货产品EUA[113]。欧盟碳金融市场的价量间存在明显的交叉相关关系，具有多重分形特征，其主要原因在于收益序列存在的长记忆性和尖峰厚尾特性，其中尖峰后尾特征的贡献较大；并且价量关系之间的多重分形特征存在明显的非对称性，尤其是当收益率或交易量变动处于上升趋势时，价量关系表现得更为复杂，对应的市场风险越大[114]。

将碳价进行分频，用希尔伯特谱可以在非线性框架下捕捉到极端事件、经济危机在不同时间尺度下对碳价的影响[115]。EUA碳期货价格在研究样本期内发生多次显著的结构性突变[116]，区制转换方程能反映碳价波动的非线性结构突变特征。采用 R/S 法的 Hurst 指数能够判定并识别碳金融资产价格序列存在的长期记忆分形特征[117]。具有长期依赖和区制转换的多重分形模型发现碳现货价格波动具有多重分形特征[118]。基于小波三层变换和神经网络模型，研究发现 EUA 现货价格波动具有局部尺度多样性特征，且在欧盟碳金融市场的第三段多重分形特征最强[119]。

1.2.3 碳金融资产定价方法研究

首先，基于文献计量方法对现有碳金融资产的研究焦点、方向和研究领域等进行总体可视化分析，以期掌握现有研究成果的基本现状和趋势；其次，基于研究方法视角的分类，分别从统计建模技术和人工智能技术系统两个方面梳理碳金融资产定价研究的基本内容和方法，更深入地把握现有研究的现状和不足。

1.2.3.1 基于文献计量的碳金融资产定价可视化分析

为追踪与碳金融资产定价相关的研究前沿和热点，本小节利用 Citespace 文献计量工具对 2010～2021 年国内和国外两种期刊来源的碳金融资产定价研究现状和进展进行挖掘。其中，国外期刊来源以 Web of Science 核心库为平台，主题关键词为“Carbon Finance、Carbon Price”，共检索 7842 篇英文文献；国内期刊来源以中国知网平台的 CSSCI、CSCD 以及 SCI、EI 等核心期刊库为平台，主题主题词为“碳金融”“碳定价”“碳排放权”“碳金融市场”，共检索 861 篇中文文献。

1. 关键词共线网络分析

关键词共线网络描述在总体文献中，基于关键词相互关联而形成的共词网络，呈现基于主题关键词的文献间的联系。研究发现(图 1.3)，基于碳价(Carbon Price)关键词的国外期刊来源碳金融资产定价研究分析主要与定价(Price)、能源(Energy)、气候变化(Climate Change)、碳减排(CO_2 Emission)、电力企业(Electricity)、减排技术(Technology)等主题关键词相关。表明有关碳价(Carbon Price)的国外期刊来源研究主要聚焦于碳价与气候变化、能源、碳减排、减排技术、碳市场等领域之间的逻辑联系。

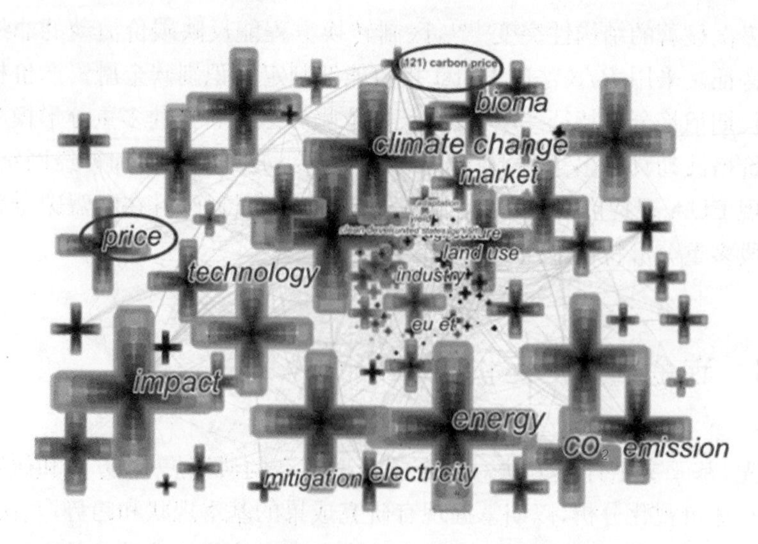

图 1.3　2010～2021 年英文期刊 Carbon Price 主题关键词共线网络

围绕碳定价研究的国内期刊来源主要聚焦于碳金融、碳金融市场、碳排放权以及碳定价等相关领域(图 1.4)。其中,与"碳金融"相关的研究集中于探索碳金融与低碳经济、碳交易、碳排放权交易、碳金融业务以及商业银行等之间的关系;与"碳金融市场"相关的研究侧重于研究碳金融市场与碳金融、碳排放权交易、财政金融、低碳经济等之间的逻辑关联路径;与"碳排放权"相关的研究聚焦于碳排放权与低碳经济、碳金融体系、清洁发展机制等之间的关联;而"碳定价"相关的研究主要与碳交易、碳排放权、碳排放以及交易所等相关。

2. 基于关键词的发文现状分析

对关键词发文现状的分析显示:① 国外期刊来源的文献总量远大于国内期刊来源发文量,这一方面反映国外刊发碳定价研究的核心期刊数量大于国内期刊(表 1.1);另一方面也表明国外核心期刊已成为发表碳定价等相关碳金融研究成果的主要阵地。② 与碳金融资产定价相关的国外期刊来源文献主要从能源(Energy)、碳减排(Emission)、模型(Model)、气候政策(Climate Change)、生态系统(Ecosystem)、政策(Policy)以及可再生能源(Renewable Energy)等微观和宏观视角开展研究;而国内期刊来源文献更多的是从碳金融、碳交易、碳市场等微观视角进行研究。③ 中心度反映该领域关键词的重要性程度,由表 1.1 可知,国外期刊微观和宏观视角的碳金融研究的重要性较高;而国内期刊来源的微观市场层面研究的重要性较高。

通过共线网络分析(图1.3和图1.4)和发文现状分析(表1.1)发现,国内外期刊来源的碳金融资产定价研究已经从碳金融、碳定价模型、环境变化、能源效率、减排及绿色金融产品等领域来探讨碳定价问题,这表明碳定价研究已成为关联诸多研究的焦点。基于文献计量的可视化分析提供了现有碳金融资产定价研究的总体现状和基本统计结果,有助于从总体上把握现有研究的焦点和关联,为梳理并厘清现有碳金融资产定价研究的逻辑脉络和研究框架提供基础。

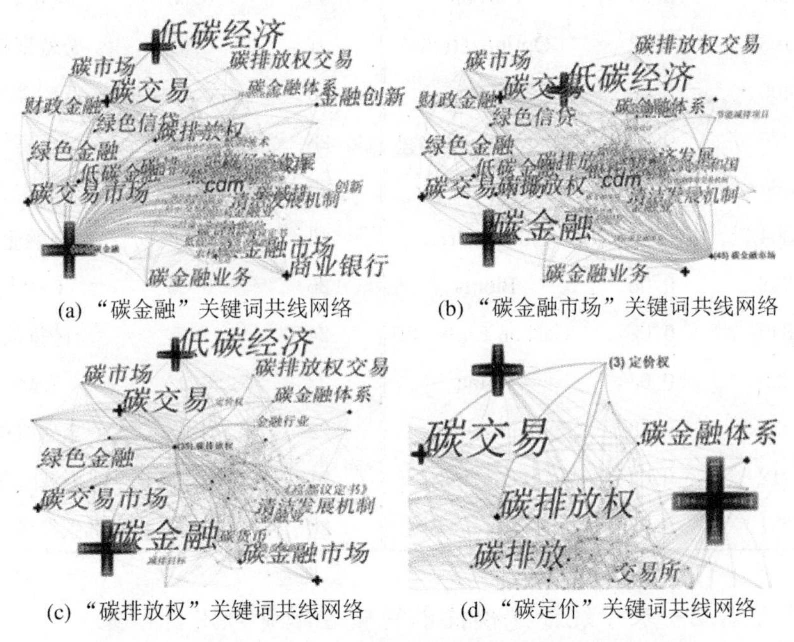

(a)"碳金融"关键词共线网络　(b)"碳金融市场"关键词共线网络

(c)"碳排放权"关键词共线网络　(d)"碳定价"关键词共线网络

图1.4　2010～2021年中文期刊碳定价主题关键词共线网络

表1.1　发文量前20的碳金融资产定价研究文献比较

国外期刊			国内期刊		
发文量	中心度	关键词	发文量	中心度	关键词
622	0.08	Energy	311	0.5	碳金融
606	0.16	Impact	198	0.16	低碳经济
597	0.11	Emission	91	0.14	碳交易
514	0.03	Model	59	0.1	商业银行

续表

发文量	中心度	关键词	发文量	中心度	关键词
510	0.06	Climate Change	49	0.13	碳交易市场
481	0.07	Ecosystem	45	0.19	碳金融市场
463	0.11	Performance	35	0.03	碳排放权
447	0.07	Policy	34	0.06	绿色金融
437	0.05	Carbon	33	0.08	碳市场
406	0.02	Optimization	31	0.01	金融创新
405	0.06	Cost	28	0.05	低碳金融
376	0.07	Renewable Energy	28	0.06	绿色信贷
364	0.02	CO_2 Emission	27	0.05	碳排放权交易
364	0.07	Carbon Price	26	0.03	碳金融业务
352	0.08	Bioma	26	0.06	CDM
343	0.02	Carbon Emission	24	0.1	碳排放
339	0.03	China	23	0.02	金融
321	0.08	Management	22	0.03	金融机构
312	0.07	Technology	21	0.06	财政金融
237	0.07	Storage	20	0.02	低碳经济发展

1.2.3.2 基于统计建模技术的碳金融资产定价研究

基于统计建模技术的碳金融资产定价研究主要基于碳价波动特征，使用线性或非线性 GARCH 模型对引发碳价波动的因素和波动机制提供经验解释。

1. 线性计量模型的碳金融资产定价研究

基于相关性分析和多元线性模型，研究发现煤炭和天然气等能源市场收益对碳价影响最为显著；尽管极端严寒和炎热天气会造成碳排放的陡然增加，但总体而言气候因素的影响并不明显[120]。GARCH 模型能够更好地拟合碳期货资产的价格[83]。2009 年，Chevallier 使用非对称 GARCH 模型研究碳期货收益与宏观经济变量间的经验关系[109]。该研究指出股票和债券市场变量，即股票股利收益率和“垃圾债券”溢价，可有效解释碳期货收益的非对称波动；而利率市场和商品市场收益对预测碳期货收益并不稳定。研究揭示宏观经济变量对碳价波动的影响比较微弱，即使将能源市场因素纳入研究框架，研究结论依然具有广泛的稳定性。2009 年，Oberndorfer 使用多元 GARCH 模型，指出欧盟碳配额价格变化与电力公司股票收益正相关，然而股票市场的波动并未引起 EUA 市场波动[121]。通过多因子模型和面板分位数回归方法，研究显示股票市场收益能有效解释欧洲碳金融市场收益变化，并且这种相关性在欧盟碳市场不同阶段表现出异质性差异，即欧盟碳市场第一阶段（2005～2007 年）和第三阶段（2013～2020 年），碳金融资产收益与股票市场收益正相关，而在第二阶段（2008～2012 年）表现为负相关[122]。2010 年，Chevallier[123]基于包含宏观经济、金融市场和商品市场的 115 个指标，构建具有外生回归量的动态因素 AR(1)-GARCH(1,1)模型，捕捉到碳金融市场强烈的不确定性，较好地预测了碳价格波动。2011 年，Chevallier 采用每日数据波动（EGARCH 模型）、期权价格（隐含波动率）和日内数据（已实现波动率）度量 EUA 三种波动率，发现与碳价相关的异常事件、政策性因素、合规事件、《京都议定书》后的不确定性造成了碳价波动不稳定性[124]。使用 VAR 模型对 BEKK-GARCH 进行了修正，研究欧盟碳配额与核证减排量市场之间的动态波动溢出效应，结果发现 EUA 和 CER 市场之间存在不对称的波动溢出效应，EUA 市场对 CER 市场具有更显著的波动溢出效应，研究有助于碳市场的投资者和管理者做出投资决策和制定政策[125]。

2. 非线性计量模型的碳金融资产定价研究

由于碳价波动具有非线性动力学特征，传统一元或多元线性回归模型难以刻画碳金融资产价格的驱动路径。研究显示，欧盟碳现货市场价格具有随机游走的波动特征，碳期货收益存在无条件尾部行为和动态异方差特征，考虑跳跃扩散的时变模型和考虑广义非线性参数的时变 GARCH 模型能够对碳价进行有效拟合与预测[126-128]。

与线性回归方法的研究结论不同，基于非线性自回归模型的研究发现，股票价格，尤其是清洁能源公司的股价并不能解释欧盟碳金融资产的收益波动[129]。Koop 等[130]于 2013 年使用动态均值非线性（DMA）模型，从能源市场产品收益、气候因素、资本市场因素、公司风险溢价以及碳同质产品对欧盟碳期货收益率进行价格预测，发现基于 DMA 模型的定价精度显著优于贝叶斯模型和时变参数回归模型（TVP）的效果。由于欧盟碳期货市场出现的收益和波动异常情况，基于正态分布假设的 ARMA-GARCH 模型无法对市场收益进行有效预测。为改善模型可预测性，研究将碳期货随机跳跃过程纳入价格传导框架内，发现基于高斯混合分布带有时变跳跃过程的 ARMAX-GARCH 模型能有效解释欧盟碳期货市场收益的变化[131]。受到市场碳配额供需的影响，欧盟碳金融市场价格变化具有异质性波动特征，基于 Markov 区制转移的 GARCH 模型对存在非线性特征的短期碳现货价格的预测性能和模型稳定性优于其他 GARCH 模型[132]。使用改进的线性分位数回归模型、非线性自回归分布滞后（NARDL）实证模型检验能源市场价格对碳价的非线性和非对称传递关系，研究显示，原油价格对碳价具有长期的负向不对称影响，煤炭价格下跌在短期内对碳价的影响大于上涨，天然气价格和电价对碳价具有对称影响[133]。美国碳配额市场与欧盟碳排放交易体系具有不同的特征和价格决定机制，基于 ARCH 自回归滞后模型，研究发现煤炭市场收益波动是碳金融资产收益变化的主要诱因，原油、天然气以及煤炭的收益变化对碳配额收益，特别是对碳配额的短期收益有重大影响[134]。采用自回归分布滞后模型和非线性自回归分布滞后模型协整方法，2021 年 Malik 等[135]研究了人均收入、外国直接投资（FDI）和石油价格对巴基斯坦碳排放的长期和短期影响。结果发现，经济增长和 FDI 在长期和短期都加剧了碳排放；而石油价格在短期增加了排放，在长期减少了排放。长期的不对称结果表明，油价上涨会减少排放，而油价下跌会加剧排放。

1.2.3.3 基于人工智能技术的碳金融资产定价研究

1. 人工智能集成建模技术的碳金融资产定价

相较于单一定价模型而言，混合多模态定价模型能够对非线性非平稳的碳价序列进行有效拟合与预测。基于“分解-集成-学习”思想，在经验模态分解（EMD）基础上融合最小二乘支持向量机（LSSVM）以及核函数模型，Zhu 等[136]于 2018 年提出一种新的多尺度非线性集成学习范式用于碳价预测。结果表明，多尺度非线性集成学习方法具有很高的拟合精度，是一种预测非平稳、非线性和不规则碳价的有效手段。碳金融资产价格具有非线性和非稳定特性，融合多模型的混合价格预测框架更具有精度优势[137]。Xiong 等[138]于 2019 年提出一种融合变分模式分解（VMD）、快速多输出相关向量回归（FMRVR）和多目标鲸鱼优化算法（MOWOA）的混合多步预测模型，并将所提出的混合预测模型应用于中国主要区域碳排放交易所的碳价序列。结果表明，与其他几种多输出模型相比，所提出的 VMD-FMRVR-MOWOA 集成模型在碳价预测准确性和稳定性方面具有更好的性能。根据相似的建模思想，在极值点对称模式分解技术的基础上,融合极值学习机和灰狼优化算法组成的碳价预测混合模型[139],融合经验模式分解、样本熵、相空间重构以及粒子群优化改进的极值学习机的碳价预测混合模型[140]等对试点阶段的中国区域碳市场的价格均具有较好预测性能。为解决定价模型输入变量的选择随意性,Hao 等[141]于 2020 年提出一种基于两阶段特征选择和多目标优化算法的碳价预测混合模型。研究显示,经过定价因子变量筛选,采用多目标蚱蜢优化算法对加权正则化极值学习机进行优化,能对欧盟和中国碳金融资产价格取得较好的预测效果。

2. 人工神经网络的碳金融资产定价研究

基于传统统计计量的碳金融资产定价模型通常要求收益遵循严格的参数假设和尾部分布假设[142-144],这使得模型的部分参数结构无法体现碳金融资产价格数据的属性特征。映射非线性变量关系、无需考虑收益序列的尾部分布,能够实现网络参数的自学习、自适应、自调整。以人工神经网络、支持向量机、最小二乘支持向量机以及多层感知机(Multilayer Perceptron, MLP)等为代表的人工智能技术在解决金融资产收益拟合和价格预测方面优于传统的统计计量经济学模型[143-144],并被用于碳金融资产的定价研究。

张晨等[145]指出,综合考虑能源价格、宏观经济、期货价格、同类替代品 EUA 价格等因素,采用反向传播(Back Propagation, BP)神经网络模型的核证减排量碳价预测效果更强。

为克服 BP 网络收敛速度较慢的缺陷,蒋峰等[146]于 2018 年使用混沌粒子群算法(PSO)对 BP 网络进行优化,并在欧洲碳价预测中取得很好的样本外预测效果。使用逐分量梯度算法 Boosting 和支持向量机优化 ARIMA 预测模型,研究指出基于 Boosting-ARMA 和 SVM-ARIMA 的碳价预测具有较好的预测精度[147-148]。运用数据分组处理技术(GMDH)筛选影响当期碳价最明显的滞后价格数据,并将其作为模型输入变量,研究显示基于协整 GMDH-PSO-LSSVM 模型的碳价预测能力优于传统的人工神经网络模型[149]。使用新型混合神经模糊控制器(PATSOS)、人工神经网络、自适应神经模糊推理系统(ANFI)等计算智能技术(CITS)预测碳价变化,研究发现 PATSOS 是预测碳价最有前景的方法[150]。基于最大李雅普诺夫指数和柯尔莫哥罗夫熵从混沌系统研究第三阶段欧盟碳价,研究者发现基于重构相空间建立的多层感知机神经网络预测模型可以对碳价进行有效预测[151]。通过自行筛选出合适的回归分类器,基于遗传算法(GA)和岭回归算法(Ridge)的有限分布滞后模型(FDL)对预测和分析复杂的碳金融资产价格的效果优于其他GARCH模型[152]。在混合多模态碳价预测研究方面，基于集成学习思想，使用GA-ANN模型实现各模态分量的预测[89,153]，构建融合变分模式分解、模式重构(MR)以及最优组合预测模型(CFM)的混合预测模型，使用尖峰神经网络(SNN)或灰色神经网络(GNN)对组合模型进行优化，研究指出EMD-GA-BP、EEMD-SNN以及EMD-DNN-BP等组合模型的碳价预测效果显著优于单一的预测模型效果[154-157]。进一步地，Sun等[158]于2021年构造出的一种基于线性衰减粒子群优化算法的小波最小二乘支持向量机碳价预测模型也被证明具有较强的预测准确定和鲁棒性。为解决传统计量经济和人工智能模型对代表市场非对称信息和外部事件冲击的市场偏度和峰度等高阶矩项的忽略问题，基于多因子APT，Yun等[159]于2020年提出一种拓展高阶矩的多因子定价框架，考虑非对称信息和极端事件对碳金融资产价格的冲击和影响，使用Multi-LSTM模型对定价模型的非线性关系进行映射。研究发现，相较于不考虑高阶矩属性风险传染的定价框架而言，基于拓展高阶矩定价框架的LSTM模型具有显著的拟合优势，模型性能和稳定性优于其他神经网络和非线性波动率模型。

1.2.4 研究述评

基于"一般到特殊"的文献综述研究思路，比较清晰地展现了传统金融资产定价的研究焦点逐渐由资产收益的低阶矩属性视角转移到更高阶矩属性的视角，定价研究方法也从刻画金融资产及其定价因子间的线性或非线性方法发展到人工智能、机器学习等深度学习方法，这些都为研究基于波动特征的碳金融资产定价提供经验参考。通过梳理文献，我们发现碳金融资产定价研究还存在以下不足之处：

(1) 现有碳金融资产定价研究缺乏一个从高阶矩视角研究考虑时变高阶矩属性风险传染关系的碳金融资产定价理论框架。

首先，现有碳金融资产定价研究主要基于收益率低阶矩属性视角，采用影响因素分析法，研究"均值-方差"二维框架下碳价及其定价因子市场间的收益传导和波动溢出关系。然而这种关系的刻画仅限于解释碳价低阶矩属性的溢价机制，并没有从高阶矩属性，特别是从反映碳金融市场非对称性、极端事件敏感性以及时变波动性等特征的市场偏度和峰度等视角解释碳价的影响机制。即由于现有定价研究忽略市场非对称信息和极端事件冲击等高阶矩属性对碳价的影响，难以真实反映碳金融资产价格运行规律，因此相关定价结论的准确性遭到质疑。

其次，现有的碳金融资产定价研究忽略了对碳金融资产与其定价因子间风险传染关系的研究，特别是市场非对称信息和极端事件冲击而引发的碳金融资产与其定价因子间高阶矩属性的风险传染关系对碳资产价格的冲击和影响。金融资产的高阶矩属性风险净传染理论指出，金融资产间显著的高阶矩属性风险传染关系能够从市场基本面之外，解释纯粹由市场非理性协同波动而导致的价格变动，而这一收益波动的解释视角符合碳金融市场非对称性和政策冲击敏感性强的特征。因此，现有的碳金融资产定价研究忽略对这种高阶矩属性风险传染关系的考量，将难以对碳金融资产溢价波动提供更有力的解释。

(2) 现有检验高阶矩属性风险传染的研究方法难以满足对碳金融市场波动趋势异质性特征的刻画。

现有高阶矩属性风险传染的检验方法通常基于事件分析法，研究特殊性或突发性重大事件前后，如金融危机前后金融市场间的高阶矩属性的风险传染关系。这种以事件为主的风险传染前后分割法，一方面掩盖了金融市场收益序列本身所具有的波动趋势异质性特征，事实上碳金融资产价格的波动本身也包含了对重大突发事件的市场信息反映；另一方面也无法全面地识别碳金融资产风险传染的诱发因素，其隐含了一种不合理的假设，即金融危机或突发性因素的产生才会导致碳金融市场的风险传染现象。因此，研究碳金融资产高阶矩属性风险传染必须立足于碳金融市场的波动趋势异质性特征，发掘因市场非对称信息和极端事件冲击而导致的碳价与其定价因子在不同市场波动趋势下的风险传染关系，以及这种传染关系对碳价的影响机制。

(3) 现有碳金融资产定价的建模技术和方法难以对考虑时变高阶矩属性风险传染关系的碳金融资产定价框架进行非线性拟合和映射。

在高阶矩属性风险传染关系的碳金融资产定价框架下，碳定价因子不仅包括反映市场收益和风险的低阶矩属性信息，还包括更高阶矩的反映市场非对称信息和极端事件冲击的市场偏度和峰度信息，以及高阶矩属性的风险传染关系。因此，映射这种定价框架一方面必须具备处理复杂非线性数据的能力；另一方面还需要对具有阶矩属性维度差异的碳金融资产时间序列数据进行降维，能够最大限度地挖掘定价因子市场数据对碳价特征的非线性拟合和映射。然而现有碳金融资产定价模型中,以 GARCH 为代表的统计建模技术要求收益序列服从严格的分布假设,难以反映碳价真实的波动特征;而基于混合模型的人工智能建模技术侧重于对单一矩属性维度信息进行处理;人工神经网络建模技术则容易遗忘或难以捕捉金融时间序列较长时间间隔的数据特征;基于反向梯度下降的算法可能因梯度爆炸和梯度消失,导致碳金融资产定价模型呈现拟合不足或过拟合,模型存在无法收敛到最优解的可能。

1.3 研 究 内 容

根据研究主题和文献述评,本书的主要研究内容如下:

(1) 研究基于时变高阶矩属性风险传染的碳金融资产定价理论框架。该定价框架基于高阶矩属性金融资产定价的基本理论和方法,在多因子 APT 基础上,将考虑碳金融市场非对称信息和极端事件冲击而导致的高阶矩属性风险传染关系纳入到碳金融资产的定价框架,刻画具有时变波动特征的时变方差、时变偏度和时变峰度对碳价的冲击和映射关系,形成特殊的反映高阶矩属性的碳金融资产价格形成和决定机制,为碳金融资产风险溢价提供新的经验证据和理论支撑。

(2) 研究基于波动趋势异质性的碳金融资产高阶矩属性风险传染关系。从市场波动异质性视角,研究不同市场波动趋势下碳金融资产与其定价因子间的风险传染关系,解释风险传染背后碳金融资产价格波动的异质性差异;从阶矩属性视角更准确地识别导致风险传染发生的渠道、路径以及传染程度等,为建立有效的价格影响机制提供基础和参考。

(3) 研究适应高阶矩属性风险传染的碳金融资产定价模型。针对现有模型在解决高阶矩属性风险传染关系的多因子定价问题上的不足,本研究采用长短期记忆神经网络对定价框架进行拟合和预测,借助实验手段寻找适合碳价及其定价因子特征的最优模型深度和神经元节点,通过模型的自学习、自适应和自调整过程,实现模型结构的寻优;使用模型特殊记忆功能的门结构,解决梯度爆炸和梯度消失问题，保证模型有效收敛，进一步提高碳定价模型的拟合与预测性能。

(4) 研究具有时变高阶矩波动特征的碳溢价形成机制与价格预测分析。基于碳资产特有的市场非对称性、政策冲击敏感性强以及时变波动性等专属特征，构建考虑时变高阶矩波动的碳资产定价集成模型 NAGARCHSK-LSTM，研究市场非对称信息和极端因素对碳价的时变冲击关系，为碳溢价波动提供新的解释。新的集成模型结合 GARCH 高阶矩波动率建模和 LSTM 非线性网络映射的优势，提升了碳价预测精度，从而为投资者、减排实体和金融机构的碳产品创新等提供决策参考。

除以上研究内容外，本书的章节安排和内容结构还包括绪论部分和结论部分。其中，绪论包括研究背景的提出、文献综述的归纳、研究意义的分析、研究方法的总结以及技术路线的刻画等。结论部分主要是对研究工作进行总结，并提出进一步的研究展望和设想。

1.4　研究方法与技术路线

本研究各章节主要采用的研究方法有文献解析法、文献计量法、逻辑归纳法、理论分析法、实证研究法、统计计量法等。详细研究内容和技术路线如图 1.5 所示。

(1) 文献解析法、文献计量法和逻辑归纳法。基于金融资产矩属性视角，梳理金融资产定价理论和方法的发展演进与逻辑脉络，使用文献解析法对不同维度不同阶段金融资产定价理论的内涵特征、研究假设、突破创新以及研究局限等进行解析和总结；使用文献计量法对现有碳金融资产定价研究文献进行总体分析，对研究关注点、关键词共线网络等提供可视化分析，进而采用文献解析法对基于不同定价模型的碳金融资产定价研究进行解析；使用逻辑归纳法对碳金融资产的价格特征进行分类、提炼和归纳。

(2) 理论分析法。收集并分析高阶矩属性金融资产定价理论、高阶矩属性风险传染等理论，结合碳金融资产的特殊性，通过理论分析法和文献解析法构

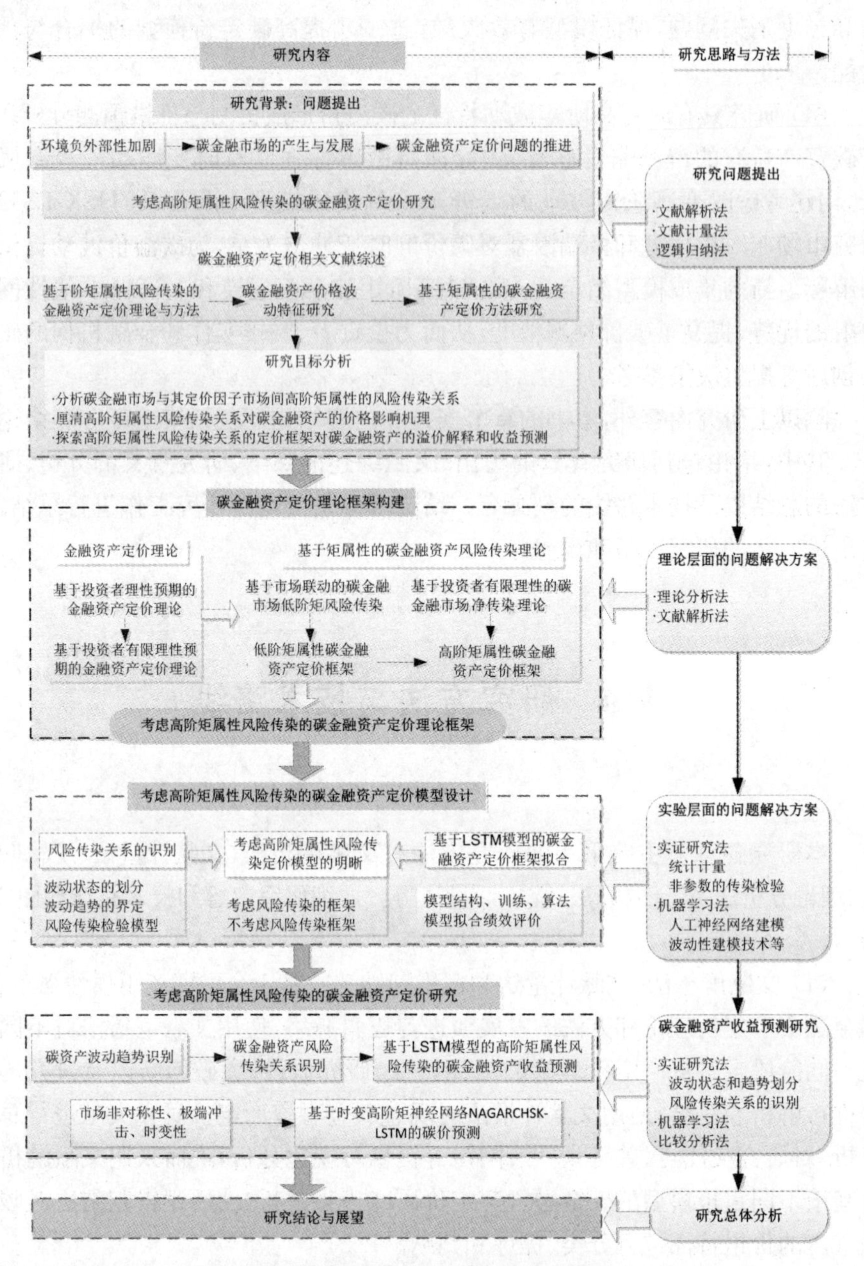

图 1.5 本书的研究内容和技术路线

造出适合碳金融资产的定价框架，并将其作为后文模型构建和实证研究的基础。

(3) 实证研究法、统计计量法等。基于统计建模技术对碳价及其定价因子的收益数据进行基本统计分析、平稳性检验、碳金融资产波动趋势异质性划分、协高阶统计量的计算分析等；基于非参数统计假设检验方法，实现碳金融资产高阶矩属性风险传染关系的识别、不同市场波动趋势风险传染差异的分析等；基于人工智能方法和机器学习方法对碳金融资产定价框架的预测研究，综合比较BP神经网络、多层感知机等人工智能方法以及循环神经网络(Recurrent Neural Network, RNN)和门限递归神经网络等机器学习方法的拟合优劣，验证本研究所构建的机器学习模型在拟合和映射碳金融资产定价框架上的优越性与有效性。

1.5 研究创新点

(1) 构建考虑时变高阶矩属性风险传染的碳金融资产定价理论框架。

碳金融资产定价机制不仅遵循一般金融资产属性特征，更受制于碳金融市场内部运作机制和政策性冲击敏感等复杂因素影响而具有特殊性。本研究构建的理论框架主要包括：① 基于金融市场风险传染理论对碳价与其定价因子市场间的高阶矩属性风险传染关系进行识别和判断。② 将风险传染理论纳入高阶矩金融资产定价框架之中，结合碳金融资产的波动特征，构建考虑时变高阶矩属性风险传染的碳金融资产定价理论框架，并基于碳金融市场联动所导致的风险净传染理论，从市场基本面因素之外的市场非理性协同波动和外部冲击视角解释碳价波动的溢价现象。

(2) 构建了考虑波动趋势异质性的碳金融资产及其定价因子间的高阶矩属性风险传染关系检验的新方法。

一方面，碳金融资产的市场波动具有波动趋势异质性特征和非对称性特征，市场的快速波动和缓慢波动所导致的碳金融资产及其定价因子间的风险传染关系和传染程度也存在差异。另一方面，碳金融市场的波动趋势本身已经隐含了价格影响因素的信息冲击关系,而且不同的市场波动趋势对应了价格受到定价因子影响程度的差异。因此,研究市场波动趋势变化前后,因市场非对称信息和极端事件冲击而导致的碳金融市场风险传染关系契合了碳金融市场特有的波动特征,相应的研究结论也更具说服力和可信度。

(3) 构造 Multi-LSTM 模型实现对具有高阶矩风险传染的碳金融资产定价框架非线性映射和拟合。

长短期记忆神经网络具有符合金融时间序列长记忆性功能的训练优势,尤其是通过特殊设计的门结构实现对数据信息的筛选和控制,有效避免了其他深度网络在负向梯度计算过程中出现的梯度爆炸和梯度消失问题,保证模型的有效收敛。同时,通过实验手段确定符合碳定价数据的 Multi-LSTM 模型最优网络参数和模型结构,基于构造的多层网络结构的自学习、自适应、自调整训练过程,能够有效映射碳价与高阶矩属性定价因子间具有阶矩属性维度差异的非线性网络关系。

(4) 构造组合预测模型 NAGARCHSK-LSTM 实现对考虑时变高阶矩波动特征的碳定价框架的拟合。

在考虑碳金融资产所具备的市场非对称性、政策冲击敏感性强以及时变波动性特征的基础上,结合 GARCH 波动率建模和 LSTM 机器学习非线性网络映射的优势,本研究构建了一个新的考虑时变高阶矩波动特征的碳定价组合模型 NAGARCHSK-LSTM。一方面,该模型不仅能够利用偏度方程和峰度方程揭示碳价遭受的市场非对称信息和极端因素对序列收益的溢价冲击,而且也将碳收益时变高阶矩条件序列的动态波动性刻画出来。另一方面,由于碳价收益与各高阶矩时变波动序列之间的非线性映射关系,使用在处理时间序列上有优势的 LSTM 机器学习模型实现碳价收益与时变高阶矩序列的网络视图建模,而非继续使用 NAGARCHSK 模型内置的 GARCH 簇函数进行预测和映射,能够显著地提升碳价预测的准确性和鲁棒性,为市场投资者提供更有价值的决策信息。

1.6 本章小结

(1) 从环境负外部性的加剧、碳金融市场的产生和发展，以及碳市场运行最核心的定价问题等逐渐引出本书所要研究的关键科学问题，明确研究目的和研究意义。

(2) 基于“一般到特殊”的文献研究逻辑思路，发掘现有碳金融资产定价研究的问题和不足，并基于一般性金融资产的定价研究找到解决碳金融资产定价问题的逻辑思路。

(3) 梳理本书解决碳金融资产定价问题的路径和方法，阐述各章节之间的逻辑关系、使用的研究方法、技术路线等。

第 2 章　考虑高阶矩属性风险传染的碳金融资产定价理论框架构建

根据绪论中提出的科学问题，即研究考虑高阶矩属性风险传染关系的碳金融资产定价问题，本章从理论视角，构建碳金融资产定价理论框架，提出解决该科学问题的理论方案等。首先，界定碳金融市场的理论基础，明晰碳金融资产定价相关概念，明晰概念边界；其次，从投资者理性预期和有限理性预期两个角度阐述一般性金融资产定价的相关理论及演进过程，为碳金融资产定价研究提供一般性理论支撑；再次，从矩属性视角研究碳金融资产的风险传染理论和对应的资产溢价解释；最后，构造契合本书研究主题的考虑高阶矩属性风险传染的碳金融资产定价理论框架，为后文从实证角度开展的研究设计和分析提供理论支撑。

2.1　碳金融市场发展的理论基础

人类社会的发展离不开赖以生存的自然环境。社会发展的早期，人们往往忽视自然资源的有限性，随着经济的高速持续增长，自然资源的匮乏与环境的恶化才逐渐引起人们的重视。1968 年，100 多位学者成立了“罗马俱乐部”以讨论并应对环境污染问题，并于 1972 年发布了研究报告《增长的极限》。其主要观点是自然资源的不可再生将制约经济长期可持续增长，这一震惊世界的结论推开了研究经济增长与环境质量关系的大门。同年，“联合国人类环境会议”在斯德哥尔摩举行，开创了人类社会环境保护事业的新纪元，环境问题逐渐受到更多关注。

2.1.1 碳排放的外部性理论

对于外部性的认识最早可以追溯到亚当·斯密(Adam Smith)关于市场经济"利他性"的论述。他认为"在追求他人本身利益时,也常常促进社会的利益",这实际上涉及了正外部性的特点。著名的"灯塔"问题引发了人们对外部性问题的思考。随后,Sidgwick 于 1887 年拓展了"灯塔"问题,注意到私人成本与社会成本、私人收益与社会收益之间存在着不一致性,并主张政府进行干预。明确提出外部性概念的是英国"剑桥学派"创始人、新古典经济学的代表马歇尔,他于 1890 年在《经济学原理》一书中首次提出"外部经济"的概念,认为由任何一种货物生产规模的扩大所产生的经济可以划分为两类:第一类依赖于某种工业的一般发展;第二类则依赖于从事该工业的个别企业的资源、组织和经营效率。简单来说,前者称为外部经济,后者称为内部经济。而外部性,是指那些生产或消费对其他团体强征了不可补偿的成本或给予了无需补偿收益的情形。

对外部性问题主要有两种分类方式:① 根据外部性所带来的影响是增加了社会成本还是增加了社会收益来看,可以将其分为正外部性和负外部性。正外部性指某项经济行为给交易双方之外的第三方带来了一定的额外收益,但却不需要第三方对此进行支付,环境治理和科技创新都是正外部性的例子。负外部性指某项经济行为给交易双方之外的第三方造成了一定的损失,但第三方却没有得到一定的补偿,环境污染和生产过程中有害气体的排放属于负外部性的典型代表。② 从外部性产生的主体来划分,可以把外部性分为生产外部性和消费外部性,其分别是在生产领域与消费领域发生的外部性问题。

二氧化碳等温室气体排放具有明显的非排他性和非竞争性,碳排放具有公共物品属性,且具有较强的外部性效应。当企业和个人不考虑对环境造成的污染,仅仅从自身利益出发进行生产活动时,其成本要远远低于计算外部成本时的成本。理论上,碳排放的成本与收益表现为明显的非对称性,从社会与环境的整体角度出发,这种负外部性应该得到控制。

2.1.2 经济增长与碳排放强度关系研究

“外部性理论”从理论上回答了控制排污的必要性，而环境库兹涅茨曲线(Environmental Kuznets Curve，EKC)则在实证上解释了碳排放强度与经济增长的关系。

2.1.2.1 环境库兹涅茨曲线

库兹涅茨曲线被用来描述收入差异和经济增长呈现的倒U形关系，受此启发，Grossman和Krueger[160]于1991年首次将库兹涅茨曲线用于经济增长与环境质量的关系研究，发现空气与水污染随人均收入的增加先增长后下降。随后，Shafik和Bandy[161]于1992年扩大了环境指标的检验范围，同样证实了这一结论。1992年世界银行公布了以“发展与环境”为主题的《世界发展报告》，环境质量与收入关系的研究在全球范围内逐渐展开。伴随实证检验的丰富，环境库兹涅茨曲线概念于1993年被正式提出，该假说认为，通常在经济发展初期环境质量恶化，而当经济发展到一定阶段时，环境质量逐步得到改善，即环境污染与经济增长间也呈现出倒U形趋势。在环境库兹涅茨曲线的基础上人们又提出了脱钩理论。脱钩理论用来分析经济增长与能源消耗之间的联系，“脱钩”表示两者关系的阻断。根据环境库兹涅茨曲线假说，经济增长往往伴随着能源消费的增加，但如果采取一些有效的技术手段或减排措施，可能会以较少的能源消费得到同样甚至更好的经济效益，这一过程被称为“脱钩”。

根据经济合作与发展组织(OECD)的分类，“脱钩”可以分为“相对脱钩”和“绝对脱钩”，其中，“相对脱钩”是指二氧化碳排放增长率小于经济增长率，即相对意义上的低碳经济发展；“绝对脱钩”是指经济发展的同时碳排放量减少(碳排放的负增长)，即绝对意义上的低碳经济发展。国内外对碳排放的研究表明，无论是发达国家还是发展中国家，其经济发展与碳排放的关系演化大致存在三条倒U形曲线，如图2.1所示，即碳排放强度倒U形曲线、人均碳排放量倒U形曲线和碳排放总量倒U形曲线。这意味着要实现经济发展与碳排放的脱钩，必须逐步实现三种脱钩，即碳排放强度脱钩、人均碳排放量脱钩与碳排放总量脱钩。

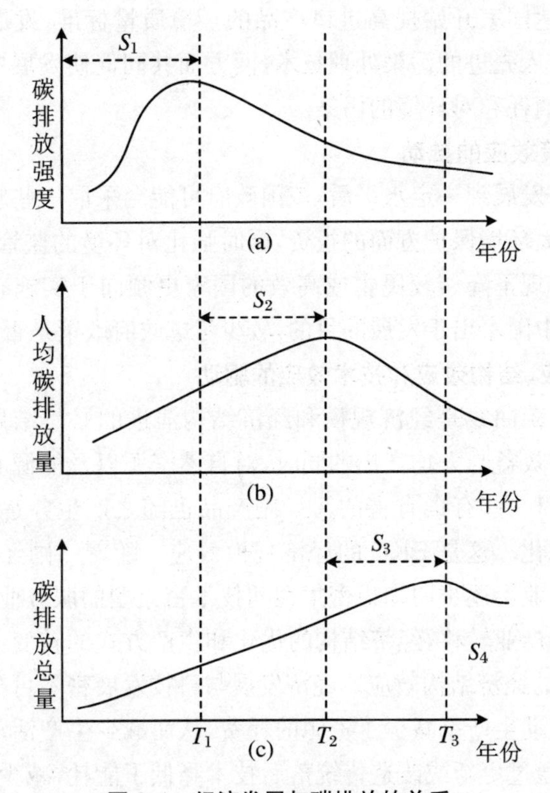

图 2.1　经济发展与碳排放的关系

2.1.2.2　倒 U 形 EKC 及其局限性

倒 U 形关系是碳排放强度与收入间关系的最原始刻画，大部分学者实证发现二氧化碳排放随着收入增加呈现先增长后下降的趋势，即有一个拐点。有学者对倒 U 形关系进行解释认为影响此种关系形成的因素可归结为有形力量和无形力量。有形力量主要指政府等有形主体主导而形成的有利于环境保护的力量，包括国际贸易影响与国家政策效应的推动两方面；无形力量主要指市场的力量，包括规模效应、结构效应、技术效应的驱动，环境需求偏好的变化和市场机制的完善程度三方面。

1. 国际贸易的影响

通过国际贸易和国际直接投资，污染将会从发达国家向发展中国家转移，发达国家的环境质量因此好转，从而其 EKC 处于倒 U 形的下降期；与之相对，发展中国家环境质量则会趋于恶化，从而其 EKC 进入倒 U 形的上升期。而随着贸易发展，发达国家开始提高进口产品的环境质量标准，发展中国家也可以通过自由贸易引入先进的污染处理技术，两方面共同促使发展中国家提高技术水平，减少资源消耗和对环境的污染。

2. 国家政策效应的推动

当一国经济发展到一定水平后，该国政府可能会采取一些政策措施以改善环境，主要是加大环境保护方面的投资，同时强化对环境的监管，这样环境库兹涅茨曲线就会出现下降。较民主或高效的国家更倾向于实施有利于环境的政策，而许多发展中国家出于发展的目的，较少考虑政府政策是否对环境友好。

3. 规模效应、结构效应和技术效应的驱动

环境库兹涅茨曲线是经济规模和经济结构演进的必然结果。生产规模的扩大在提高经济效益与人均产出的同时，对自然资源以及能源利用的投入也要求更多，与此同时一些有毒有害的污染副产品也随之产生并逐渐积累，从而导致环境状况的恶化。这是 EKC 的经济规模效应。随着一国经济的发展，能源密集型的重化工业会逐步向知识密集型和技术密集型的服务业、高新技术产业等高附加价值的产业转移，经济结构的优化和生产方式的转变会优化和改善环境。这是 EKC 的经济结构效应。经济发展与科技发展密不可分。科技进步一方面通过提高劳动生产率减少了资源的耗费，从而减少生产活动对自然环境的破坏；另一方面通过更新或改造传统落后技术降低了能耗，减少了污染排放，并形成资源有效循环利用。这是 EKC 的经济技术效应。在 EKC 形成的初始阶段，规模效应带来的环境负效应占据主导地位，随后由于结构效应以及技术效应带来的环境正效应超过其负面影响，污染排放持续降低。

4. 环境需求偏好的变化

收入水平的持续提高，使得社会成员对环境质量的需求迅速提升。到达一个特定的收入水平后，人们对于清洁环境的支付意愿将会上升，愿意选择更为环保的绿色产品。高收入水平下的环境服务需求也促使当地政府趋于制定更加严格的环保政策法规，增加清洁环境的防护费用与环保组织机构的经费。

5. 市场机制的完善程度

市场内生的自我调节机制，使得生产活动的外部成本逐渐转化为私人成本，将污染内部消化。随着经济增长对自然资源的消耗越来越大，资源的稀缺性将通过价格显现出来，这迫使生产企业通过技术进步来减少能源和原材料的消耗，以有效降低生产成本，保持竞争力。

2.1.2.3　环境库兹涅茨曲线的发展

碳排放的EKC检验结果在不同国家间呈现多样化的状态，除了传统倒U形关系外，还存在N形关系、同步关系和倒L形关系。

1. N形关系

二氧化碳排放随收入增加呈现先增长后下降而后又增长的趋势，即出现两个拐点。这主要可归因于外商直接投资大幅增加和能源利用效率停滞两个因素。

"污染避难所假说"认为，如果将环境作为一种生产要素来考虑，环境保护强度低的国家环境要素较为富裕，而环境保护强度高的国家环境要素则相应匮乏。环境保护强度低的国家将充分利用本国充裕的环境要素专业化生产污染密集型产品。由于发达国家制定的环境标准普遍高于发展中国家，高污染产业必然会向发展中国家转移，发展中国家将成为世界污染避难所。所以对于发展中国家而言，其经济发展到一定阶段、人均收入提升到一定阶段后，不可避免将会有大量的外商直接投资流入到污染密集型产业中，带来碳排放的二度增长。

随着人均GDP的不断增加，提高资源利用率的清洁技术被充分利用之后已无潜力可挖，能源利用效率将在一段时间内处于停滞阶段，减少污染的机会成本在增加，收入增加导致污染持续上升，因而人均碳排放呈现不断增加的趋势。

2. 同步关系

碳排放与收入之间呈单调递增的非线性关系。这种关系出现的最可能的原因是该区域经济发展尚未到分离阶段，即仍旧处于倒U形关系的上升阶段。此外，还有种解释是新技术在提高生产率的同时一般也产生潜在危险，比如会产生新污染物，包括致癌化学物、二氧化碳等，原污染物排放减少的同时新污染物排放上升，因而总污染并未下降，因而该关系也被称为新毒型污染-收入关系。

3. 倒L形关系(触底竞争型)

碳排放随收入增加而增加，一定阶段后保持不变。一国环境标准的提高会相应提高其排污成本，使该国生产成本高于低环境标准国家，驱动一些污染密集型产业向低环境标准国家转移。资本外流使高环境标准国家面临放松环境规制的压力，在经济全球化进程中各国以保持竞争力为借口，放松环境规制，形成触底竞争。随着触底竞争的加剧，形成收入提高而污染排放保持不变的局面，曲线趋于平坦。触底竞争型关系多见于发达国家中。

2.1.3 碳排放外部性的解决方案

自马歇尔(Marshall)之后,经济学家从成本、收益、经济利益、产权制度等多个角度对外部性进行界定,并提出了解决外部性问题的相应方案。

庇古(Pigou)基于福利经济学的视角研究了由外部性引起的资源配置问题,将外部性视为影响国民收入,从而影响经济福利的重要因素。他认为要想国民福利即国民收入最大化,社会边际净产值与私人边际净产值必须相等。社会边际净产值与私人边际净产值的差异构成了外部性,且外部性是可正可负的。外部性的存在,使得社会成本与私人成本、社会收益与私人收益出现了偏差,从而导致资源配置难以实现帕累托最优(Pareto Optimality)。庇古据此提出了他的政策主张:对边际私人成本小于边际社会成本的部门实施征税,即存在外部不经济效应时向企业征税;对边际私人收益小于边际社会收益的部门实行奖励和津贴,即存在外部经济效应时给企业补贴。这种税被称为"庇古税"。

庇古的"外部经济"和"外部不经济"概念引申于却又不同于马歇尔的概念。马歇尔的"外部经济"概念是指企业在扩大生产规模时,由其外部的各种因素导致的单位成本的降低,即企业活动从外部受到影响;而庇古指的是企业活动对外部的影响。两者是对一个问题的两个方面的阐述,庇古将马歇尔的外部性理论向前推进了大大的一步。

然而,庇古理论也存在一定的局限性:① 庇古理论的前提是存在"社会福利函数",政府是公共利益的天然代表者,并能自觉按公共利益对产生外部性的经济活动进行干预。事实上,公共决策存在很大的局限性,政府制定的关于收费和补偿的规章制度往往是缺乏效率的,无法完全考虑行业和地区差异。"庇古税"在使用过程中可能出现寻租活动,会导致资源的浪费和资源配置的扭曲。② 运用"庇古税"的前提是政府必须知道引起外部性和受它影响的所有私人的边际成本和收益,拥有与决定帕累托最优资源配置相关的所有信息,只有这样的政策才能定出最优的税率和补贴。然而现实中政府并非万能的,也不可能拥有足够的决策信息,这使得执行效果远远达不到预期。③ 政府干预本身也需要花费成本。政府为了制定合理的收费和补偿水平,必须收集大量的信息、处理大量的数据、进行成本收益分析等,并且冒着巨大的政治风险。如果政府干预的成本大于外部性所造成的损失,从经济效率角度看消除外部性就不值得。

1960年,科斯(Coase)以“庇古税”为理论背景,在借鉴和批判庇古理论的基础上,提出用明晰产权来解决外部性问题的关键定理——科斯定理。他认为“外部不经济”的根本原因是稀缺资源缺乏产权界定,并提出了“交易成本”这一重要概念。交易成本是运用价格机制的成本,它至少包括发现贴切价格的成本(获得准确市场信息的成本)和谈判、签约、履约的成本。在交易成本为零的情况下,不管初始产权如何分配,经过合理的产权交易,不用征收“庇古税”就可实现资源配置的帕累托最优,即“科斯第一定理”;在交易成本不为零的情况下,权利的初始分配将影响资源的配置效率,要根据成本收益分析来寻求使交易成本最低的权利初始分配,即“科斯第二定理”。根据科斯定理的表述可见,运用科斯定理的前提条件是完善的市场经济、交易成本为零或很小以至于可以忽略、产权界定清晰。

科斯定理揭示了产权界定的重要性,并说明了产权界定与资源配置的关系,奠定了新制度经济学产权理论的基石,并且给出了利用市场机制解决外部性问题的思路,具有重要的实践意义。然而科斯的外部性交易理论要求较完善的市场机制和健全的法制,在市场化程度不高的发展中国家则很难发挥其作用。此外,由于外部性问题的复杂性和广泛性、交易双方信息的不对称等,有时高昂的交易费用使得外部交易难以进行下去。经过成本效益分析,如果外部交易成本高于政府征税的成本,外部交易就是无效的解决办法。

2.1.4 排放权交易理论的发展

科斯定理为排污权交易的诞生奠定了重要的理论基础。学者们陆续将产权手段应用到控制大气污染与水污染的方案中。Dales[162]于2002年在其著作《污染、产权与价格》中提出了“排污权”概念,他认为环境是一种商品,政府是该商品的所有者。作为环境的所有者,政府可以把污染废物分割成标准单位,在市场上公开标价出售一定数量的“污染权”,每一份权利允许其购买者可排放一单位的废物。这实际上是将污染作为一种产权赋予排污企业,这种权利应该可以转让,通过市场交易形式提高环境资源使用的效率。通过供求规律、价值规律和竞争规律的相互作用,政府有效地运用其对环境这个商品的产权,价格机制将促成一个最佳的分配。Montgomery[163]于1972年从理论上证明了基于市场的排污权交易系统明显优于传统的环境治理政策,其优点是污染治理量可根据治理成本进行变动,可以使总的协调成本最低。因此,如果用排污权交易系统代替传统的排污收费体系,可以节约大量的成本。

20世纪70年代后期,美国环保署(Environmental Protection Agency, EPA)在空气质量管理方面采用了排放权交易制度,即著名的"酸雨计划",使排污权交易从理论研究成为现实,在全世界范围内引起了高度重视。此后,排污权交易制度在环境经济政策中的运用越来越广泛。此后经济学家对排污权交易制度设计的各个方面进行了理论与实证分析,提出了有建设意义的制度设计方案,主要涉及排污权交易体系中的制度内容、拍卖机制、市场势力、交易成本和监督等方面。

随着全球气候变暖趋势日益严重,人们对大气污染与经济发展两者关系的关注度逐渐升温。1997年,《京都议定书》从排污权交易原理出发,推出碳排放权交易的三种市场机制,催生出一个以二氧化碳排放权为主的碳交易市场。

2.2 碳金融资产定价相关概念

根据研究主题,对碳金融资产定价的相关概念进行明晰和界定,为后面的理论框架构建以及定价实证研究提供内涵边界。相关概念包括碳金融资产的基本内涵、碳金融资产阶矩属性内涵和基于高阶矩属性的碳金融资产风险传染内涵等。

2.2.1 碳金融资产的基本内涵

2.2.1.1 碳金融内涵

碳金融资产的概念边界取决于碳金融的内涵界定。碳金融是在国际气候政策、法律法规和公约的基础上,为抑制全球温室气体排放和气候变暖,通过金融手段创新促使各国经济发展的同时实现温室气体减排目标的金融活动。

基于这一目标的实现，碳金融具有广义和狭义两种基本内涵。

广义的碳金融是指为降低温室气体排放和促进绿色低碳发展而开展的各种金融活动和制度创新，不仅包括碳配额及其衍生品的交易，还包括与碳减排有关的投融资活动和金融服务等，因此广义的碳金融包括交易类、融资类和支持类三种资产类型。① 交易类碳金融资产，指以碳排放权及其衍生金融产品为核心的资产类型。如基于总量控制原则而产生的碳配额和以项目为基础的核证减排量等信用合约，包括碳现货、碳期货、碳期权等资产类型。② 融资类碳金融资产，指为支持减排实体落实减排责任，推动企业低碳绿色发展而设计的创新产品。如减排企业为筹集低碳项目建设资金而发行的碳债券，基于碳配额质押而形成的碳资产质押/抵押融资，商业银行提供的与减排项目相关的绿色信贷，基于专业的碳资产管理机构而开展的碳资产托管、碳基金交易及碳资产回购等。③ 支持类碳金融资产，指服务于碳金融市场有效运转、提供项目资金保障而设计的产品工具。如反映市场价量信息和供求关系的碳指数，以减排设备或减排项目为标的的碳保险资产融资工具等。

狭义的碳金融是指在以项目和配额为基础的交易方式下，以政府分配的碳排放权及其衍生产品为主的金融机制安排，交易产品限于交易类碳金融资产。其中碳排放权即碳配额，是政府基于总量控制原则，向减排企业发放的允许一定时期排放一定总量二氧化碳的权利凭证。如果企业因减排技术和减排项目实施使得实际减排量低于配额，即可将多余的配额权利在碳金融市场卖出，获得收益；反之，当配额不足时，企业为避免污染处罚则可购买流通的配额进行抵消。其交易主体不仅包括减排配额需求的减排实体，他们的供需关系决定了配额初始价值；还包括市场投资机构、商业银行、信用开发机构、个人投资者以及政府等主体，他们的参与活动影响碳配额的市场交易价格。

由于本研究的核心是碳金融资产的定价问题，即碳金融资产二级市场价格的影响机制，并不涉及与碳金融资产相关的投融资活动和金融保障业务。因此，本书中的碳金融主要是指狭义的碳金融概念，碳金融资产也即狭义概念下的碳金融交易产品和交易工具。

2.2.1.2　碳金融资产概念

根据狭义碳金融的基本内涵，本书所指的碳金融资产，即交易类碳金融资产，是指以碳排放权及其衍生品交易的资产，其交易方式包括发达国家之间以排放配额为形式的碳排放权的转让和交易，发达国家与发展中国家间以绿色项目合作和减排技术转让而形成的核证减排量市场交易，具体的碳金融资产品种包括碳现货、碳期货、碳期权等。本书的碳金融资产具有以下基本内涵：

1. 碳金融资产具有商品属性和金融属性

一方面，碳金融资产的交易不仅满足减排实体对减排配额的实际需求，还可推动碳排放的减少，实现抑制温室效应和预防全球变暖的初衷。另一方面，随着市场规模的扩大、参与者的丰富以及金融产品创新的涌现，碳金融资产也成为具有投资潜力的金融产品，特别是在金融联动背景下，碳金融资产与资本市场产品和能源市场产品间存在密不可分的价格联系，其能够满足投资者跨市场的套期保值和投机获利的目的。

2. 碳金融资产具有资源跨期调配的金融功能

一方面，碳排放具有显著的负外部性，而碳金融资产的交易推动资金跨期调配作用的发挥，并且通过碳减排成本内部化减排实体实现减排成本的最小化。另一方面，碳金融资产具有转移和分散生态环境风险的功能，通过碳金融产品的交易和创新，推动碳金融体制机制的成熟和完善，从而更好地服务于绿色低碳经济的发展，实现国际社会减排合作的多方共赢。

3. 碳金融资产具有金融资源的稀缺性和战略性

碳金融资产的交易目的是推动减排企业落实减排责任，降低全球各国的碳排放总量，提高经济发展质量，降低经济发展对环境资源的依赖，其目的实质上是通过对稀缺环境容量使用权的获取实现经济增长内涵的提升。气候变暖的负外部性具有全球性和长期性特点，这种特点决定了围绕碳金融和碳金融市场的治理机制具有全球跨度和长期治理特征。在既定的治理框架内，碳减排和经济增长间替代关系的存在，导致围绕碳排放和碳金融资产定价等问题的国际谈判充斥着大国政治经济博弈的色彩，碳金融资产具有高度的战略性。

2.2.2 碳金融资产阶矩属性内涵

碳金融资产阶矩属性是基于统计计量视角的一种时间序列维度的界定，包括碳金融资产的前四阶矩，即表示碳金融资产期望收益的一阶矩，表示方差的二阶矩，表示收益分布偏度的三阶矩，表示市场峰度的四阶矩信息。

1. 一阶矩收益

一阶矩收益主要刻画碳金融资产的期望收益或平均收益,由于投资者希望投资收益越大越好,所以对一阶矩统计属性具有正向偏好。

2. 二阶矩方差

二阶矩方差描述碳金融资产收益与期望收益的偏离程度和分散化程度,是对投资风险或持有风险的衡量。偏差越大,表示收益率与期望收益间统计偏差越大,意味着投资者需要承担更多的波动风险。因此,投资者通常比较厌恶二阶矩方差,正因如此,他们也会要求获得更多的风险溢酬。

3. 三阶矩偏度

三阶矩偏度又称偏态系数或偏斜系数,即金融时间序列的三阶标准中心矩(Standardized 3rd Central Moment),是对碳金融资产收益分布的偏斜方向和程度的度量。当碳金融资产收益分布呈现对称的正态分布时(图2.2(a)),收益率的均值、中位数和众数完全重合。而在收益分布不满足正态分布时,考虑收益率与均值间偏差总和为零的约束条件,当均值左侧收益率数据分布较多时,则意味着右侧必定存在数据较大的"离群值",此时碳金融资产收益表现为右偏分布,即分布右侧出现较长的拖尾,偏度值大于零(图2.2(b));反之,当均值右侧收益率数据分布较多时,则意味着左侧存在"离群值"现象,碳金融资产收益呈现左偏分布,即分布左侧出现较长的拖尾,偏度值小于零(图2.2(c))。与其他金融市场相比,由于碳金融市场成立时间较晚、市场效率较低等,在有限理性市场交易推动下碳金融资产具有更加明显的非对称性。其中,收益率的右偏意味着投资者获得正收益的概率较大,也是碳金融市场投资者比较偏好的矩属性特征,因此三阶矩偏度对衡量碳金融市场非对称信息及其对风险溢价的影响不容忽视。

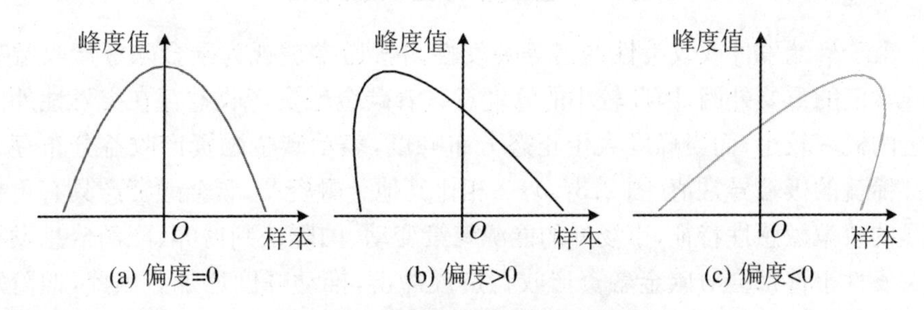

图2.2 金融资产收益偏度分布图

4. 四阶矩峰度

四阶矩峰度又称峰度系数，即金融时间序列的四阶标准中心矩（Standardized 4rd Central Moment），是对金融资产收益概率密度曲线峰态或陡缓程度的衡量，其实质上是衡量碳金融资产概率密度曲线在密度平均值时的峰值高低的特征数。本研究以更具一般意义的超值峰度（Excess Kurtosis）概念分析峰度的基本含义，即金融资产的超值峰度等于资产四阶中心矩除以概率分布方差的平方再减去3。峰度值较大表示碳金融资产收益方差的增加是因为低频度的极端值或异常值大于或小于平均值，收益序列中存在离群值的概率较大，离群数据取值的极端性较严重。在与正态分布概率密度分布曲线（图2.3）的比较中，峰度体现收益率分布情况。当峰度值等于正态分布峰度值时，表示碳收益率分布与正态分布陡缓程度相同（图2.3(a)）；当峰度值小于正态分布峰度时，表示碳金融资产收益率分布比正态分布更加平缓，收益数据存在极端值或异常值概率较小（图2.3(b)）。

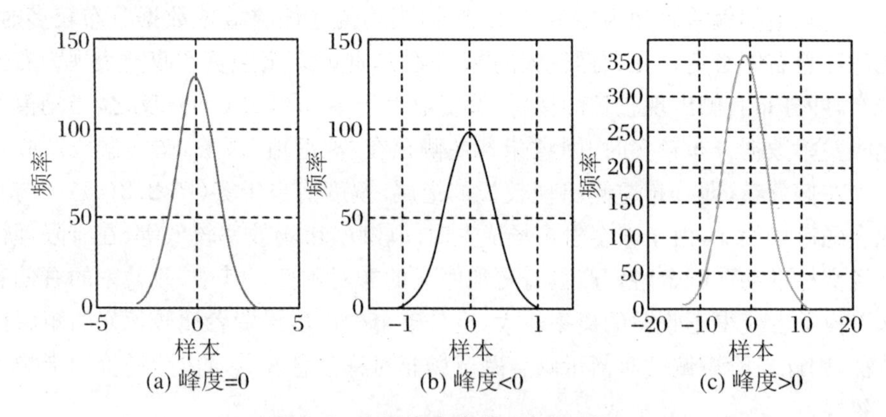

图2.3 金融资产收益峰度分布图

由于极端事件或政策性冲击等突发性因素通常被视为碳金融资产收益出现异常值的重要外因，因此较小的峰度意味着碳金融资产收益存在突发性外因冲击的概率较小；而当峰度大于正态分布峰度，表示碳金融资产收益分布存在尾部稀疏的极端异常值（图2.3(c)）。相比其他金融资产，碳金融资产具有更加明显的政策敏感性特征，市场外的能源政策变动、国际谈判博弈、配额信息发布等突发性事件都会对碳金融资产收益造成冲击，推动峰度增加。因此，四阶矩峰度信息，特别是碳金融资产收益普遍存在的高峰度，是碳金融资产收益变化的重要因素。

2.2.3 基于高阶矩属性的碳金融资产风险传染内涵

碳金融资产高阶矩属性风险传染关系检验的前提是碳价与定价因子间存在的协高阶矩冲击关系,而这种协高阶矩关系是建立在高阶矩碳金融资产定价框架之下的。因此,对碳金融资产的高阶矩属性风险传染进行内涵界定能够为后面碳金融资产定价框架的构建和实证过程分析提供概念边界。

随着全球金融联动的加强,碳金融市场与资本市场和能源市场之间资本流动更加复杂,碳金融资产与其定价因子间不仅存在收益与风险的价格传递和波动溢出关系,而且还存在更为明显的高阶矩属性的风险传染关系。即碳金融资产及其定价因子间,基于投资者有限理性的交易行为导致的市场非对称,以及因能源气候政策、国际谈判、金融危机或碳配额分配政策等极端事件冲击而触发的价格波动,使得一个市场的价格风险传递到另一市场的现象称为风险传染。其中,风险传染系数在统计意义上有无显著性变化是检验是否发生风险传染关系的关键。

在统计上,市场非对称性和极端事件冲击因素通常用金融资产的三阶矩和四阶矩属性衡量,因此高阶矩属性风险传染可分为协偏度属性的风险传染、协峰度属性的风险传染和协波动率风险传染。其中,协偏度属性风险传染关系指碳金融资产及其定价因子间,一个市场的方差对另一市场收益的冲击系数发生显著性变动的衡量,即两市场间基于有限理性的投资者行为是否对收益存在显著性的冲击关系。协峰度属性风险传染是指碳金融资产及其定价因子间,一个市场的偏度对另一市场收益的冲击系数发生显著性变动的衡量,即市场内部发生的政策性冲击、极端冲击或突发性事件等是否对另一市场收益形成显著性冲击。而协波动率风险传染指碳金融资产及其定价因子间,一个市场的方差对另一市场方差产生显著性冲击的衡量,表示两市场间风险与风险之间的协同波动。

在高阶矩属性碳金融资产定价框架内,研究碳金融资产及其定价因子间的高阶矩属性风险传染关系,能够从市场非完全理性和协同波动视角,而非市场基本面联动的视角解释由市场非对称信息和极端冲击所导致的碳金融资产价格波动。这一视角符合碳金融资产所具备的市场非对称性和极端事件冲击敏感性特征。

2.3 金融资产定价相关理论基础

根据金融资产定价中投资者面临不确定性决策的预期假设差异,将金融资产定价理论分为投资者理性预期和有限理性预期两类。其中,理性预期下的资产定价理论基础是有效市场假设,相关定价模型聚焦从金融资产的收益和方差属性视角研究资产溢价的影响机制。随着研究假设的放宽,考虑到市场信息分布的非对称性以及投资者对待风险偏好的变化,以投资者有限理性假设为基础的前景理论被用于解决不确定环境下的决策问题,相关资产定价模型聚焦偏度和峰度属性视角解释金融资产的溢价问题。

2.3.1 基于投资者理性预期的金融资产定价理论

2.3.1.1 基于理性预期的有效市场假说

有效市场假说(Efficient Market Hypothesis,EMH)理论是研究不确定环境下基于投资者理性预期的金融资产定价研究的基石,Eugene Fama 教授是有效市场假说的奠基人,其因研究资产市场发展趋势采取的新方法于 2013 年 10 月荣获诺贝尔经济学奖。

1965 年 Fama 在其博士论文"The Behavior of Stock-Market Prices"中,基于道琼斯工业指数成分股的日频数据较早地研究股票收益率非正态分布特征和时间序列特征与收益率关系[164]。虽然该研究未明确提出有效市场假说的理论,但从研究内容而言,属于最早的对有效市场的检验范畴。在随机游走理论分析框架下,基于现实量化投资常用的"技术分析"与"基本面分析"等策略,Fama[165] 于 1965 年在"Random Walks in Stock Market Prices"一文中正式提出有效市场假说的基本概念并阐述其内涵。该研究指出,随机游走理论下的金融市场事实上相当于一个"有效市场",即股价反映出所有信息的市场,在这样的市场中,数量众多的市场投资者通过频繁的交易行为,推动证券市场价格遵循随机游走理论。如果证券收益与价格的偏离是由系统性而非随机性行为触发的，那么理性投资人在逐利动机驱使下的交易行为将使市场价格再次回归到证券价值，交易行为动机会被系统化的收益变化抵消，虽然证券资产的内在价格稳定不变，但是市场价格将会随机游走。为建立有效市场假说的完整框架，解决随机模型解释市场有效性的不足，1970 年 Fama 在"Efficient Market Hypothesis：a Review of Theory and Empirical Work"一文中系统总结了有效市场假说的研究成果，开创性地提出联合假说（Joint Hypothesis）的有效性检验框架。该研究指出，检验市场有效性的前提是建立合理有效的资产定价模型（Asset Pricing Model），只有在既定定价模型上才能分析均衡证券价格预期收益与价格游走行为间的关系，进而研究证券收益所表征的市场有效性问题[166]。

基于以上经典文献演化思想，有效市场假说认为，任何金融资产的市场价格都能反映出所有投资者能够掌握的反映资产真实价值的全部信息，投资者能够将已经掌握的所有价格信息用于资产估值和定价，只有新信息的出现才会触发金融资产价格的波动，而新信息的不可预测性，使得金融资产的价格也是不可预测的。因此，任何利用技术手段和基本面分析手段企图获得超额利润的策略都是徒劳的[155,167]。根据市场信息对资产价格反映程度的不同，有效市场假说可划分为三种不同形态，即弱式有效市场假说（Weak Form Efficiency Market Hypothesis）、半强式有效市场假说（Semi-strong Form Efficiency Market Hypothesis）和强式有效市场假说（Strong Form Efficiency Market Hypothesis）。其中，弱式有效市场假说表示资产价格能够反映所有已经披露的证券资产历史信息，利用技术分析手段的获利动机已失去作用；半强式有效市场假说指资产价格能够反映所有已公开的市场信息，因此借助公开信息进行资产估值难以获得超额收益，而内幕消息的掌握则可以；强式有效市场假说表示资产价格能够反映市场上已经公开和未公开的所有证券资产信息，任何牟取超额利润的手段都将失效[166,168]。

有效市场假说本质上意味着"天下没有免费的午餐"。作为传统金融资产定价理论的出发点，有效市场假说有两个核心假设内容：一是证券价格反映全部信息并迅速调整到位；二是所有投资者都是完全理性的。事实上，有效市场假说只是分析资产定价理论的假设框架，现实中证券价格并非都能反映出市场信息，投资者也并非完全理性，对信息的理解和分析也会有认知偏差和认知误区。尽管如此，在现代主流金融市场理论基本框架中，该假说依然占据重要地位[169]。

2.3.1.2 理性预期下基于低阶矩属性的资产定价理论

1. 投资组合理论

投资组合理论是基于多元化投资组合，以分散投资风险，提高投资效率为目的的资产管理理论，组合资产数量越多，非系统性风险分散程度越大。1952年美国经济学家 Markowitz 发表经典的论文“Portfolio Selection”，标志着现代投资组合理论的开端。基于“均值-方差”二元低阶矩属性投资组合框架，Markowitz 提出投资组合的有效选择可以降低非系统性风险的研究结论。

根据 Markowitz 投资组合理论，基于风险规避偏好的理性投资人追求既定风险下预期收益最大，或是预期收益既定前提下的投资风险最小化的投资组合。而由各有效投资组合的期望收益和标准差对应的点连接而成的曲线称为有效投资边界(Efficient Frontier)。假定投资者面临两种证券资产投资组合的选择，则有效投资边界取决于以下二次线性规划：

$$E(R_m) = w_i E(r_i) + w_j E(r_j) \tag{2.1}$$

$$\min \sigma_m^2 = \sum \sum w_i w_j \text{cov}(r_i, r_j) = w_i^2 \sigma_i^2 + w_j^2 \sigma_j^2 + 2 w_i w_j \sigma_i \sigma_j \rho_{ij} \tag{2.2}$$

其中，$r_i, r_j; w_i, w_j; \sigma_i, \sigma_j$ 分别表示两种证券资产的期望收益、投资权重、标准差；ρ_{ij} 表示两种证券资产间的相关系数。公式(2.2)显示，投资组合的方差与各有价证券的方差、权重以及证券间的协方差有关，并且协方差与有价证券的相关系数成正比，相关系数越小，其协方差就越小，投资组合的总体风险也就越小。因此，选择相关度较低或不相关的证券资产是构建有效投资组合的重要策略。

Markowitz 投资组合模型在本质上是以资产权重为变量的二次线性规划求解问题，通过偏微分求导方法，在资产投资组合方差最小的两种资产之间，确定最优投资比例。即投资者根据预先确定的投资组合期望，在不同资产间确定资金分配比例，在综合风险最小的前提下进行有效投资组合的优化选择，从而得到有效组合的前沿曲线，提高投资决策的准确率。图2.4显示了有价证券 i 和 j 在均值-方差二元框架下的证券投资有效边界，由图可知，该边界形状取决于有价证券之间的相关程度大小。

基于均值-方差二元框架下的 Markowitz 投资组合模型为量化风险与收益的关系、确定最佳投资组合提供了分析基础，但该模型需要对所有组合资产计算协方差矩阵，而当组合资产数量众多时，计算过程过于复杂。1963年，William Sharpe 提出夏普单因素模型(Sharpe’s One-way Analysis of Variance)，该模型对协方差矩阵进行了简化计算，推动了投资组合理论的实际应用。夏普模型将证券资产风险分为系统性风险和非系统性风险，单因素只映射系统性风险的影响，并且资产之间不存在非系统性风险间的传染，从而将影响有价证券收益的因素聚焦在共同的系统性风险之上，即 $\mathrm{cov}(R_m,\varepsilon_i)=0$，$\mathrm{cov}(\varepsilon_i,\varepsilon_j)=0$。

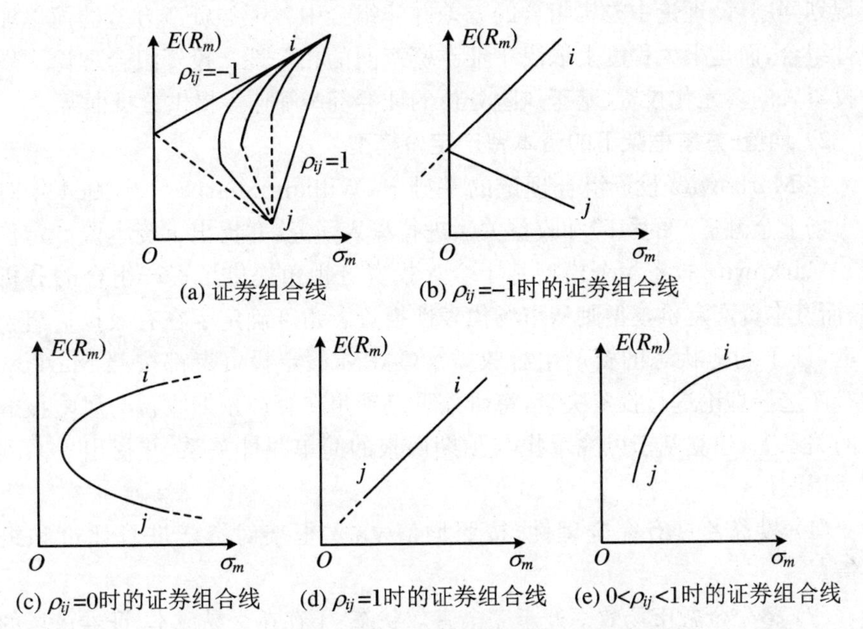

图 2.4　均值-方差二元框架下证券投资有效边界

假设某有价证券收益率与股价收益率(众多资产组合)的关系如下：

$$R_i - R_f = A_i + \beta_i(R_p - R_f) + \varepsilon_i \tag{2.3}$$

那么基于众多有价证券投资组合的有效投资边界取决于以下二次线性规划：

$$\begin{cases} \sum_{i=1}^{n} w_i R_i + \beta_m R_p = R_m \\ \sum_{i=1}^{n} w_i = 1 \\ \sum_{i=1}^{n} w_i \beta_i = \beta_m \end{cases} \tag{2.4}$$

目标函数为

$$\min \sigma_m^2 = \left(\sum w_i \beta_i\right)^2 + \sigma^2(R_p) + \sigma^2(\varepsilon_i) \tag{2.5}$$

其中，R_i，R_f，R_p 分别表示有价证券的收益、无风险资产收益和市场股票收益；β_i，β_m 分别表示证券资产和资产组合的风险报酬系数；w_i，σ_m 分别表示有价证券的组合权重和资产组合的方差。

总体而言，投资组合理论基于均值-方差二元低阶矩属性框架研究最优投资规划问题，该理论中投资组合的方差并非组合中各证券资产方差的简单加权线性组合，而是很大程度上取决于证券资产间的相关性。投资组合理论为现实中投资人的多元化投资、基于风险分析的证券资产筛选等提供分析框架。

2．均值-方差框架下的资本资产定价模型

在 Markowitz 投资组合理论的基础上，William Sharpe[7] 于 1964 年对证券市场上金融资产的风险和收益关系进行深入研究，并提出了资本资产定价模型。Markowitz 投资组合模型基于个人投资者视角提供了资产组合的分析框架，而资本资产定价模型则从市场代表性投资者角度确定了在有效投资组合边界上，处于均衡状态的资产组合收益。CAPM 假定投资者都按照 Markowitz 的资产选择理论进行投资决策，将研究重点聚焦在资产预期收益与风险报酬系数的关系上，建立基于风险承担与预期回报的简单线性关系，并提出一系列模型适用假设：

(1) 投资者具有完全理性，按照均值-方差框架对资产进行评价和组合决策。

(2) 整个金融市场效率处于完全有效状态，不存在交易成本，证券市场的完全竞争使得投资者无法操纵市场价格，他们都是被动的价格接受者。

(3) 投资者能交易所有公开的金融工具，允许无风险借贷的存在。

(4) 投资者对金融资产收益、方差及概率分布等评估具有一致的认知和预期。

(5) 所有投资者仅考虑当期资产收益，不考虑未来的收益分布和时间价值。

(6) 资产具有无限可分性。

(7) 不考虑市场交易成本、通货膨胀以及税收和交易费用等。

基于以上假设，经典的 CAPM 界定为

$$E(R_i) = R_f + \beta_i[E(R_m) - R_f] \tag{2.6}$$

$$\beta_i = \frac{\mathrm{cov}(R_i, R_m)}{\mathrm{var}(R_m)} = \frac{\sigma_{im}}{\sigma_m^2} \tag{2.7}$$

其中，$E(R_i)$，$E(R_m)$以及 R_f 分别表示有价证券的预期收益、资产组合的收益以及无风险收益；σ_{im} 表示证券资产 i 与市场组合收益的协方差；σ_m^2 为市场组合收益的协方差；β_i 表示有价证券的风险报酬系数。

基于CAPM的基本结论，投资人获得的期望收益和承担的市场风险之间的关系可通过资本市场线（Capital Market Line，CML）和证券市场线（Security Market Line，SML）进行解释（图2.5）。其中，资本市场线在Markowitz投资组合框架下，假设资本市场上存在无风险资产，并允许风险资产卖空的前提下，以简单的线性关系描述组合资产的标准差与期望收益间的关系。资本市场线的有效投资边界是有效投资组合下所有风险与收益对应的均衡点集合，脱离这一均衡，投资组合就处于CML之外。这时风险对应的报酬较高，就会造成该证券价格的上涨，从而吸引更多投资者的涌入，最终使得报酬下降并回归到均衡状态；而当风险对应的报酬较低时，投资者将大量抛售这一证券资产，证券资产价格的下跌使得持有这一证券的报酬上升，并逐渐回归到均衡状态。而证券市场线实质上是资本资产定价模型的线性表示，将市场风险分为非系统风险和系统性风险。其中，可分散的系统性风险使用 β 系数进行度量，用于描述单个证券或资产组合的风险收益线性关系。SML上的点既包括有效投资组合又包括非有效组合。事实上，CML表示的是有效资产组合期望收益与总风险间的关系，因此资本市场线上的点就是均衡的有效组合；而SML表示任何一种有效证券或资产组合（并非有效投资组合）的收益与风险关系。因此证券市场线与资本市场不一定会重合。

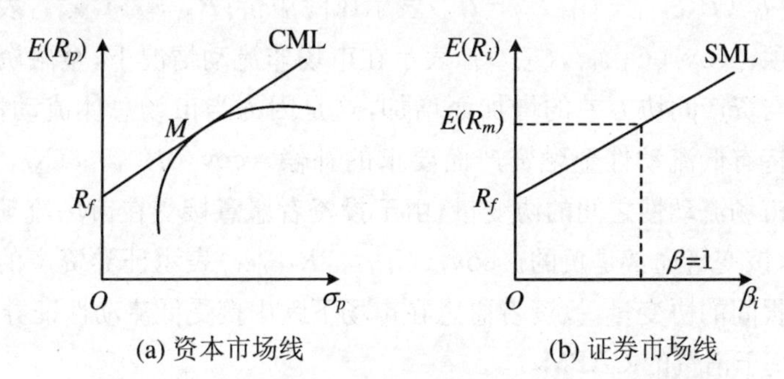

(a) 资本市场线　　(b) 证券市场线

图2.5　均值-方差二元框架下资本市场线和证券市场线

基于期望-方差二元框架的CAPM建立在严格假设基础上，其应用领域存在限制，随后学者逐渐放宽研究假设，推导出许多适应具体情形的资产定价模型。

(1) 基于0-β 的CAPM。

通过放宽经典CAPM关于无风险借贷的限制，在假定金融市场上不存在无风险资产的情况下，Black[170]于1972年指出，任何有效资产组构成的资产组合仍然是有效的资产组合，在有效边界上，资产组在最小方差边界的下半部分（无效率部分）均存在相应的资产组合，由于这些资产组合并不相关，因此可将这些资产组视为0-β资产组合。基于0-β的CAPM可表示为

$$E(R_i) = E(R_a) + [E(R_b) - E(R_a)] \times \frac{\operatorname{cov}(R_i, R_b) - \operatorname{cov}(R_b, R_a)}{\sigma_b^2 - \operatorname{cov}(R_b, R_a)} \tag{2.8}$$

其中，a，b为最小方差边界的资产组合；$E(R_i)$为资产组合对应的期望收益。

(2) 基于流动性调整的CAPM。

通过放宽经典CAPM中流动性成本的限制，假定金融市场上存在交易摩擦和流动性成本，并且投资者受到卖空限制，Achary等[171]于2005年提出基于流动性调整的资产定价模型（Liquidity-adjusted CAPM，LA-CAPM）：

$$\begin{aligned} E(R_{i,t+1}) = {} & E(R_f) + E(C_{i,t+1}) + \lambda_t \times \frac{\operatorname{cov}_t(R_{i,t+1}, R_{\mathrm{M},t+1})}{\operatorname{var}_t(R_{\mathrm{M},t+1} - C_{\mathrm{M},t+1})} \\ & + \lambda_t \times \frac{\operatorname{cov}_t(C_{i,t+1}, C_{\mathrm{M},t+1})}{\operatorname{var}_t(R_{\mathrm{M},t+1} - C_{\mathrm{M},t+1})} - \lambda_t \times \frac{\operatorname{cov}_t(R_{i,t+1}, C_{\mathrm{M},t+1})}{\operatorname{var}_t(R_{\mathrm{M},t+1} - C_{\mathrm{M},t+1})} \\ & - \lambda_t \times \frac{\operatorname{cov}_t(C_{i,t+1}, R_{\mathrm{M},t+1})}{\operatorname{var}_t(R_{\mathrm{M},t+1} - C_{\mathrm{M},t+1})} \end{aligned} \tag{2.9}$$

其中，$\lambda_t = E_t(R_{\mathrm{M},t+1} - C_{\mathrm{M},t+1} - R_f)$表示风险溢价；$R_{\mathrm{M},t+1}$，$C_{\mathrm{M},t+1}$表示偏离均值的扰动项。$\operatorname{cov}_t(C_{i,t+1}, C_{\mathrm{M},t+1})$表示在市场非流动情况下，金融资产收益会随着市场与资产间协方差的增加而增加，这是因为当市场总体流动性较低时，投资者对持有低流动性金融资产而要求的补偿。$\operatorname{cov}_t(R_{i,t+1}, C_{\mathrm{M},t+1})$表示资产收益和市场流动性之间的协变量，由于投资者愿意接受在市场流动性较低时的低回报，该变量通常是负的。$\operatorname{cov}_t(C_{i,t+1}, R_{\mathrm{M},t+1})$表示证券资产的非流动性和市场回报间的协变量，投资者愿意在市场下跌中接受低流动性证券。

(3) 基于消费的CAPM。

基于消费的资本资产定价模型（Consumption CAPM，CCAPM）突破经典CAPM不考虑跨期的限制，将经典CAPM的投资期放置于一个连续跨期的环境中，并假设投资者在当前消费和未来消费（消费或投资）之间进行权衡。该模型通过推导代表性消费者的最优消费倾向，发现代表性消费者的边际效用是一个减函数，影响有价证券价格的是资产收益和未来资金禀赋的协方差。CCAPM假设投资者的效用函数是实现即期与未来期跨期效用最大化，均衡效

用满足即期消费边际成本等于未来消费的边际收益,这样的最优解既包括均衡时的边际替代率,也决定了资产的均衡价格[172]。CCAPM 表示为

$$E(R_i) = \beta_{ic} RP_c \tag{2.10}$$

$$RP_c = E(R_c) = E(r_c) - r_f \tag{2.11}$$

其中,资产组合 c 表示与消费增长相关性最高的资产组合;β_{ic} 表示超额收益 R_i 与模拟消费资产组合超额收益的回归系数;RP_c 表示与消费不确定性相关的风险溢价。

3. 多因子资产定价理论

相比最优投资组合理论和 CAPM,基于套利定价理论的多因子资产定价模型放宽了更多的假设限定,并基于均衡状态的最优组合边界,将众多宏观因子纳入定价框架,从而呈现出更强的资产溢价解释能力[9-10]。套利定价理论提出了比 CAPM 更加切合实际的前提假设,按照单一价格规则,当市场上两种风险程度相同的资产价格不一致时,套利机会即存在,而套利的结果会使资产的收益逐渐趋同,并回归到均衡状态。有别于 CAPM 的分析框架,套利定价理论的基础是因子模型。基于 APT 的多因子定价模型表示为

$$R_i = a_i + \beta_{i1} F_1 + \beta_{i2} F_2 + \cdots + \beta_{ik} F_k + \varepsilon_i \tag{2.12}$$

其中,$E(\varepsilon_i) = 0, \mathrm{cov}(\varepsilon_i, \varepsilon_j) = 0, \mathrm{cov}(\varepsilon_i, F_i) = 0, \mathrm{cov}(F_i, F_j) = 0$;由于定价因子数量 k 通常小于证券市场上所有的证券种类数量,所以随机误差项 ε_i 定义为非系统风险。

单个证券产的方差表示为

$$\sigma_i^2 = \beta_{i1}^2 \sigma^2(F_1) + \beta_{i2}^2 \sigma^2(F_2) + \cdots + \beta_{ik}^2 \sigma^2(F_k) + \sigma_\varepsilon^2 \tag{2.13}$$

根据无套利均衡原则,具有相同因素敏感性的资产或资产组存在相同的期望收益率。否则,套利机会便产生,投资者将利用这一机会,而他们的投资行为将最终使套利机会消失,均衡价格得以形成。因此,APT 立足于两个基本假设:一是证券市场是完全竞争的,市场中存在套利的可实施性;二是投资者完全理性,会主动识别并抓住存在的套利机会,即存在套利的主观性。有效套利组合需要同时满足以下三个条件:

条件一,零投资,即套利策略的实施不需要投资者追加额外的资金,此时有

$$x_1 + x_2 + \cdots + x_n = 0 \tag{2.14}$$

条件二,无风险是指套利组合对任何定价因素都没有敏感性,即

$$\begin{cases} x_1\beta_{11} + x_2\beta_{21} + \cdots + x_n\beta_{n1} = 0 \\ x_1\beta_{12} + x_2\beta_{22} + \cdots + x_n\beta_{n2} = 0 \\ \cdots\cdots \\ x_1\beta_{1k} + x_2\beta_{2k} + \cdots + x_n\beta_{nk} = 0 \end{cases} \tag{2.15}$$

条件三，正收益，即套利组合的期望收益率必须为正，此时有

$$x_1E(R_1) + x_2E(R_2) + \cdots + x_nE(R_N) > 0 \tag{2.16}$$

其中，x_n 表示投资者对证券资产 n 的持有量变化，即持有权重；β_{nk} 为风险系数，为保证特征根的存在要求 $n>k$，即投资组合的证券数量小于市场全部的证券数量。

多因子 APT 为研究均衡状态下金融资产的定价机制，解释有价证券的风险溢价提供清晰的理论框架。在此之后，学者们逐渐放松 CAPM 的严格假设，对金融资产定价理论进行深化，特别是对 CAPM 中风险报酬系数无法解释的定价因素进行分析。作为 CAPM 的扩展和延伸，Fama 和 French[19] 于 1993 年提出经典的三因子定价模型，即在 CAPM 度量风险溢价基础上，进一步考虑市场规模定价因子（Size Factor）和账面市值比定价因子（Book-to-market Factor，价值因子）对金融资产价格的解释能力。

Fama-French 三因子模型的基本假设假定：① 市场中投资者数量众多，不存在市场操纵行为，所有投资者都在相同的持有期进行资金投资。② 投资者能交易市场上已公开的任何有价证券。③ 不存在证券交易费用及税赋等。基于此，三因子定价模型表示为

$$E(R_{it}) - R_{ft} = \beta_i[E(R_{mt}) - R_{ft}] + s_iE(SMB_t) + h_iE(HML_t) \tag{2.17}$$

其中，$E(R_{it})$表示金融资产的期望收益；R_{ft}，$E(R_{mt})$分别表示市场无风险收益和市场期望收益；$E(R_{mt}) - R_{ft}$是市场风险溢价；SMB_t 和 HML_t 分别表示市值定价因子和账面市值比定价因子。Fama 和 French 将所有股票按照公司市值和账面市值比进行划分。研究发现，随着公司市值越来越小，股票收益却越来越高，特别是小市值股票的市场收益明显优于大市值股票，从而对“公司市值效应”提供有力解释；而随着公司账面市值比越来越大，股票的回报也越来越高，结论表明高账面市值比与公司收益同方向变动，并且高于股票回报。

基于 Fama-French 三因子定价模型，Carhart[25] 认为研究股票收益应在 Fama-French 的三因子模型基础上加入动量趋势项定价因子，继而构建四因子

模型。该模型中新加入的动量因素能对金融市场“趋势效应”提供解释。

$$E(R_{it}) - R_{ft} = \alpha_i + \beta_{i,MKT}MKT_t + \beta_{i,SMB}SMB_t + \beta_{i,HML}HML_t + \beta_{i,UMD}UMD_t + \varepsilon_{t,t} \tag{2.18}$$

其中，$E(R_{it})$表示金融资产的期望收益；R_{ft}表示市场无风险收益；MKT_t 是市场风险溢价，由 $E(R_{mt}) - R_{ft}$计算而来；SMB_t 和HML_t 分别表示市值定价因子和账面市值比定价因子；UMD_t 表示动量效应，即高收益股票与低收益股票的收益率之差。

在 Fama-French 三因子定价模型基础上，Fama 和 French[26]于 2015 年进一步将盈利水平风险和投资水平风险因子纳入分析框架中，提出五因子定价模型。

$$E(R_{it}) - R_{ft} = \alpha_i + \beta_{i,MKT}MKT_t + \beta_{i,SMB}SMB_t + \beta_{i,HML}HML_t + \beta_{i,RMW}RMW_t + \beta_{i,CMA}CMA + \varepsilon_{t,t} \tag{2.19}$$

与三因子模型相比，新加入的两项定价因子 RMW_t 表示高盈利股票投资组合的回报与低盈利股票投资组合的回报之差，而 CMA 则是低投资比例公司股票投资组合回报和高投资比例公司股票投资组合的回报之差。这两项定价因子分别描述盈利和投资水平风险。

2.3.2　基于投资者有限理性的金融资产定价理论

2.3.2.1　基于投资者有限理性的前景理论

以有效投资组合和资本资产定价模型为代表的传统金融资产定价理论建立在有效市场假设的前提下，以投资者完全理性(Rational Beliefs)和预期效用(Expected Utility)最大化的假设开展决策。然而，随着行为金融学的发展以及金融市场上诸多金融异象的涌现，传统金融学的基本假设和条件面临诸多挑战。越来越多的行为金融实践证明，在金融市场中投资者存在一定认知限制和认知偏差，对市场上新信息的掌握和理解存在差异，其制定的带有主观偏差的投资决策难以符合完全理性的投资预期，难以满足效用的最大化。因此，在市场非完全有效的前提下，投资者并非完全理性而是有限理性，完全理性预期下的效用最大化投资原则也不具有适用性。

基于投资者有限理性决策实践和投资心理学的发展，Tversky 和 Kahneman[173]

于1979年提出经典的前景理论(Prospect Theory)。前景理论认为,金融资产价格不仅取决于资产的内在价值,很大程度上还受到有限理性投资者主观行为的影响,即投资者的决策心理和行为对资产价格的决定和价格变化存在影响[174]。因此,前景理论聚焦于投资者在有限理性环境下的不确定决策问题,研究的是面对多个决策选项时,有限理性的投资者如何评估并确定最优的决策选项[175]。有别于完全理性投资下的传统金融资产定价理论,前景理论通过构造适应有限理性投资者的价值函数(Gain-loss Utility)和权重函数解决传统金融学无法解释的决策问题。在前景理论下,价值函数评价的是不确定决策结果下有限理性投资者的主观价值大小;而权重函数是不确定决策结果产生概率的函数,衡量的是每个结果对其所在选项的影响,而非仅仅是该结果发生的可能性。

前景理论下,有限理性投资者通过评价可能的决策结果和相应的权重,确定决策结果的价值。假设备选决策中有两个非零结果 x 和 y,相应的实现概率分别为 p 和 q,则该备选决策的价值 $V(x,p;y,q)$ 由如下方程得到:

$$V(x,p;y,q) = v(x)\pi(p) + v(y)\pi(q) \tag{2.20}$$

其中,$v(x)$ 和 $v(y)$ 表示主观价值函数;$\pi(p)$ 和 $\pi(q)$ 表示权重函数;x 和 y 代表备选决策中的非零结果;p 和 q 代表发生概率,并且 $x\leqslant 0\leqslant y$ 或 $y\leqslant 0\leqslant x$。

根据 Tversky[176] 在1979年的研究发现,价值函数具有以下性质:

(1) 决策结果 x(即损失或收益)的判断是相对于参考点而言的主观相对值,价值函数 $v(x)$ 具有非线性特点,如图2.6所示。

(2) 价值函数 $v(x)$ 在参考点左右两侧并不对称,亏损部分的负增长快于收益部分的正增长。

(3) 无论决策结果是盈利还是亏损,价值函数均呈现出敏感度递减的特点。即盈利时,价值函数为凹函数;亏损时,价值函数为凸函数。相应地,对于权重函数 $\pi(p)$ 而言,$\pi(0)=0$ 并且 $\pi(1)=1$。当 $0<p<1$ 时,$\pi(p)$ 是 p 的非线性函数。特别是当概率较小时,$\pi(p)>p$,意味着非理性投资者倾向于高估那些发生概率较低的事件或结果,从而进一步印证金融资产的尾部事件或发生概率极低的极端突发性事件经常触发金融资产价格较大冲击的重要结论。

为了进一步将前景理论分析中备选决策选项推广至多个,实现对价值函数和权重函数的定量表达,Tversky 和 Kahneman[177] 于1992年提出累积前景理论(Cumulative Prospect Theory)。假设备选投资决策存在 m 个亏损的投资结果和 n 个盈利的投资结果,设定在参考点处的结果 $x_0=0$,x_i 对应的发生概率为$\pi(x_i)$。则累积前景理论下的备选决策价值如下：

$$V(x_{-m},p_{-m};\cdots;x_{-1},p_{-1};x_0,p_0;x_1,p_1;\cdots;x_n,p_n)=\sum_{i=-m}^{n}v(x_i)\pi(x_i) \tag{2.21}$$

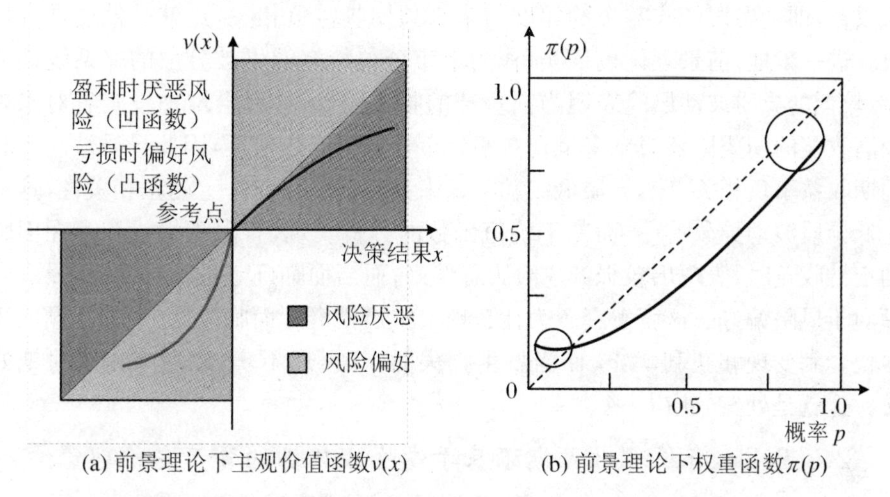

(a) 前景理论下主观价值函数$v(x)$　　(b) 前景理论下权重函数$\pi(p)$

图2.6　基于前景理论的有限理性投资者价值函数和权重函数

价值函数定义为

$$v(x_i)=\begin{cases}x_i^{\alpha}, & x_i\geqslant 0\\ -\lambda(-x_i)\alpha, & x_i<0\end{cases} \tag{2.22}$$

权重函数定义为

$$\pi(x_i)=\begin{cases}w^{+}\left(\sum_{i}^{n}p_i\right)-w^{+}\left(\sum_{i+1}^{n}p_i\right), & 0\leqslant i\leqslant n\\ w^{-}\left(\sum_{-m}^{i}p_i\right)-w^{-}\left(\sum_{-m}^{i-1}p_i\right), & -m\leqslant i\leqslant 0\end{cases} \tag{2.23}$$

其中，$w^{+}(P)=\dfrac{P^{\gamma}}{[P^{\gamma}+(1-P)^{\gamma}]^{(1/\gamma)}}$，$\gamma\in(0,1)$；$w^{-}(P)=\dfrac{P^{\delta}}{[P^{\delta}+(1-P)^{\delta}]^{(1/\delta)}}$，$\delta\in(0,1)$。

与前景理论不同，累积前景理论中，权重函数的取值由w^{+}和w^{-}共同决定。累积前景理论的权重函数延续前景理论权重函数的重要特征，即投资者对小概率决策结果赋予的权重显著高于结果本身发生的概率。累积前景理论盈利和亏损两端都有多个结果，这意味着投资者倾向于高估结果分布两端的尾部概率。

总体而言，据前景理论和累积前景理论中权重函数的内涵分析，在不确定的投资者决策中，有限理性投资人具有放大尾部极端事件发生概率的倾向，过分追求收益率分布右偏的金融资产，推高这类金融资产当前的价格，低估其未来收益，即金融资产收益率的偏度与未来预期收益负相关，这就是偏度异常现象。进一步地，前景理论也证实，作为上市公司特有的可被分散的非系统性风险，较低的异质波动风险表明当前资产的收益较低，这就会增加投资者对未来较高收益的期望以及对未来呈现右偏分布金融资产的追逐，因此异质波动率和预期收益率负相关[178]，异质低波动与未来异质偏度存在一定的正相关性，这就是低异质波动异象[179]。而基于价值函数的分析发现，有限理性投资者在面临确定性收益时，表现出较强的风险厌恶偏好；而当面临确定性的损失时，投资者倾向于风险偏好。这就解释了为什么现实中当投资者面临股票上涨时，倾向于尽快套利变现和获利卖出；而当发生损失时，却迟迟不卖，以期在未来时期好转。这就是处置效应[180]。

2.3.2.2 有限理性预期下基于高阶矩属性的资产定价理论

经典的CAPM假设风险资产的收益分布服从标准的正态分布形式，然而随着金融资产收益波动的日益复杂，金融资产收益逐渐突破正态分布假设的束缚，市场中除了风险报酬系数外，投资人的有限理性交易行为、信息不对称现象和极端事件冲击等都会影响金融资产收益分布特征，进而影响收益变动。因此，基于金融资产收益的高阶矩属性视角，融合偏度和峰度信息的资产定价理论逐渐发展。

将市场收益三阶矩属性的偏度信息纳入到CAPM内，1976年Kraus和Litzenberger[54]最早提出带有偏度的CAPM，探索均衡投资边界上市场偏度对资产收益的解释能力。基于最优投资回报曲线效用函数的偏微分变换，带有偏度的三阶矩CAPM表示为

$$E(R_{it})-R_{ft}=\frac{2U_2\beta_{2i}+3U_3\beta_{3i}}{2U_2+3U_3}\times[E(R_{mt})-R_{ft}] \tag{2.24}$$

其中，

$$\beta_{2i}=\frac{\sigma_{im}}{\sigma_m^2}=\frac{E\{[R_i-E(R_i)][R_m-E(R_m)]\}}{E[R_m-E(R_m)]^2} \tag{2.25}$$

$$\beta_{3i}=\frac{\sigma_{im}^2}{\sigma_m^3}=\frac{E\{[R_i-E(R_i)][R_m-E(R_m)]^2\}}{E[R_m-E(R_m)]^3} \tag{2.26}$$

其中，U_2，U_3 分别表示有价证券二阶矩属性和三阶矩属性的边际效用；σ_m^2，σ_m^3 分别表示市场组合收益二阶矩和三阶矩；σ_{im} 表示有价证券与市场组合收益的协方差系数，σ_{im}^2 表示有价证券和市场组合收益协方差系数的平方。

基于相同的构建思想，带有峰度信息的四阶矩 CAPM 表示为

$$E(R_{it}) - R_{ft} = \frac{2U_2\beta_{2i} + 3U_3\beta_{3i} + 4U_4\beta_{4i}}{2U_2 + 3U_3 + 4U_4} \times [E(R_{mt}) - R_{ft}] \quad (2.27)$$

其中，

$$\beta_{4i} = \frac{\sigma_{im}^3}{\sigma_m^4} = \frac{E\{[R_i - E(R_i)][R_m - E(R_m)]^3\}}{E[R_m - E(R_m)]^4} \quad (2.28)$$

其中，U_4 表示有价证券四阶矩属性边际效用；σ_{im}^3 表示有价证券和市场组合收益协方差系数的三次方项；σ_m^4 表示市场组合收益四阶矩项。

基于上述公式发现，早期关于高阶矩 CAPM 的推导和参数估计需要确定明晰的投资者效用函数和风险偏好假设。基于此，Kimball[181] 于 1990 年将经典 CAPM 中的投资人视为风险厌恶型投资者类型，指出这些投资者具有正的边际消费倾向和递减的绝对风险厌恶。模型假设投资者初期资源禀赋为 1，效用函数为 $U(R)$，则效用函数的前四阶矩导数具有如下性质：

$$U_1'(R) > 0, \quad U_2''(R) < 0, \quad U_3^{(3)}(R) > 0, \quad U_4^{(4)}(R) < 0 \quad (2.29)$$

保守型投资者偏好一阶矩和三阶矩，期望较高的投资收益和较高的市场偏度，因为较高的偏度意味市场收益上升的概率大于收益下降的概率，市场形势的好转增大投资者盈利的机会。而较高的二阶矩和四阶矩表示资产收益面临较大的风险，特别是当四阶矩表征的峰度较高时，资产收益遭受外部极端事件冲击的可能性大，从而增加投资者蒙受损失的概率和收益的不确定性。进一步假设效用函数 n 阶可导，则预期收益 $E(R)$ 处效用函数的 n 阶泰勒展开式如下：

$$U(R) = \sum_{k=0}^{n} \frac{1}{k!} U^{(k)} E(R) [R - E(R)]^k + o(R^n) \quad (2.30)$$

其中，$U^{(k)}$ 表示效用函数 $U(R)$ 的 k 阶导数；$o(R^n)$ 为泰勒展开式皮亚诺余项。

对公式(2.30)的泰勒展开式进行四阶求导，得到如下展开式：

$$E[U(R)] = U[E(R)] + \frac{1}{2}U^{(2)}E(R)\sigma^2(R) + \frac{1}{3!}U^{(3)}E(R)\gamma^3(R) + \frac{1}{4!}U^{(4)}E(R)\delta^4(R) + \sum_{n=5}^{\infty}\frac{1}{n!}U^{(n)}E(R)[R - E(R)]^n \quad (2.31)$$

其中，$\sigma^2(R) = [R - E(R)]^2$，$\gamma^3(R) = [R - E(R)]^3$，$\delta^4(R) = [R - E(R)]^4$

分别表示金融资产收益的二阶矩、三阶矩和四阶矩，即与收益对应的方差、偏度和峰度。

基于风险偏好和期望效用函数假设的泰勒四阶导数展开式确定了金融资产收益的高阶矩项，为研究高阶矩属性资产定价模型提供清晰的分析框架。即金融资产的收益可通过具有阶矩属性的多项式进行估计：

$$E[U(R)] = f[E(R),\sigma(R),\delta R),\delta(R)] \tag{2.32}$$

基于此，Fang 和 Lai[182] 于 1997 年将系统性偏度和峰度同时纳入到资产定价的多因子框架，并利用以下三次方模型进行第一阶段高阶矩系数时间序列回归：

$$E(R_{i,t}) = \alpha_i + \beta_i R_{m,t} + \gamma_i R_{m,t}^2 + \delta_i R_{m,t}^3 + \varepsilon_{i,t} \tag{2.33}$$

进一步将估计获得的 β_i（风险溢价系数），γ_i（协偏度系数）以及 δ_i（协峰度系数）输入到以下截面回归模型中，进行第二阶段的回归估计，从而判断并证明各高阶矩项是否能以及能多大程度上解释金融资产溢价：

$$E(R_i) - R_f = a_1\beta_i + a_2\gamma_i + a_3\delta_i \tag{2.34}$$

有限理性预期下的基于偏度和峰度的高阶矩金融资产定价理论，为研究碳金融资产高阶矩属性定价框架提供理论基础。

2.4 基于矩属性的碳金融市场风险传染理论

2.4.1 基于市场联动的碳金融市场低阶矩风险传染

金融市场的联动性是指金融市场体系内部各市场间通过内在的联系机制，一个市场参数变化而导致另一市场或整个市场的参数发生变化，进而形成整个市场体系相互影响、相互作用的联动作用过程[183-184]。自 20 世纪 90 年代以来，随着全球各国经济金融市场联系的日益密切、各国金融管制的放松以及金融工具创新的不断涌现，使得金融资本能够在全球范围内实现优化配置和跨市场的投机套利，金融市场间资金流动和信息流动的增强导致金融市场联动和相关性不断加强。金融市场联动的直接后果是引发金融风险传染现象，即一个金融市场发生的资产价格波动和风险溢价通过市场联动机制和全球性金融网络传递到其他市场，从而打破被传染市场均衡状态的金融体系和价格机制，进而危及经济基本面的运行。因此，研究金融市场间的联动机制及其引发的风险传染对维护金融市场平稳运行，保障价格机制的稳定运转意义重大。其中，概率分析和相关性分析是现有研究识别风险传染、掌握金融市场联动性的常用手段。

概率分析方法是早期用来检验金融市场间风险传染的方法之一，即若一国发生金融风险的概率会随其他国家发生的金融风险而显著增加，则表明发生了风险传染[185]。而基于相关性分析的风险传染理论指出，若市场间的相关性在金融危机冲击后显著增强，即可界定存在风险传染现象[186]。基于该思想，不同金融市场风险冲击前后相关性的显著性变化成为了识别风险传染的代理指标。特别是随着计量经济模型的发展，相关性分析能够满足对线性和非线性金融系统内部风险传染的测度[187]，捕捉金融市场间非线性相依与尾部相依行为，描述金融市场间的动态结构变化，分析金融市场间风险传染的方向和传染强度[188-189]。

基于金融市场联动的碳金融市场价格风险传染主要表现在收益的信息传递和波动率的风险传染两个方面。其中，收益的信息传递指碳金融市场与其定价因子市场间因市场基本面变化或资金的跨市场流动和配置行为而发生的收益间领先滞后关系、价格引导关系等，而基于波动率的风险传染指市场收益波动之间的相互影响和传递。作为新兴的金融市场机制创新，碳金融市场的资金配置和市场价格受到股票、外汇等资本市场以及石油、天然气、煤炭和电力市场价格的影响，从而形成市场间价格机制的协同波动和内在传递，并且这种市场联动现象的测度主要基于相关性分析的视角。例如，全球宏观经济形势的趋好将增加污染企业，特别是高排放企业碳配额需求，推动碳价上涨；作为碳排放权的替代产品，以石油煤炭为代表的传统化石能源与碳排放权呈现一定的替代效应，因此化石能源的价格波动和政策冲击极易传递到碳金融市场[190-191]。

2.4.2　基于投资者有限理性的碳金融市场净传染理论

经济基本面因素是金融危机传染的直接原因，然而由于投资者有限理性和市场的非完全有效，在风险传染过程中，金融危机冲击对投资者心理预期和资产调整行为的影响作用不容忽视。Karolyi[4]于2003年提出基于市场非完全有效的风险传染理论（Crisis-contingent Theories），即当资产定价跨市场联动行为已出现非理性现象，无法用经济基本面因素解释时传染发生，风险传染实质上是非理性的协同运动（Co-movement），指剔除经济基本面和理性投资决策导致的市场联动后市场间高阶矩属性上的风险“净传染”现象[5,192]。例如，金融市场的全球化而产生的投资者羊群效应、投资者情绪和交易心理预期[193]，投资者为对冲投资风险在其他相关市场调整资产组合时伴生的宏观风险暴露行为[194]等，都会加剧金融危机的发生和传递。

作为新兴的金融市场形态，与其他资本市场相比，碳金融市场的成立时间较晚，市场效率较弱，价格机制和风险管控机制尚不成熟，决定了碳金融市场存在非完全有效和投资者有限理性的特点。研究显示，相比市场供求等基本面因素而言，基于有限理性投资导致的碳金融市场非对称性行为，以及重大政策因素等（如碳信息披露政策、国家减排规制等）对碳价影响和冲击最为显著。因此，碳金融市场风险净传染理论实质上是研究基于市场非对称和极端事件冲击而引发的投资者预期及其行为变化，导致市场相关性的显著变化，进而触发金融风险和危机的跨市场跨区域动态传递过程。基于投资者有限理性的碳金融市场风险净传染思想，考虑了碳金融市场的价格驱动因素特征，为基于投资者有限理性行为和极端因素导致的超越市场基本面因素的资产价格协同波动和冲击现象提供了合理的解释框架，也为解释碳金融市场风险传染现象，捕捉净传染过程中投资者交易行为和交易心理及其对定价机制的影响提供了研究基础，在一定程度上契合碳金融市场非完全有效的理论假设。

2.5　考虑高阶矩属性风险传染的碳金融资产定价框架研究

碳金融资产具备金融资产的基本特征，其定价理论和框架遵循金融资产定价的一般性规律，金融资产定价理论为碳金融资产的定价研究提供基础理论支撑。而碳金融资产又因其特殊的市场效率状况以及价格的波动特征，而具有不同的定价理论支撑，如图 2.7 所示。

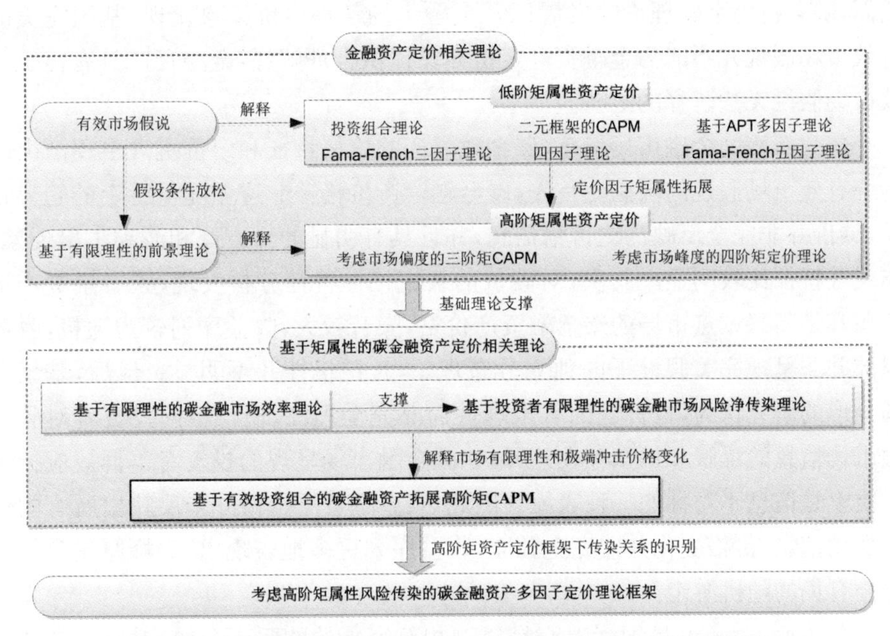

图 2.7　考虑高阶矩属性风险传染的碳金融资产定价理论框架

2.5.1 基于有限理性的碳金融市场效率理论

通过验证金融资产收益序列是否遵循随机游走过程来判断金融市场有效性，是有效市场假说下研究资产定价问题的基本前提。按照有效市场假说的基本假定，金融资产的价格决定过程已经包括所有历史收益信息、当前已公开的价格影响信息和所有的已披露和未披露的市场信息，即金融资产价格遵循严格的随机游走过程，遵循标准的正态分布特征。基于此，投资者通过技术手段或基本面分析工具研究金融资产价格并牟取超额收益已不可能，作为被动的价格接受者，所有的投资者在完全理性的前提下具有相同的收益预期和风险偏好。然而，随着行为金融理论的发展以及金融市场各种定价异象显现，基于完美的有效市场假说并不能为金融资产定价异象提供合理解释，金融资产具有传统有效市场假说无法解释的范畴。

作为新兴的金融市场形态，碳金融资产的价格特征和定价机理也逐渐突破传统有效市场假说的限制。首先，碳金融资产价格并非遵循随机游走的趋势特征，碳价并非完全反映历史价格信息，并且具有明显的异方差和波动集聚现象，非线性特征比较明显。其次，对碳价的长记忆性特征分析发现，碳金融资产价格尤其是新兴试点市场的碳金融资产价格，噪音较大，收益序列较为随机，收益尾部并非呈现完美假设下的独立分布现象，长记忆性并不明显。最后，基于市场分形的研究认为，投资者的有限理性而非完全理性，使得不同投资者对碳金融市场信息的反映和认知存在差异，如碳金融市场呈现的投资者羊群效应行为实质上是信息不对称的一种表征。因此，碳金融资产价格并未反映出所有的价值变动信息，价格变化并非完全独立，收益序列更多地表现出“尖峰厚尾”特征，遵循有偏的随机游走。

总体而言，无论是国际上交易机制相对完善的欧盟碳金融市场，还是新兴发展中国家试点碳市场，其市场效率均未达到有效市场要求的完全有效状态。碳金融资产价格除受到市场基本面因素影响外，还受到诸如国际谈判、气候政策、环境政策、大国博弈和碳配额信息的影响。相比其他成熟的资本市场，碳金融资产价格充斥各种定价噪音，其价格波动和定价机制也更为复杂。基于碳金融市场有限理性的市场效率理论为研究具有复杂特征、市场非完全有效的定价机制提供理论基础，也为基于市场联动和跨市场风险传染的价格形成机理提供理论框架支撑。

2.5.2　基于有效投资组合的碳金融资产拓展高阶矩 CAPM

碳金融市场符合有限理性下的市场非完全有效的假说，使得传统均值-方差二元低阶矩属性框架下，有效投资组合理论、基于二元框架的资本资产定价模型、基于 APT 的多因子定价模型，以及 Fama-French 三因子、四因子和五因子定价模型等难以有效捕捉非完全有效市场形态下的碳金融资产价格波动特征及其复杂的价格形成机制。因此，在传统经典的定价框架下，人们将符合碳价波动特征的更高阶矩定价因子纳入到定价框架中，形成特有的碳金融资产高阶矩定价模型。

传统金融市场的四阶矩 CAPM 建立了基于阶矩属性的金融资产定价理论框架，从金融资产历史信息角度探索定价因子各阶矩属性对资产收益的溢价解释。然而该框架在放宽金融资产收益率阶矩属性的同时，忽略了金融资产投资组合对资产价格形成的影响机制。基于此，在经典的投资组合框架下，本研究建立基于有效投资组合的碳金融资产拓展高阶矩定价模型：

$$\begin{aligned} E(R_1) - R_f = {} & \theta_1 E[(R_1 - \mu_1)^2] + \theta_2 E[(R_2 - \mu_2)^2] \\ & + \theta_3 E[(R_1 - \mu_1)(R_2 - \mu_2)] + \theta_4 E[(R_1 - \mu_1)^3] \\ & + \theta_5 E[(R_2 - \mu_2)^3] + \theta_6 E[(R_1 - \mu_1)^2(R_2 - \mu_2)] \\ & + \theta_7 E[(R_1 - \mu_1)(R_2 - \mu_2)^2] + \theta_8 E[(R_1 - \mu_1)^4] \\ & + \theta_9 E[(R_2 - \mu_2)^4] + \theta_{10} E[(R_1 - \mu_1)^3(R_2 - \mu_2)] \\ & + \theta_{11} E[(R_1 - \mu_1)(R_2 - \mu_2)^3] + \theta_{12} E[(R_1 - \mu_1)^2(R_2 - \mu_2)^2] \end{aligned} \tag{2.35}$$

该定价框架描述基于包括碳金融资产在内的两种资产投资组合的碳定价框架，其中，θ_i 表示各定价因子项对应的风险溢价，该溢价取决于投资组合期望效用可导函数 $E[U(R)]$ 对投资组合的各阶矩属性的二阶、三阶和四阶导数。各定价因子项风险溢价计算如下：

$$\theta_1 = \alpha_1^2\{\partial E[U(W)]/\partial \sigma_p^2\}; \qquad \theta_2 = \alpha_2^2\{\partial E[U(W)]/\partial \sigma_p^2\};$$

$$\theta_3 = 2\alpha_1\alpha_2\{\partial E[U(W)]/\partial \sigma_p^2\}; \qquad \theta_4 = \alpha_1^3\{\partial E[U(W)]/\partial S_p^3\};$$

$$\theta_5 = \alpha_2^3\{\partial E[U(W)]/\partial S_p^3\};\qquad \theta_6 = 3\alpha_1^2\alpha_2\{\partial E[U(W)]/\partial S_p^3\};$$
$$\theta_7 = 3\alpha_1\alpha_2^2\{\partial E[U(W)]/\partial S_p^3\};\qquad \theta_8 = \alpha_1^4\{\partial E[U(W)]/\partial K_p^4\};$$
$$\theta_9 = \alpha_2^4\{\partial E[U(W)]/\partial K_p^4\};\qquad \theta_{10} = 4\alpha_1^3\alpha_2\{\partial E[U(W)]/\partial K_p^4\};$$
$$\theta_{11} = 4\alpha_1\alpha_2^3\{\partial E[U(W)]/\partial K_p^4\};\qquad \theta_{12} = 6\alpha_1^2\alpha_2^2\{\partial E[U(W)]/\partial K_p^4\}$$

其中，σ_p^2，S_p^3，K_p^4 分别表示投资组合方差、偏度和峰度，具体公式表示为

$$\begin{aligned}\sigma_p^2 &= E[(R_p - \mu_p)^2] = E\left\{\left[\sum_{i=1}^{N=2}\alpha_i(R_i - \mu_i)\right]^2\right\}\\ &= \alpha_1^2E[(R_1 - \mu_1)^2] + \alpha_2^2E[(R_2 - \mu_2)^2]\\ &\quad + 2\alpha_1\alpha_2E[(R_1 - \mu_1)(R_2 - \mu_2)]\end{aligned}\tag{2.36}$$

$$\begin{aligned}S_p^3 &= E[(R_p - \mu_p)^3] = E\left\{\left[\sum_{i=1}^{N=2}\alpha_i(R_i - \mu_i)\right]^3\right\}\\ &= \alpha_1^3E[(R_1 - \mu_1)^3] + \alpha_2^3E[(R_2 - \mu_2)^3]\\ &\quad + 3\alpha_1^2\alpha_2E[(R_1 - \mu_1)^2(R_2 - \mu_2)]\\ &\quad + 3\alpha_1\alpha_2^2E[(R_1 - \mu_1)(R_2 - \mu_2)^2]\end{aligned}\tag{2.37}$$

$$\begin{aligned}K_p^4 &= E[(R_p - \mu_p)^4] = E\left\{\left[\sum_{i=1}^{N=2}\alpha_i(R_i - \mu_i)\right]^4\right\}\\ &= \alpha_1^4E[(R_1 - \mu_1)^4] + \alpha_2^4E[(R_2 - \mu_2)^4]\\ &\quad + 4\alpha_1^3\alpha_2E[(R_1 - \mu_1)^3(R_2 - \mu_2)]\\ &\quad + 4\alpha_1\alpha_2^3E[(R_1 - \mu_1)(R_2 - \mu_2)^3]\\ &\quad + 6\alpha_1^2\alpha_2^2E[(R_1 - \mu_1)^2(R_2 - \mu_2)^2]\end{aligned}\tag{2.38}$$

基于有效投资组合的碳金融资产拓展高阶矩 CAPM 可简化为

$$E(R_1) - R_f = \sigma_p^2 + S_p^3 + K_p^4\tag{2.39}$$

在碳金融资产投资组合框架下，碳金融资产拓展高阶矩 CAPM，考虑投资组合各阶矩属性对碳金融资产价格的影响机理和过程，特别是其高阶矩定价因子项，如资产偏度和峰度，在一定程度上吻合了市场非完全有效投资者非完全理性假设下碳金融资产市场非对称性和极端事件冲击影响等特征。与传统金融资产相似，资产组合偏度表示碳金融资产收益相对于资产组合收益偏度的大小。偏度越大，表示碳金融资产收益相对于资产组合具有更大概率的上升空间，也更加符合投资者的收益预期，此时，较少的收益即可满足投资者的风险预期，资产组合偏度与预期收益呈负相关；反之则为正相关。而资产组合的峰度表示碳金融资产相比资产组合峰度信息的大小。峰度越大，表示碳金融市场遭

受极端事件冲击而发生金融风险的概率大于整个资产组合，为弥补承担的相对较高的风险，投资者通常要求更多的投资收益，资产组合峰度与预期收益正相关；反之负相关。

进一步地，将资产组合各阶矩定价因子项进行展开，碳金融资产拓展高阶矩 CAPM 不仅包含了各组合资产的方差、偏度和峰度定价因子项(即二阶矩、三阶矩和四阶矩信息)，而且组合资产间各阶矩属性的相互冲击和相互影响关系也融入到了高阶矩定价框架内。即在资产组合内部，碳金融资产与其定价因子之间基于低阶矩协方差的非线性关系以及高阶矩协偏度和协峰度的复杂非线性关系也是影响碳金融资产价格不可或缺的重要因素，这就为在阶矩属性视角下研究基于金融资产风险净传染的碳金融资产定价机制提供了理论基础。

2.5.3 高阶矩资产定价框架下的碳金融市场风险传染研究

基于高阶矩属性的碳金融市场风险净传染理论为解释碳金融市场与其定价因子间的价格冲击关系提供新的证据视角。基于碳金融资产风险净传染的概念界定，首先，净传染主要聚焦碳金融资产与其定价因子的高阶矩属性视角，研究金融资产不同阶矩属性间的联动性和相关性的变化，其中，有限理性导致的市场非对称性可由资产偏度衡量，而极端事件反映市场峰度信息；其次，基于阶矩属性相互冲击而导致的相关性在统计上的显著变化是判定存在净传染的重要依据。

式(2.35)提供了二元资产组合框架下碳金融资产拓展高阶矩 CAPM，模型基于有效投资组合理论，碳金融资产的定价因素和价格决定过程不仅包括各组合资产的方差、偏度和峰度等高阶矩定价项，还包含各阶矩属性间相互关系。即 $E[(R_1-\mu_1)(R_2-\mu_2)]$反映定价因子与碳金融资产的基于低阶矩属性的收益率之间传染项；$E[(R_1-\mu_1)^2(R_2-\mu_2)]$和 $E[(R_1-\mu_1)(R_2-\mu_2)^2]$表示定价因子与碳金融资产的协偏度风险传染项，表示因市场非对称信息的存在导致一个市场的风险对另一市场收益率的影响；$E[(R_1-\mu_1)^3(R_2-\mu_2)]$和 $E[(R_1-\mu_1)(R_2-\mu_2)^3]$表示定价因子与碳金融资产的协峰度风险传染项，即因市场峰度信息的存在诱发投资者的信息不对称行为而导致的一个市场偏度对另一市场收益的影响；$E[(R_1-\mu_1)^2(R_2-\mu_2)^2]$表示两资产协波动率的风险传染项，即因市场非对称和峰度信息的存在使得两市场风险之间相互影响的关系。

事实上，基于信息联动和波动溢出的价格传染思想已经证明，碳金融资产与资本市场和能源市场产品存在不同程度的价格影响和风险传递关系。但是这些研究的共同点是忽略了从更高阶矩的属性视角研究碳金融资产非对称信息和极端因素在风险传递和价格形成过程中的作用机制，一定程度上偏离了碳金融资产的价格特征。而基于高阶矩属性的碳金融资产风险净传染理论，则将碳金融资产与其定价因子间的风险传递和价格联动关系进一步细化到具有特殊含义的风险传染渠道。即不同阶矩属性的风险传染渠道，通过对各高阶矩渠道是否发生净传染进行检验和测度，更准确地发掘导致碳金融市场风险传染现象的发生渠道，为设计更具针对性的定价框架提供研究基础。

2.5.4　考虑高阶矩属性风险传染的碳金融资产多因子定价框架

基于多元框架的碳金融资产拓展高阶矩 CAPM，碳金融资产的价格不仅取决于其本身的方差、偏度以及市场峰度信息，而且碳定价因子的时变方差、偏度和峰度以及投资组合内部市场间各高阶矩项的相互传染关系等也是影响碳价的重要因素。虽然该定价理论从有效投资组合视角将收益率更高阶矩的属性信息纳入定价框架，但是受限于较多的待估参数，该框架的理论分析仅限于碳金融资产与另一定价因子两资产间的投资组合，这种理论设定显然与金融市场联动基础上的碳金融资产价格协同波动明显不符。

在考虑高阶矩属性风险传染的碳金融资产多因子定价框架下，碳金融资产及其定价因子间存在风险传染的内在影响机理。随着全球金融网络的逐渐深化，碳金融市场已成为跨国金融资本投资套利和风险分散的重要工具，碳金融市场与资本市场和能源市场内在价格的联动机理使得这些市场的交易产品已成为投资者重要的投资组合工具。碳金融市场的活跃程度和价格趋势受到全球宏观经济走向的影响。经济形势的趋好将推动实体经济的发展，从而加剧能源消耗和污染排放，进而增加对碳减排配额的需求，推动碳价上涨；反之碳价下降。具体表现如下:① 作为衡量全球经济发展走向的股票市场,特别是代表性全球股指的走向和趋势也影响了碳金融资产的价格。② 汇率市场的收益波动影响国际间贸易结算,影响不同国家的碳金融市场投资者的交易价格和交易成本,尤其在清洁发展机制下,国际汇率变化直接影响发展中国家排放配额的交易价格和减排收益。③ 碳排放作为原油和煤炭消费的副产品,其价格上升,将使实体企业适度降低需求,从而降低碳排放,导致对碳排放权的需求下降和价格下跌;反之价格上涨。④ 作为清洁、廉价、储量丰富的能源产品,天然气价格走势对碳排放权影响更加明显,其价格上涨将推动减排企业对碳排放权的需求,使得碳价上涨;反之碳价下降。⑤ 电力价格上涨一定程度上反映电力企业能源消耗的增加,产生更多的污染排放和碳排放权需求,推动碳价上涨;反之碳价下降。

因此,研究碳金融资产的定价机制要考虑以上资本市场和能源市场工具对碳金融资产价格特殊的影响关系。基于此,在碳金融资产拓展高阶矩 CAPM 与 APT 多因子定价理论基础上,本研究将两因素的投资组合框架拓展至多因素,形成一种新的考虑高阶矩属性风险传染的碳金融资产多因子定价框架。即在多因素投资组合框架下,研究碳价及其定价因子间存在的高阶矩属性风险传染关系对碳金融资产价格的影响机制。定价框架如公式(2.40)所示:

$$
\begin{aligned}
E(R_1) - R_f &= \sigma_p^2 + S_p^3 + K_p^3 \\
&= E\left\{\left[\sum_{i=1}^{N,N\geqslant 2} \alpha_i (R_i - \mu_i)\right]^2\right\} + E\left\{\left[\sum_{i=1}^{N,N\geqslant 2} \alpha_i (R_i - \mu_i)\right]^3\right\} \\
&\quad + E\left\{\left[\sum_{i=1}^{N,N\geqslant 2} \alpha_i (R_i - \mu_i)\right]^4\right\}
\end{aligned} \tag{2.40}
$$

该定价框架的碳定价因子由三部分构成:一是碳金融资产价格本身的方差、偏度和峰度信息,这反映碳价自身的风险、市场非对称信息以及极端因素对收益的影响;二是各定价因子的方差、偏度和峰度信息,表示碳定价因子的市场阶矩属性对碳金融市场收益的影响,是碳金融资产跨市场联动的体现;三是碳价与其定价因子间高阶矩属性的风险传染关系,即各定价因子与碳价的协偏度、协峰度以及协波动率的风险传染关系。注意根据风险净传染的内涵分析,作为定价因子构成的各高阶矩属性风险传染关系必须满足净传染的理论内涵才能够成为有效的碳定价因子。即市场非对称信息和外部极端事件冲击所导致的碳金融资产及其定价因子间的相关性是否发生显著性变化,如是,则可界定为存在风险传染关系;否则即不存在。

2.6 本章小结

(1) 碳金融资产具有一般性金融资产的金融属性,梳理一般性金融资产定价的相关理论和逻辑演进,为解决碳金融资产定价问题提供理论支持。

(2) 分析碳金融资产风险传染相关理论,特别是与碳金融资产特征相关的高阶矩属性风险净传染理论,从除市场基本面因素之外,解释由市场非对称信息和极端冲击而导致的碳金融资产溢价波动。

(3) 融合一般性金融资产高阶矩属性资产定价理论和风险传染理论,形成考虑高阶矩属性风险传染的碳金融资产多因子定价理论和框架。

第3章　考虑高阶矩属性风险传染的碳金融资产定价模型设计

根据上一章提出的理论框架，本章从实证研究视角进行相关模型设计，图3.1展示了本章内容的结构安排。首先，在碳金融资产拓展高阶矩定价框架下，研究不同市场波动趋势下碳金融资产，识别并判断因市场非对称信息和极端事件冲击而导致的高阶矩属性风险传染关系；其次，根据识别的风险传染关系对碳金融资产定价的模型框架进行明晰和确定；最后，使用机器学习方法对考虑高阶矩属性风险传染关系的定价框架进行拟合与预测。

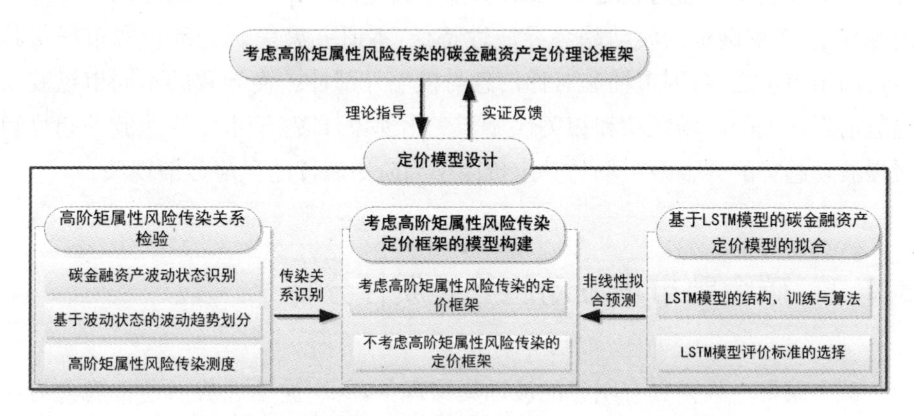

图3.1　考虑高阶矩属性风险传染的碳金融资产定价模型设计

3.1 碳金融资产高阶矩属性风险传染测度模型

传统金融资产高阶矩属性风险传染聚焦解释金融危机或突发性政策事件发生前后，因市场非对称信息和极端事件冲击而导致的市场相关性显著变化的现象。相比于成熟的资本市场，碳金融市场价格波动的时变性更强。虽然金融危机和突发性事件对碳价波动影响显著，但除了偶发的因素之外，碳金融资产价格的非对称波动特征、价格波动趋势的异质性等也会对碳价序列产生强烈的冲击。基于波动趋势异质性特征的风险传染研究，一方面符合对碳金融资产价格波动趋势的刻画，反映了真实的价格动态；另一方面在分割波动差异和界定非对称的过程中，也将碳价所遭受的金融危机或各种突发性事件冲击等因素融合在异质性波动特征内涵之中。因此，基于碳金融资产高阶矩属性风险传染的内涵界定，考虑碳价的波动趋势异质性特征，本研究聚焦研究碳金融市场与其定价因子市场之间，因市场非对称信息与极端外部冲击而导致的不同市场波动趋势前后产生的市场联动和相关性显著变化现象，即基于市场快速波动趋势和缓慢波动趋势的碳金融市场与其定价因子高阶矩属性的风险传染现象。

3.1.1 碳金融市场波动趋势异质性分析

碳金融资产收益具有明显的波动集聚现象，一个波动趋势后通常隐藏另一个更大的波动，而且这种波动具有较强的时变性、随机性和不可观测性，因此要建立一种波动状态的分割机制对不同状态特征的收益序列进行筛选和划分。考虑碳金融资产收益波动的持续性、区制状态数量的不确定性以及不同波动状态间相互转化的不可观测性，本研究基于经典的马尔科夫(Markov)随机过程理论下的状态转换思想，建立碳价波动状态转换模型对碳价的非对称一致性波动进行划分。

考虑碳价波动的复杂性，假设服从 Markov 随机过程的碳价收益波动状态只取决于该状态之前的 n 个状态，即当前收益波动仅与当前状态概率和之前状态概率有关，这就是 n 阶 Markov 随机过程。但事实上，由于状态转换的独立性假设，应用一阶 Markov 随机过程就足够满足问题的分析，因此，本小节的讨论也建立在一阶 Markov 状态转化模型基础上。即碳价波动处于状态 M_t 的概率仅依赖于状态 M_{t-1} 的概率：

$$P(M_t \mid M_{t-1}, M_{t-2}, \cdots, M_1) = P(M_t \mid M_{t-1}) \tag{3.1}$$

上式表示在一阶 Markov 随机过程中，在给定当前信息情况下，碳金融资产价格历史波动状态对于预测未来的波动是无关的，也就是假设将来的市场状态与过去无关。上述公式包括以下几个基本概念：

（1）状态空间，表示碳金融资产收益序列在各个时刻下所处不同市场波动状态的取值。

（2）状态转移概率，即在前一时刻取值前提下，当前状态取值的条件概率，如 $P_{sq} = P(M_t = q \mid M_{t-1} = s)$ 为前一时刻状态为 s 前提下，当前状态为 q 的概率。

（3）转移概率矩阵，由于不同时刻状态通常不止一种，那么由之前状态转移到当前状态也有若干种情况，而转移概率矩阵是由所有条件概率组成的概率矩阵。

基于此，假设具备异方差特征的碳金融资产收益遵循一阶自回归过程（Autoregressive Process，AR），其方差序列存在 M 波动区制。根据 Hamilton[195] 于 1989 年提出的机制转化建模思想，碳价序列的波动分布满足以下模型：

$$R_t = v(M_t) + \sum_{i=1}^{p} \varphi_a(M_t) R_{t-a} + \varepsilon_t \tag{3.2}$$

其中，R_t 为碳金融资产收益序列；$\varepsilon_t \sim N(0, \sigma(M_t)^2)$，表示方差序列遵循 M 区制状态的随机过程；$t \in \{1, 2, \cdots, k\}$ 为不可观测的离散变量，描述碳金融资产收益率的波动状态数量；并且 M_t 服从一阶马尔科夫链，转换概率表示为 $P_{ab} = pr(M_t = b \mid M_{t-1} = a, M_{t-2} = \alpha, M_{t-3} = \beta, \cdots) = pr(M_t = b \mid M_{t-1} = a)$，$\{a, b\} \in t$ 表示状态变量；$v(M_t)$，$\varphi_a(M_t)$ 和 $\sigma(M_t)$ 分别表示具有状态转移特征的收益率 R_t 在区制 M_t 上的截距项、自回归系数和标准差，并且 $v(1) < v(2) < \cdots < v(M_t)$。

在残差序列正态分布假设下，碳金融资产收益率 R_t 在状态区制为 M_t 的条件概率密度为

$$f(R_t \mid M_t = b, I_{t-1};\theta) = \frac{1}{\sqrt{2\pi}\sigma(b)}\exp\left\{\frac{-[R_t - v(b)]^2}{2\sigma^2(b)}\right\} \tag{3.3}$$

当概率 $f(M_t = b \mid I_{t-1};\theta)$ 已知时，在确定 I_{t-1} 条件下，R_t 的概率密度表示为

$$\begin{aligned} f(R_t \mid I_{t-1};\theta) = & p(M_t = 1 \mid I_{t-1};\theta)f(R_t \mid M_t = 1, I_{t-1};\theta) \\ & + p(M_t = 2 \mid I_{t-1};\theta)f(R_t \mid M_t = 2, I_{t-1};\theta) + \cdots \\ & + p(M_t = k \mid I_{t-1};\theta)f(R_t \mid M_t = k, I_{t-1};\theta) \end{aligned} \tag{3.4}$$

其中，I_{t-1} 表示到 $t-1$ 时刻为止所有变量 R_t 在状态 M_t 下的观测值，即到 $t-1$ 时刻所能获取到的所有信息；$\theta = \{p_{ab}, v_i(M_t), \varphi_a(M_t), \sigma_a(M_t)\}$ 表示波动转换模型的待估参数集合，该参数可由观察期内模型的对数似然函数进行估计：

$$\ln f(\theta) = \frac{1}{n}\sum \ln f(R_t \mid I_{t-1};\theta)$$

使用平滑概率描述碳金融资产收益在各波动状态的可能性大小，表示为

$$\begin{aligned} p(M_t = b \mid I_T;\theta) = & \sum_{i=1}^{k} p(M_t = b, M_{t+1} = a \mid I_T;\theta) \\ = & p(M_t = b \mid I_t;\theta) \times \sum_{i=1}^{k} \frac{p_{ab} \times p(M_{t+1} = a \mid I_T;\theta)}{p(M_{t+1} = a \mid I_t;\theta)} \end{aligned} \tag{3.5}$$

由于碳金融资产收益各状态平滑概率存在差异，较大的概率表示特定波动状态发生的可能性较大，反之较小。因此，在平滑概率计算基础上，考虑最大平滑概率对应的状态取值，参考 Jiang 等[196]的处理方法，以 0.5 作为各状态区制平滑概率的筛选临界值，筛选依据为 $p(M_t = b \mid I_T;\theta) > 0.5 \Rightarrow R(M_t)$，从而识别出以最大平滑概率呈现的状态区制所对应的碳金融资产收益率，为分析碳金融资产与其定价因子的高阶矩属性风险传染关系提供分析基础。

3.1.2　基于波动趋势异质性的碳金融资产风险传染模型构建

碳金融市场具有政策冲击敏感度强和市场效率低等特点，这就要求风险传染的模型设计能够捕捉这两个特征。基于 Fry 等[3,73]提出的协高阶矩风险传染检验方法，本小节重点研究碳金融资产与其定价因子间基于市场非对称信息

冲击的协偏度风险传染关系(Coskewness Contagion,CS)、基于极端事件冲击的协峰度风险传染关系(Cokurtosis Contagion,CK),以及基于市场波动性冲击的协波动率风险传染关系(Covolatility Contagion,CV)。出于可比性的考虑,本小节也比较分析了由 Forbe 等[5]于 2002 年提出的基于低阶矩属性的风险传染测度指标(Forbes-Rigobon Contagion,FR)。

3.1.2.1 协偏度属性风险传染指标

协偏度属性风险传染是指在碳金融市场波动状态转化过程中,碳金融资产与其定价因子所构成投资组合收益分布的非对称性是否发生显著变化的指标,即衡量市场非对称性冲击下,高阶矩的非对称风险传染系数在市场波动趋势变化前后有无发生显著性变化。事实上,计算协偏度属性风险传染程度也即是对投资组合偏离正态分布程度的衡量。根据在计算协偏度统计量时采用收益率和平方收益率的市场不同,将协偏度风险传染检验分为两类:CS_{12} 和 CS_{21}。其中,CS_{12} 表示碳金融资产收益对定价因子方差的传染关系,CS_{21} 表示碳金融资产方差对定价因子收益的传染关系。若传染系数具有统计上的显著性,则表明碳金融资产与其定价因子存在协偏度属性的风险传染关系。较小的传染系数,表明投资组合构成的联合分布与标准正态分布基本接近,面临较小的非对称性风险,能够实现风险分担和收益共享的投资组合目标;而较大风险传染系数表明投资组合的非对称性风险较大,难以实现投资组合目的。

协偏度属性风险传染指标的公式如下:

$$CS_{12}(i \rightarrow j; r_i^1, r_j^2) = \left[\frac{\hat{\psi}_y(r_i^1, r_j^2) - \hat{\psi}_x(r_i^1, r_j^2)}{\sqrt{(4\hat{\upsilon}_{y/x_i}^2 + 2)/T_y + (4\hat{\rho}_x^2 + 2)/T_x}}\right]^2 \tag{3.6}$$

$$CS_{21}(i \rightarrow j; r_i^2, r_j^1) = \left[\frac{\hat{\psi}_y(r_i^2, r_j^1) - \hat{\psi}_x(r_i^2, r_j^1)}{\sqrt{(4\hat{\upsilon}_{y/x_i}^2 + 2)/T_y + (4\hat{\rho}_x^2 + 2)/T_x}}\right]^2 \tag{3.7}$$

其中,

$$\hat{\psi}_y(r_i^1, r_j^2) = \frac{1}{T_y}\sum_{t=1}^{T_y}\left(\frac{y_{i,t} - \hat{\mu}_{yi}}{\hat{\sigma}_{yi}}\right)^1\left(\frac{y_{j,t} - \hat{\mu}_{yj}}{\hat{\sigma}_{yi}}\right)^2 \tag{3.8}$$

$$\hat{\psi}_y(r_i^2, r_j^1) = \frac{1}{T_y}\sum_{t=1}^{T_y}\left(\frac{y_{i,t} - \hat{\mu}_{yi}}{\hat{\sigma}_{yi}}\right)^2\left(\frac{y_{j,t} - \hat{\mu}_{yj}}{\hat{\sigma}_{yi}}\right)^1 \tag{3.9}$$

$$\hat{\psi}_x(r_i^1, r_j^2) = \frac{1}{T_x}\sum_{t=1}^{T_x}\left(\frac{x_{i,t} - \hat{\mu}_{xi}}{\hat{\sigma}_{xi}}\right)^1\left(\frac{x_{j,t} - \hat{\mu}_{xj}}{\hat{\sigma}_{xi}}\right)^2 \tag{3.10}$$

$$\hat{\psi}_x(r_i^2, r_j^1) = \frac{1}{T_x}\sum_{t=1}^{T_x}\left(\frac{x_{i,t}-\hat{\mu}_{xi}}{\hat{\sigma}_{xi}}\right)^2\left(\frac{x_{j,t}-\hat{\mu}_{xj}}{\hat{\sigma}_{xi}}\right)^1 \tag{3.11}$$

$$\hat{\upsilon}_{y/x_i} = \frac{\hat{\rho}_y}{\sqrt{1+\left(\frac{s_{y,i}^2 - s_{x,i}^2}{s_{x,i}^2}\right)(1-\hat{\rho}_y^2)}} \tag{3.12}$$

上式中，i 和 j 分别表示风险传染源市场和被传染市场；x 和 y 表示两种碳金融市场波动状态；T_x 和 T_y 表示不同市场波动状态下的市场容量；$x_{i,t}$，$x_{j,t}$，$y_{i,t}$ 和 $y_{j,t}$ 分别表示传染源市场和被传染市场在市场状态为 x 和 y 下的收益率；$\hat{\mu}_{xi}$，$\hat{\mu}_{xj}$，$\hat{\mu}_{yi}$ 和 $\hat{\mu}_{yj}$ 表示收益率对应的均值；$\hat{\sigma}_{xi}$，$\hat{\sigma}_{xj}$，$\hat{\sigma}_{yi}$ 和 $\hat{\sigma}_{yj}$ 表示收益的标准差；$\hat{\upsilon}_{y/x_i}$ 表示波动状态转化后调整的市场相关系数；$\hat{\rho}_x$ 和 $\hat{\rho}_y$ 表示不同市场波动下两市场间的无条件相关系数；$s_{x,i}^2$ 和 $s_{y,i}^2$ 表示传染源市场在不同市场波动状态下的方差。

为测试碳金融资产与其定价因子是否发生协偏度属性风险传染，假定不存在高阶矩属性风险传染情况的原假设为

$$H(CS_{12})_0: \hat{\psi}_y(r_i^1, r_j^2) = \hat{\psi}_x(r_i^1, r_j^2) \tag{3.13}$$

$$H(CS_{12})_1: \hat{\psi}_y(r_i^1, r_j^2) \neq \hat{\psi}_x(r_i^1, r_j^2) \tag{3.14}$$

$$H(CS_{21})_0: \hat{\psi}_y(r_i^2, r_j^1) = \hat{\psi}_x(r_i^2, r_j^1) \tag{3.15}$$

$$H(CS_{21})_1: \hat{\psi}_y(r_i^2, r_j^1) \neq \hat{\psi}_x(r_i^2, r_j^1) \tag{3.16}$$

在不存在协偏度属性风险传染下，对传染系数是否服从卡方分布进行验证，并根据系数的显著性判断不同市场波动趋势转换下是否发生协偏度传染关系：

$$CS_{12}, CS_{21}(i \to j) \xrightarrow{df} \chi_1^2 \tag{3.17}$$

其中，验证 CS_{12}，CS_{21} 服从卡方分布验证的拉格朗日多项式表示为

$$LM(CS_{12}) = \frac{T}{4\hat{\rho}^2+2}\left[\frac{1}{T}\sum_{t=1}^{T}\left(\frac{r_{i,t}-\hat{\mu}_i}{\hat{\sigma}_i}\right)^1\left(\frac{r_{j,t}-\hat{\mu}_j}{\hat{\sigma}_j}\right)^2\right]^2 \tag{3.18}$$

$$LM(CS_{21}) = \frac{T}{4\hat{\rho}^2+2}\left[\frac{1}{T}\sum_{t=1}^{T}\left(\frac{r_{i,t}-\hat{\mu}_i}{\hat{\sigma}_i}\right)^2\left(\frac{r_{j,t}-\hat{\mu}_j}{\hat{\sigma}_j}\right)\right]^2 \tag{3.19}$$

3.1.2.2 协峰度属性风险传染指标

协峰度属性风险传染指标是指在碳金融市场波动状态转化的过程中，碳金融资产与其定价因子构成的投资组合是否遭受外部极端事件的冲击，以及在多大程度上遭受外部极端事件冲击的衡量，即在极端风险因子冲击下，高阶矩协峰度传染系数在市场波动趋势变化前后有无发生显著性变化。与协偏度传染指标类似，本研究将协峰度属性风险传染检验分为两类：CK_{13}和CK_{31}。其中，CK_{13}表示碳金融资产收益对定价因子市场偏度的传染，CK_{31}表示碳金融资产偏度对定价因子收益的传染。若传染系数具有统计意义上的显著性，则表明碳金融资产与其定价因子间存在协峰度属性的风险传染现象。传染系数越大，表明投资组合收益面临越大的外部系统性风险冲击；反之，则表明系统性风险较低，能够实现风险分摊和收益共享的投资组合目的。

$$CK_{13}(i \to j; r_i^1, r_j^3) = \left[\frac{\hat{\xi}_y(r_i^1, r_j^3) - \hat{\xi}_x(r_i^1, r_j^3)}{\sqrt{(18\,\hat{\upsilon}_{y/x_i}^2 + 6)/T_y + (18\,\hat{\rho}_x^2 + 2)/T_x}}\right]^2 \tag{3.20}$$

$$CK_{31}(i \to j; r_i^3, r_j^1) = \left[\frac{\hat{\xi}_y(r_i^3, r_j^1) - \hat{\xi}_x(r_i^3, r_j^1)}{\sqrt{(18\,\hat{\upsilon}_{y/x_i}^2 + 6)/T_y + (18\,\hat{\rho}_x^2 + 2)/T_x}}\right]^2 \tag{3.21}$$

其中，

$$\hat{\xi}_y(r_i^1, r_j^3) = \frac{1}{T_y}\sum_{t=1}^{T_y}\left(\frac{y_{i,t} - \hat{\mu}_{yi}}{\hat{\sigma}_{yi}}\right)^1\left(\frac{y_{j,t} - \hat{\mu}_{yj}}{\hat{\sigma}_{yi}}\right)^3 - (3\,\hat{\upsilon}_{y/x_i}) \tag{3.22}$$

$$\hat{\xi}_y(r_i^3, r_j^1) = \frac{1}{T_y}\sum_{t=1}^{T_y}\left(\frac{y_{i,t} - \hat{\mu}_{yi}}{\hat{\sigma}_{yi}}\right)^3\left(\frac{y_{j,t} - \hat{\mu}_{yj}}{\hat{\sigma}_{yi}}\right)^1 - (3\,\hat{\upsilon}_{y/x_i}) \tag{3.23}$$

$$\hat{\xi}_x(r_i^1, r_j^3) = \frac{1}{T_x}\sum_{t=1}^{T_x}\left(\frac{x_{i,t} - \hat{\mu}_{xi}}{\hat{\sigma}_{xi}}\right)^1\left(\frac{x_{j,t} - \hat{\mu}_{xj}}{\hat{\sigma}_{xi}}\right)^3 - (3\,\hat{\rho}_x) \tag{3.24}$$

$$\hat{\xi}_x(r_i^3, r_j^1) = \frac{1}{T_x}\sum_{t=1}^{T_x}\left(\frac{x_{i,t} - \hat{\mu}_{xi}}{\hat{\sigma}_{xi}}\right)^3\left(\frac{x_{j,t} - \hat{\mu}_{xj}}{\hat{\sigma}_{xi}}\right)^1 - (3\,\hat{\rho}_x) \tag{3.25}$$

为测试碳金融资产与其定价因子是否发生协峰度属性的风险传染关系，假定不存在高阶矩属性风险传染关系的原假设为

$$H(CK_{13})_0: \hat{\xi}_y(r_i^1, r_j^3) = \hat{\xi}_x(r_i^1, r_j^3) \tag{3.26}$$

$$H(CK_{13})_1: \hat{\xi}_y(r_i^1, r_j^3) \neq \hat{\xi}_x(r_i^1, r_j^3) \tag{3.27}$$

$$H(CK_{31})_0: \hat{\xi}_y(r_i^3, r_j^1) = \hat{\xi}_x(r_i^3, r_j^1) \tag{3.28}$$

$$H(CK_{31})_1: \hat{\xi}_y(r_i^3, r_j^1) \neq \hat{\xi}_x(r_i^3, r_j^1) \tag{3.29}$$

在不存在协峰度属性风险传染下，对传染系数是否服从卡方分布进行验证，并根据系数的显著性判断不同市场波动趋势转换下是否发生协峰度传染关系：

$$CK_{13}, CK_{31}(i \to j) \xrightarrow{df} \chi_1^2 \tag{3.30}$$

其中，验证 CK_{13}，CK_{31}服从卡方分布验证的拉格朗日多项式表示为

$$LM(CK_{13}) = \frac{1}{T(18\hat{\rho}^2 + 6)}\left[\sum_{t=1}^{T}\left(\frac{r_{i,t} - \hat{\mu}_i}{\hat{\sigma}_i}\right)^1\left(\frac{r_{j,t} - \hat{\mu}_j}{\hat{\sigma}_j}\right)^3 - T(3\hat{\rho})\right]^2 \tag{3.31}$$

$$LM(CK_{31}) = \frac{1}{T(18\hat{\rho}^2 + 6)}\left[\sum_{t=1}^{T}\left(\frac{r_{i,t} - \hat{\mu}_i}{\hat{\sigma}_i}\right)^3\left(\frac{r_{j,t} - \hat{\mu}_j}{\hat{\sigma}_j}\right) - T(3\hat{\rho})\right]^2 \tag{3.32}$$

3.1.2.3　协波动率属性风险传染指标

协波动率属性风险传染指在碳金融市场波动状态转化过程中，碳金融资产的风险对其定价市场风险的传染程度，即发生在碳金融资产与其定价因子间二阶矩方差风险之间的相互传染行为。若传染系数具有统计上的显著性，则表明碳金融资产与其定价因子间存在协波动率属性的风险传染现象。其中，较小的传染系数表明碳金融资产风险对诱发其定价因子市场风险影响较弱，以此构成的投资组合能在较低风险下满足投资者分担风险和获取稳定收益的目的；而较大的传染系数表明碳金融市场的风险极易引发其定价因子风险的增加，两种资产风险的并发会导致投资组合面临较大的系统性风险，增加投资收益的不确定性。

$$CV_{22}(i \to j; r_i^2, r_j^2) = \left[\frac{\hat{\varphi}_y(r_i^2, r_j^2) - \hat{\varphi}_x(r_i^2, r_j^2)}{\sqrt{(4\hat{\upsilon}_{y/x_i}^4 + 16\hat{\upsilon}_{y/x_i}^2 + 4)/T_y + (4\hat{\rho}_x^4 + 16\hat{\rho}_x^2 + 4)/T_x}}\right]^2 \tag{3.33}$$

其中，

$$\hat{\varphi}_y(r_i^2, r_j^2) = \frac{1}{T_y}\sum_{t=1}^{T_y}\left(\frac{y_{i,t} - \hat{\mu}_{yi}}{\hat{\sigma}_{yi}}\right)^2\left(\frac{y_{j,t} - \hat{\mu}_{yj}}{\hat{\sigma}_{yi}}\right)^2 - (1 + 2\hat{\upsilon}_{y/x_i}^2) \tag{3.34}$$

$$\hat{\varphi}_x(r_i^2, r_j^2) = \frac{1}{T_x}\sum_{t=1}^{T_x}\left(\frac{x_{i,t} - \hat{\mu}_{xi}}{\hat{\sigma}_{xi}}\right)^2\left(\frac{x_{j,t} - \hat{\mu}_{xj}}{\hat{\sigma}_{xi}}\right)^2 - (1 + 2\hat{\rho}_x^2) \tag{3.35}$$

为测试碳金融资产与其定价因子是否发生协波动率属性的风险传染关系，假定不存在高阶矩风险传染关系的原假设为

$$H(CV_{22})_0: \hat{\varphi}_y(r_i^2, r_j^2) = \hat{\varphi}_x(r_i^2, r_j^2) \tag{3.36}$$

$$H(CV_{22})_1: \hat{\varphi}_y(r_i^2, r_j^2) \neq \hat{\varphi}_x(r_i^2, r_j^2) \tag{3.37}$$

在不存在协波动率属性风险传染下，对传染系数是否服从卡方分布进行验证，并根据系数的显著性判断不同市场波动趋势转换下是否发生协波动率风险传染关系：

$$CV_{22}(i \to j) \xrightarrow{df} \chi_1^2 \tag{3.38}$$

其中，验证 CV_{22}服从卡方分布验证的拉格朗日多项式表示为

$$LM(CV_{22}) = \frac{1}{T(4\hat{\rho}^4 + 16\hat{\rho}^2 + 6)}\left[\sum_{t=1}^{T}\left(\frac{r_{i,t} - \hat{\mu}_i}{\hat{\sigma}_i}\right)^2 \cdot \left(\frac{r_{j,t} - \hat{\mu}_j}{\hat{\sigma}_j}\right)^2 - T(1 + 2\hat{\rho}^2)\right]^2 \tag{3.39}$$

3.1.2.4　低阶矩属性相关系数风险传染指标

低阶矩属性相关系数风险传染是从收益率的低阶矩视角，研究碳金融市场波动状态转化过程中，碳金融资产与其定价因子一阶矩收益率之间的跨市场相关性是否发生显著性变化的度量。若指标具有统计上的显著性，则表明碳金融资产与其定价因子存在低阶矩属性的风险传染关系。基于低阶矩属性的相关系数风险传染指标为

$$FR(i \to j) = \left[\frac{\hat{\upsilon}_{y/x_i} - \hat{\rho}_x}{\sqrt{Var(\hat{\upsilon}_{y/x_i} - \hat{\rho}_x)}}\right]^2 \tag{3.40}$$

$$\hat{\upsilon}_{y/x_i} = \frac{\hat{\rho}_y}{\sqrt{1 + \left(\frac{S_{y,i}^2 - S_{x,i}^2}{S_{x,i}^2}\right)(1 - \hat{\rho}_y^2)}} \tag{3.41}$$

为测试碳金融资产与其定价因子是否发生低阶矩属性风险传染，假定不存在低阶矩风险传染情况的原假设为

$$H(FR)_0: \hat{\upsilon}_{y/x_i} = \hat{\rho}_x \tag{3.42}$$

$$H(FR)_1: \hat{\upsilon}_{y/x_i} \neq \hat{\rho}_x \tag{3.43}$$

在不存在低阶矩属性风险传染下，对传染系数是否服从卡方分布进行验

证，根据系数的显著性判断不同市场波动趋势转换下是否发生风险传染关系：

$$FR(i \to j) \xrightarrow{df} \chi_1^2 \tag{3.44}$$

3.2　考虑高阶矩属性风险传染的碳金融资产定价模型设计

根据拓展高阶矩碳金融资产定价理论，碳金融资产价格不仅受自身收益序列各高阶矩项的影响，而且还受到碳价与其定价因子间显著性高阶矩属性风险传染关系的影响。在上节碳金融资产高阶矩属性风险传染测度研究基础上，将已经识别出的具有显著性高阶矩属性风险传染关系的定价因子纳入到定价框架，从而对考虑高阶矩属性风险传染的碳金融资产定价模型进行明晰和确定，为定价框架的拟合和参数估计提供基础。

3.2.1　基于二元框架CAPM的碳金融资产定价模型

高阶矩属性的CAPM指出，金融资产收益不仅受到系统性金融风险的影响，而且还受到投资者有限理性行为和极端事件冲击的影响。因此，相较于传统低阶矩属性的定价模型而言，具有高阶矩属性的CAPM更能够捕捉到金融资产的波动特征和定价规律[74]。考虑高阶矩属性的碳金融资产CAPM定义为

$$E(R_{\text{Carbon}}) = a_1 \sigma_{\text{Carbon},m} + a_2 S_{\text{Carbon},m} + a_3 K_{\text{Carbon},m} \tag{3.45}$$

其中，

$$\sigma_{\text{Carbon},m} = \frac{E\{[r_{\text{Carbon},t} - E(r_{\text{Carbon},t})] \times [r_{m,t} - E(r_{m,t})]\}}{E(r_{\text{Carbon}}) \times E(r_m)} \tag{3.46}$$

$$S_{\text{Carbon},m} = \frac{E\{[r_{\text{Carbon},t} - E(r_{\text{Carbon},t})] \times [r_{m,t} - E(r_{m,t})]^2\}}{E(r_{\text{Carbon}}) \times E(r_m)^2} \tag{3.47}$$

$$K_{\text{Carbon},m} = \frac{E\{[r_{\text{Carbon},t} - E(r_{\text{Carbon},t})] \times [r_{m,t} - E(r_{m,t})]^3\}}{E(r_{\text{Carbon}}) \times E(r_m)^3} \tag{3.48}$$

其中，$E(R_{\text{Carbon}})$表示碳金融资产超额投资收益；$\sigma_{\text{Carbon},m}$代表碳金融资产与市场

投资组合收益的协方差系数，即市场投资组合收益的一阶中心矩（收益）对碳金融资产收益一阶中心矩（收益）的冲击和影响；$S_{\text{Carbon},m}$代表碳金融资产与市场投资组合收益的协偏度系数，即市场投资组合收益的二阶中心矩（方差）对碳金融资产收益一阶中心矩（收益）的冲击和影响；$K_{\text{Carbon},m}$代表碳金融资产与市场投资组合收益的协峰度系数，即市场投资组合收益的三阶中心矩（偏度）对碳金融资产收益一阶中心矩（收益）的冲击和影响；a_1，a_2，a_3 分别表示风险溢价系数。

协偏度反映碳价相对投资组合的市场偏度大小，即碳金融资产相对于市场投资组合的非对称行为，负的协偏度表示碳金融资产收益下降的概率高于收益上涨的概率，当前市场趋势会增加投资者损失的可能性；而协峰度反映碳金融资产相对市场投资组合的峰度大小，较高的协峰度表明碳金融资产收益遭受极端事件冲击的可能性高于投资组合，意味着碳金融资产存在较高的高阶矩属性风险，为了补偿持有损失，投资者倾向于要求更高的溢价回报进行补偿。

进一步将协高阶矩风险传染关系纳入到碳金融资产投资组合定价框架，根据 Fry 等于 2014 年提出的拓展高阶矩 CAPM，本研究将二元投资组合中，具有协偏度、协峰度和协波动率风险传染关系的碳金融资产投资组合收益表示为

$$
\begin{aligned}
f_{\text{Coskewness}}(R_{\text{Carbon}}) = \exp\Bigg\{ & -\frac{1}{2}\left(\frac{1}{1-\rho^2}\right)\Bigg[\left(\frac{R_{\text{Carbon},t}-\mu_{\text{Carbon}}}{\sigma_{\text{Carbon}}}\right)^2 \\
& + \left(\frac{R_{i,t}-\mu_i}{\sigma_i}\right)^2 - 2\rho\left(\frac{R_{\text{Carbon},t}-\mu_{\text{Carbon}}}{\sigma_{\text{Carbon}}}\right)\left(\frac{R_{i,t}-\mu_i}{\sigma_i}\right)\Bigg] \\
& + \theta_{12}\left(\frac{R_{\text{Carbon},t}-\mu_{\text{Carbon}}}{\sigma_{\text{Carbon}}}\right)^1\left(\frac{R_{i,t}-\mu_i}{\sigma_i}\right)^2 - \eta\Bigg\}
\end{aligned}
\tag{3.49}
$$

$$
\begin{aligned}
f_{\text{Cokurtosis}}(R_{\text{Carbon}}) = \exp\Bigg\{ & -\frac{1}{2}\left(\frac{1}{1-\rho^2}\right)\Bigg[\left(\frac{R_{\text{Carbon},t}-\mu_{\text{Carbon}}}{\sigma_{\text{Carbon}}}\right)^2 \\
& + \left(\frac{R_{i,t}-\mu_i}{\sigma_i}\right)^2 - 2\rho\left(\frac{R_{\text{Carbon},t}-\mu_{\text{Carbon}}}{\sigma_{\text{Carbon}}}\right)\left(\frac{R_{i,t}-\mu_i}{\sigma_i}\right)\Bigg] \\
& + \theta_{13}\left(\frac{R_{\text{Carbon},t}-\mu_{\text{Carbon}}}{\sigma_{\text{Carbon}}}\right)^1\left(\frac{R_{i,t}-\mu_i}{\sigma_i}\right)^3 - \eta\Bigg\}
\end{aligned}
\tag{3.50}
$$

$$f_{\text{Covolatility}}(R_{\text{Carbon}}) = \exp\left\{-\frac{1}{2}\left(\frac{1}{1-\rho^2}\right)\left[\left(\frac{R_{\text{Carbon},t}-\mu_{\text{Carbon}}}{\sigma_{\text{Carbon}}}\right)^2 + \left(\frac{R_{i,t}-\mu_i}{\sigma_i}\right)^2 - 2\rho\left(\frac{R_{\text{Carbon},t}-\mu_{\text{Carbon}}}{\sigma_{\text{Carbon}}}\right)\left(\frac{R_{i,t}-\mu_i}{\sigma_i}\right)\right] + \theta_{22}\left(\frac{R_{\text{Carbon},t}-\mu_{\text{Carbon}}}{\sigma_{\text{Carbon}}}\right)^2\left(\frac{R_{i,t}-\mu_i}{\sigma_i}\right)^2 - \eta\right\} \tag{3.51}$$

其中，$f_{\text{Coskewness}}(R_{\text{Carbon}})$，$f_{\text{Cokurtosis}}(R_{\text{Carbon}})$和$f_{\text{Covolatility}}(R_{\text{Carbon}})$表示考虑协偏度、协峰度和协波动率风险传染关系的碳金融资产收益。θ_{12}表示协偏度风险传染冲击系数，即定价因子的二阶中心矩（方差）对碳价一阶中心矩（收益率）的影响关系；θ_{13}表示协峰度风险传染冲击系数，即定价因子的三阶中心矩（偏度）对碳价一阶中心矩（收益率）的影响关系；θ_{22}表示协波动率风险传染冲击系数，即定价因子的二阶中心矩（方差）对碳价二阶中心矩（方差）的影响关系。$R_{\text{Carbon},t}$，μ_{Carbon}，σ_{Carbon}和$R_{i,t}$，μ_i，σ_i表示碳金融资产与其定价因子的收益、均值和方差；ρ表示碳价与其定价因子之间的相关系数；η表示残差。

在高阶矩资产定价框架内，碳金融资产价格同时受到协偏度、协峰度和协波动率风险传染的冲击和影响。因此，分别将带有以上风险传染关系的定价因子带入到公式(3.51)中，可以得到如下基于二元框架下CAPM的碳金融资产定价模型：

$$\begin{aligned} R_{\text{Carbon,Contagion}} &= \sigma^2_{m,(N=2),(\text{Contagion})} + S^3_{m,(N=2),(\text{Contagion})} + K^4_{m,(N=2),(\text{Contagion})} \\ &\quad + \eta_{i,(N=2)} = E\left\{\left[\sum_{i=1}^{N=2}\alpha_i(R_i-\mu_i)\right]^2\right\} \\ &\quad + E\left\{\left[\sum_{i=1}^{N=2}\alpha_i(R_i-\mu_i)\right]^3\right\} \\ &\quad + E\left\{\left[\sum_{i=1}^{N=2}\alpha_i(R_i-\mu_i)\right]^4\right\} + \eta_{i,(N=2)} \end{aligned} \tag{3.52}$$

$$\begin{aligned} \eta_{i,(N=2)} &= \ln\iint\cdots\int E\left\{\left[\sum_{i=1}^{N=2}\alpha_i(R_i-\mu_i)\right]^2\right\} + E\left\{\left[\sum_{i=1}^{N=2}\alpha_i(R_i-\mu_i)\right]^3\right\} \\ &\quad + E\left\{\left[\sum_{i=1}^{N=2}\alpha_i(R_i-\mu_i)\right]^4\right\}\mathrm{d}R_1\mathrm{d}R_2\cdots\mathrm{d}R_n \end{aligned} \tag{3.53}$$

其中，$R_{\text{Carbon,Contagion}}$表示考虑高阶矩属性风险传染关系的碳金融资产市场收益。

3.2.2　考虑风险传染关系的碳金融资产多因子定价模型设计

在二元框架 CAPM 的碳金融资产定价模型的基础上，本研究将存在高阶矩属性风险传染关系的两因素框架拓展至多因素，从而形成考虑高阶矩属性风险传染的碳金融资产多因子定价框架(Pricing Framework 1)：

$$\begin{aligned} R_{\text{Carbon}}(\sigma^2, S^3, K^4) &= \alpha\sigma^2_{m,(N>2),\text{Contagion}} + \beta S^3_{m,(N>2),\text{Contagion}} \\ &\quad + \gamma K^4_{m,(N>2),\text{Contagion}} + \eta_{i,(N>2)} \\ &= E\left\{\left[\sum_{i=1}^{N,N\geqslant 2} \alpha_i (R_i - \mu_i)\right]^2\right\} + E\left\{\left[\sum_{i=1}^{N,N\geqslant 2} \beta_i (R_i - \mu_i)\right]^3\right\} \\ &\quad + E\left\{\left[\sum_{i=1}^{N,N\geqslant 2} \gamma_i (R_i - \mu_i)\right]^4\right\} + \eta_{i,(N>2)} \end{aligned} \tag{3.54}$$

其中，

$$\begin{aligned} \eta_{i,(N>2)} &= \ln\iint\cdots\int E\left\{\left[\sum_{i=1}^{N>2} \alpha_i (R_i - \mu_i)\right]^2\right\} + E\left\{\left[\sum_{i=1}^{N>2} \beta_i (R_i - \mu_i)\right]^3\right\} \\ &\quad + E\left\{\left[\sum_{i=1}^{N>2} \gamma_i (R_i - \mu_i)\right]^4\right\} \mathrm{d}R_1 \mathrm{d}R_2 \cdots \mathrm{d}R_n \end{aligned} \tag{3.55}$$

为突显本研究所构建的考虑高阶矩属性风险传染关系的碳金融资产定价框架的优势，下面继续构造四种定价框架进行碳价的拟合和预测效果的对比。

(1) 同时考虑碳金融市场与其定价因子市场间协方差和协偏度风险传染的定价框架(Pricing Framework 2)：

$$\begin{aligned} R_{\text{Carbon}}(\sigma^2, S^3) &= \alpha\sigma^2_m + \beta S^3_m \\ &= E\left\{\left[\sum_{i=1}^{N,N>2} \alpha_i (R_i - \mu_i)\right]^2\right\} + E\left\{\left[\sum_{i=1}^{N,N>2} \beta_i (R_i - \mu_i)\right]^3\right\} \end{aligned} \tag{3.56}$$

(2) 同时考虑碳金融市场与其定价因子市场间协方差和协峰度风险传染的定价框架(Pricing Framework 3)：

$$\begin{aligned} R_{\text{Carbon}}(\sigma^2, K^4) &= \alpha\sigma^2_m + \gamma K^4_m \\ &= E\left\{\left[\sum_{i=1}^{N,N>2} \alpha_i (R_i - \mu_i)\right]^2\right\} + E\left\{\left[\sum_{i=1}^{N,N>2} \gamma_i (R_i - \mu_i)\right]^4\right\} \end{aligned} \tag{3.57}$$

(3) 同时考虑碳金融市场与其定价因子市场间协偏度和协峰度风险传染的定价框架(Pricing Framework 4):

$$
\begin{aligned}
R_{\text{Carbon}}(S^3, K^4) &= \beta S_m^3 + \gamma K_m^4 \\
&= E\left\{\left[\sum_{i=1}^{N, N>2} \beta_i (R_i - \mu_i)\right]^3\right\} \\
&\quad + E\left\{\left[\sum_{i=1}^{N, N>2} \gamma_i (R_i - \mu_i)\right]^4\right\}
\end{aligned}
\tag{3.58}
$$

(4) 不考虑高阶矩属性风险传染关系的碳金融资产定价框架,即仅从低阶矩属性研究基于 APT 多因子的定价框架(Pricing Framework 5):

$$
R_{\text{Carbon}} = \alpha_1 R_1 + \alpha_2 R_2 + \cdots + \alpha_N R_N + \eta_N \tag{3.59}
$$

3.3 基于高阶矩属性风险传染 Multi-LSTM 的碳定价模型

考虑高阶矩属性风险传染的碳金融资产多因子定价框架,一方面,具有显著非线性特征,即数据信息的阶矩属性维度差异,使得碳价与其定价因子之间存在复杂的非线性结构;另一方面,该定价框架具有较多的待估参数,对定价模型的稳定性、参数估计结果等提出较大挑战。基于此,针对以上两个特征,本节采取一种基于机器学习算法的多层多变量长短期记忆神经网络对碳金融资产定价框架进行拟合。

3.3.1 LSTM 模型的碳价拟合优势

长短期记忆神经网络是一种实用的机器学习方法,它是针对传统循环神经网络容易产生梯度爆炸和梯度消失以及长记忆能力不足等问题而设计的具有特殊门结构特征的神经网络结构,其模型结构源于对传统循环神经网络的优化和更新。

循环神经网络是一种具有特殊记忆能力的链式循环神经网络结构,模型结构的当前输出与前一时刻输出有关，即网络结构会对序列前端信息进行记忆并应用于当前输出的计算中。该模型结构上，隐藏层间的节点也不再是无连接的，而是有连接的，隐藏层的输入不仅包括输入层的输出，还包括上一时刻隐藏层的输出，模型结构如图3.2(a)所示。相比于经典的BP算法和卷积神经网络，RNN最大的优点在于实现数据结构输入信息的记忆功能。然而，随着数据间隔的延长，特别是金融时间序列前一时刻信息与当前预测位置间隔较长时，基于负向梯度训练和寻优过程的算法可能会因为梯度的过分衰减而造成梯度消失，进而导致RNN的训练过程难以学习到较长时期数据信息，无法有效收敛，发生梯度爆炸的可能性较大。基于此，长短期记忆神经网络在训练过程中，除了类似RNN将隐藏层信息继续向后传递之外(即短期记忆信息的传输)，还通过特殊设计的Cell结构实现过去较长时期信息的传递(即长记忆信息的传输)，并通过特殊设计的门结构来消除或者增加信息传递到Cell结构的能力，从而实现对梯度的有效控制和模型的有效收敛，模型结构如图3.2(b)所示。

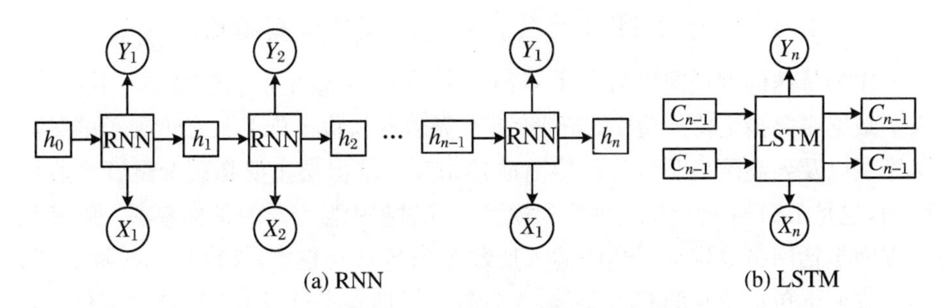

图3.2　循环神经网络和长短期记忆神经网络结构

基于LSTM网络结构在处理时间序列和深度模型参数学习问题上的优势，本节将其作为研究碳金融资产定价框架的实证拟合和预测方法。首先，长短期记忆神经网络在处理具有时间序列属性的金融数据，特别是具有长记忆性特征的时间序列数据上，能够最大限度地将数据较长时间维度的特征和信息抓取到当前结构之中，解决数据信息的长期依赖问题，更加符合碳金融资产定价框架中各定价因子的时间序列属性特征。其次，作为一种具有特殊记忆功能的循环神经网络，长短期记忆神经网络通过对输入数据进行正向的无监督学习和反向的监督学习过程，即参数结构的自学习、自适应过程实现参数结构的优化和调整，从而训练出最优的模型结构，以解决碳金融资产定价框架的非线性问题。最后，由于定价模型参数结构较多，尤其是在神经网络训练过程中，模型梯度可能会随着神经网络层级的增加而呈指数增长或是梯度衰减，神经网络结构存在梯度爆炸或梯度消失的可能，导致模型自学习过程的中断。而长短期记忆神经网络则通过特殊的门结构和激活函数设计，为整体链式结构的神经元和参数权重的训练提供保障，解决了梯度爆炸和梯度消失可能引发的模型训练和权重更新中断的问题，保障碳金融资产定价模型有效的学习、训练和收敛。

3.3.2 基于 LSTM 的碳金融资产定价模型结构与训练

对考虑高阶矩属性风险传染的碳金融资产定价模型进行拟合和预测研究，其本质属于回归问题的解决。而相对于其他计量经济模型、人工智能模型以及部分机器学习模型等回归分类器而言，LSTM 在解决碳金融资产定价问题上具有优势。

3.3.2.1 基于 LSTM 的碳金融资产定价模型结构

作为特殊的神经网络结构，LSTM 包括输入层、输出层和隐藏层。其中，输入层数据主要指定价模型中，与碳价具有显著性风险传染关系定价因子的各高阶矩项以及各高阶矩对碳价的协高阶冲击项。输出层主要指碳金融资产收益序列，也是 LSTM 进行参数训练和模型寻优过程中监督学习的标签项。隐藏层一方面包括网络结构学习到的输入层数据的特征和权重，即模型的短期记忆；另一方面也包括特殊的 Cell 结构，实现较长时期碳定价因子数据结构信息的记忆。其中，Cell 结构长记忆性功能的实现主要是通过特殊设计的门结构，即遗忘门(Forget Gate)、输入门(Input Gate)和输出门(Output Gate)实现输入层定价因子信息的筛选、输入、更新和输出等。

在 LSTM 训练过程中，首先，遗忘门对来自上一网络节点的输出进行选择性遗忘，并通过 Sigmoid 激活函数将模型当前时刻的输入 $\boldsymbol{x}_t$ 与之前时刻隐藏层 $\boldsymbol{h}_{t-1}$ 在记忆单元 $\boldsymbol{C}_{t-1}$ 的每个神经元状态上映射为 0～1 之间的数，从而得到遗忘门的输出 $\boldsymbol{f}_t$。其次，输入门决定当前记忆单元 $\boldsymbol{C}_t$ 应该保存并更新的信息，即通过 sigmoid 激活函数得到原始输入 $\boldsymbol{x}_t$ 与之前时刻隐藏层 $\boldsymbol{h}_{t-1}$ 在本层结构中被保留的程度 $\boldsymbol{i}_t$，进而通过 tan 函数得到本层的输出 $\widetilde{\boldsymbol{C}}_t$，$\boldsymbol{i}_t\widetilde{\boldsymbol{C}}_t$ 则表示本层信息的保留特征。即结合遗忘门信息的传入，汇总到本层输入信息的特征。最后，输出门用来决定本层的记忆神经元 Cell 有多少被过滤，即使用 Sigmoid 激活函数得到一个 0～1 区间值，继而将当前记忆单元 $\boldsymbol{C}_t$ 通过 tanh 函数处理得到本层的输出 $\boldsymbol{h}_t$。多层 LSTM 模型是在单层的基础上，通过增加隐藏层和记忆单元神经元实现的 LSTM 模型的网络堆栈结构。一方面，多层 LSTM 模型通过增加隐藏层深度能够对数据特征进行深度提取和学习，对不同阶矩属性的数据特征进行降维处理，有助于提高输出数据的稳定性；另一方面参数结构的训练和学习使得基于考虑高阶矩属性风险传染的碳金融资产定价框架结构更加优化，预测性能有效提高。图3.3 显示了长短期记忆神经网络的训练结构。

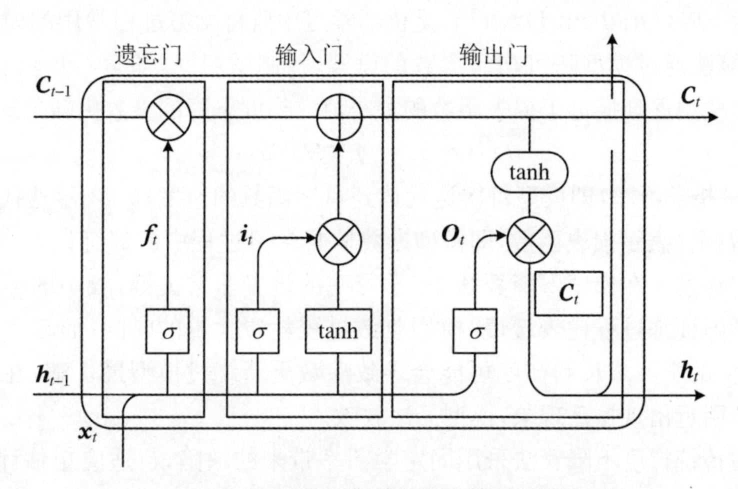

图 3.3　长短期记忆神经网络的训练结构

注：图中⊗表示克罗内克积，是指两个矩阵间的运算；⊕表示是或否的逻辑运算。

遗忘门对包括各高阶矩项的碳定价因子原始数据信息和隐藏层特征的过滤决定遗忘数据的输出：

$$\boldsymbol{f}_t = \sigma(\boldsymbol{W}_{\mathrm{f}}[\boldsymbol{h}_{t-1}, \boldsymbol{x}_t] + \boldsymbol{b}_{\mathrm{f}}) \tag{3.60}$$

输入门的数据保存和更新以及遗忘门信息决定输入门数据的输出：

$$\boldsymbol{i}_t = \sigma(\boldsymbol{W}_{\mathrm{i}}[\boldsymbol{h}_{t-1}, \boldsymbol{x}_t] + \boldsymbol{b}_{\mathrm{i}}) \tag{3.61}$$

$$\widetilde{\boldsymbol{C}}_t = \tanh(\boldsymbol{W}_{\mathrm{c}}[\boldsymbol{h}_{t-1}, \boldsymbol{x}_t]\boldsymbol{b}_{\mathrm{c}}) \tag{3.62}$$

$$\boldsymbol{C}_t = \boldsymbol{f}_t\boldsymbol{C}_{t-1} + \boldsymbol{i}_t\widetilde{\boldsymbol{C}}_t \tag{3.63}$$

当前记忆神经单元下输出门的数据过滤输出：

$$\boldsymbol{o}_t = \sigma(\boldsymbol{W}_{\mathrm{o}}[\boldsymbol{h}_{t-1}, \boldsymbol{x}_t] + \boldsymbol{b}_{\mathrm{o}}) \tag{3.64}$$

$$\boldsymbol{h}_t = \boldsymbol{o}_t\tanh(\boldsymbol{C}_t) \tag{3.65}$$

在学习过程中需要分开计算上述公式权重函数。$\boldsymbol{W}_{\mathrm{f}} = \boldsymbol{W}_{\mathrm{f}x} + \boldsymbol{W}_{\mathrm{f}h}$，$\boldsymbol{W}_{\mathrm{i}} = \boldsymbol{W}_{\mathrm{i}x} +$

$\boldsymbol{W}_{\mathrm{i}h}$，$\boldsymbol{W}_{\mathrm{c}} = \boldsymbol{W}_{\mathrm{c}x} + \boldsymbol{W}_{\mathrm{c}h}$，$\boldsymbol{W}_{\mathrm{o}} = \boldsymbol{W}_{\mathrm{o}x} + \boldsymbol{W}_{\mathrm{o}h}$。输出层的输入为 $\boldsymbol{Y}_t^{\mathrm{i}} = \boldsymbol{W}_{\mathrm{yi}}\boldsymbol{h}_t$，输出为$\boldsymbol{Y}_t^{\mathrm{o}} = \sigma(\boldsymbol{Y}_t^{\mathrm{i}})$。$\boldsymbol{i}_t$，$\widetilde{\boldsymbol{C}}_t$和$\boldsymbol{C}_t$ 分别表示输入门的信息更新向量、候选向量和当前状态的输出门更新向量。$\boldsymbol{h}_t$ 表示 LSTM 模型最后的隐藏层输出；$\boldsymbol{W}_{\mathrm{f}}$，$\boldsymbol{W}_{\mathrm{i}}$，$\boldsymbol{W}_{\mathrm{c}}$ 和 $\boldsymbol{W}_{\mathrm{o}}$ 表示权重向量；$\boldsymbol{b}_{\mathrm{f}}$，$\boldsymbol{b}_{\mathrm{i}}$，$\boldsymbol{b}_{\mathrm{c}}$ 和 $\boldsymbol{b}_{\mathrm{o}}$ 表示训练过程的偏置；σ 表示 Sigmoid 激活函数。

3.3.2.2 基于 LSTM 的碳金融资产定价模型算法

梯度下降(Gradient Descent)是机器学习中监督学习过程常用的模型寻优算法，该算法通过模型随机初始参数的设置，控制学习率，即学习步长和方向，实现整个模型逐渐接近于损失函数的最小值。梯度下降的参数更新公式如下：

$$\theta_{t+1} = \theta_t - \eta \times \nabla J(\theta_t) \tag{3.66}$$

其中，η 是指学习率，即模型每次迭代达到目标函数的速度；θ_t 表示迭代第 t 轮的参数；$J(\theta_t)$表示损失函数，即模型参数监督学习过程中的训练误差；$\nabla J(\theta_t)$表示负向梯度。在梯度下降算法中，学习率的设置非常关键，较小的学习率设置会使学习训练过程比较缓慢，模型收敛过程耗费大量的时间；而较大的学习率，即较大的学习步长和梯度可能会导致参数更新绕过模型最优解，在损失函数最小值附近出现振荡现象，模型无法收敛。

针对传统梯度下降算法采用固定学习率带来的缺陷，自适应矩估计 Adam 算法(Adaptive Moment Estimation)，能够对损失函数每个参数梯度的一阶矩和二阶矩进行动态调整，从而将参数训练过程中对应的学习率界定在一个合理的优化范围内。自适应矩估计 Adam 算法在学习过程中不仅存储先前平方梯度的指数衰减平均值，而且保持了先前梯度的指数衰减平均值，可以克服其他自适应学习算法的学习率消失、收敛过慢和高方差参数更新而导致的损失函数振荡等问题。自适应矩估计 Adam 算法可以表示为

$$\begin{cases} m_t = \beta_1 m_{t-1} + (1-\beta_1) g_t \\ v_t = \beta_2 v_{t-1} + (1-\beta_2) g_t^2 \\ \hat{m}_t = \dfrac{m_t}{1-\beta_1^t} \\ \hat{v}_t = \dfrac{v_t}{1-\beta_2^t} \\ w_{t+1} = w_t - \dfrac{\eta}{\sqrt{\hat{v}_t} + \varepsilon} \hat{m}_t \end{cases} \tag{3.67}$$

其中，m_t 和 v_t 分别表示模型参数的一阶动量项和二阶动量项；β_1 和 β_2 的动力值通常取经验值 0.9 和 0.999；$\hat{m}_t$ 和 $\hat{v}_t$ 表示参数的动量修正值；w_t 表示第 t 次迭代的模型参数，$g_t = \nabla J(w_t)$ 表示第 t 次迭代的损失函数关于 w 的梯度大小；ε 表示极小的实数，它可以避免分母为 0。$\frac{\eta}{\sqrt{\hat{v}_t + \varepsilon}}$ 表示经调整后的动量约束学习率，η 表示初始设定的超参数学习率大小。

3.4　基于时变高阶矩 NAGARCHSK-LSTM 的碳定价模型

为捕捉碳金融资产具备的市场非对称性、政策冲击敏感性强以及时变波动性等专属特征，映射并刻画市场非对称信息和极端冲击因素对碳价的时变高阶矩影响路径，本研究构建了一个新的碳金融资产混合定价模型 NAGARCHSK-LSTM。该碳定价模型的构建过程如下：首先，基于经典的 GARCH 模型分别构建常数和时变特征的高阶矩碳定价模型，对考虑高阶矩特征的碳价进行参数估计；然后，构造多层 LSTM 模型实现定价模型的非线性拟合与预测。

3.4.1　碳金融资产常数高阶矩波动率模型

常数高阶矩模型假设金融资产的三阶矩偏度和四阶矩峰度不对资产收益产生影响和冲击，而将其假定为常数。最常见的常数高阶矩模型是 GARCH 模型及其衍生二阶矩形式。本小节将介绍几种常数高阶矩模型用于刻画碳金融资产低阶矩属性的波动特征。

在碳金融资产收益均值的建模过程中，本研究使用 AR(1)模型刻画金融资产自身的自相关特征，并假设其均值服从 AR(1)过程：

$$R_t = \rho R_{t-1} + h_t^{1/2}\xi_t \tag{3.68}$$

其中，$h_t^{1/2}$ 为碳金融资产收益的标准差；ξ_t 表示条件收益项，$\xi_t \sim N(0,1)$。

对于碳金融资产条件方差 h_t 的建模，考虑碳金融资产波动集聚和非对称特征，本研究采用 GARCH 模型及其衍生模型。由于一阶形式的 GARCH 模型可以较好地拟合金融资产波动性，因此，本研究基于 GARCH (1,1)介绍以下几种常用的条件方差形式：

(1) GARCH(1,1)的条件方差形式为 $h_t=\beta_0+\beta_1\varepsilon_{t-1}^2+\beta_2 h_{t-1}$。

(2) TGARCH(1,1)的条件方差形式为 $h_t^{1/2}=\beta_0+\beta_1|\varepsilon_{t-1}|+\beta_2 h_{t-1}+\beta_3 v_{t-1}|\varepsilon_{t-1}|$。

(3) NAGARCH(1,1)的条件方差形式为 $h_t=\beta_0+\beta_1(\varepsilon_{t-1}+\beta_3 h_{t-1}^{1/2})^2+\beta_2 h_{t-1}$。

β_0 表示方差方程的常数项；β_1 表示碳金融资产波动的 ARCH 项系数；β_2 表示 GARCH 项的系数；ε^2 表示均值残差项；β_3 表示杠杆系数，反应碳金融市场非对称信息对资产收益的冲击。v_{t-1} 为虚拟变量，即当 $\varepsilon_{t-1}<0$ 时，$v_{t-1}=1$；$\varepsilon_{t-1}>0$ 时，$v_{t-1}=0$。

3.4.2　碳金融资产时变高阶矩波动率模型

在常数高阶矩建模的基础上，本小节进一步考虑反映碳金融资产市场偏度和峰度的三阶矩和四阶矩属性信息，引入刻画金融资产收益高阶矩时变波动的时变高阶矩波动模型。

GARCHSK($q_1,p_1;q_2,p_2;q_3,p_3$)模型的具体形式为

$$\begin{cases} R_t=\rho E_{t-1}(R_t)+\varepsilon_t=\mu_t+h_t^{1/2}\xi_t, \quad \xi_t|I_{t-1}\sim F_n(0,1,s_t,k_t) \\ h_t=\beta_0+\sum_{i=1}^{q_1}\beta_{1,i}\varepsilon_{t-i}^2+\sum_{j=1}^{p_1}\beta_{2,j}h_{t-j} \\ s_t=\gamma_0+\sum_{i=1}^{q_2}\gamma_{1,i}\xi_{t-i}^3+\sum_{j=1}^{p_2}\gamma_{2,j}s_{t-j} \\ k_t=\delta_0+\sum_{i=1}^{q_3}\delta_{1,i}\xi_{t-i}^4+\sum_{j=1}^{p_3}\delta_{2,j}k_{t-j} \end{cases} \tag{3.69}$$

NAGARCHSK($q_1,p_1;q_2,p_2;q_3,p_3$)模型的具体形式为

$$
\begin{cases}
R_t = \rho E_{t-1}(R_t) + \varepsilon_t = \mu_t + h_t^{1/2}\xi_t, \quad \xi_t | I_{t-1} \sim F_n(0,1,s_t,k_t) \\
h_t = \beta_0 + \sum_{i=1}^{q_1} \beta_{1,i} (\varepsilon_{t-1} + \beta_{3,i} h_{t-i}^{1/2})^2 + \sum_{j=1}^{p_1} \beta_{2,j} h_{t-j} \\
s_t = \gamma_0 + \sum_{i=1}^{q_2} \gamma_{1,i} \xi_{t-i}^3 + \sum_{j=1}^{p_2} \gamma_{2,j} s_{t-j} \\
k_t = \delta_0 + \sum_{i=1}^{q_3} \delta_{1,i} \xi_{t-i}^4 + \sum_{j=1}^{p_3} \delta_{2,j} k_{t-j}
\end{cases} \tag{3.70}
$$

其中，I_{t-1}表示碳金融资产收益波动过程中到 $t-1$ 时刻的信息集；$E_{t-1}(R_t)$表示信息集 I_{t-1}下的碳金融资产条件期望收益，是碳金融资产不受风险冲击能够稳定获取的基本回报，这里采用收益率的自回归设定形式；$F_n(0,1,s_t,k_t)$表示碳金融资产的四阶矩分布情况，因此可以得到 $E_{t-1}(\xi_t)=0$，$E_{t-1}(\xi_t^2)=1$，$E_{t-1}(\xi_t^3)=s_t$，$E_{t-1}(\xi_t^4)=k_t$，s_t 和 k_t 分别表示标准化残差 $\xi_t = h_t^{-1/2}\varepsilon_t$ 对应的偏度和峰度；$\beta_0,\beta_1,\beta_2,\beta_3$ 表示条件方差方程的系数；$\gamma_0,\gamma_1,\gamma_2$ 表示条件偏度方程的系数；$\delta_0,\delta_1,\delta_2$ 表示条件峰度方程的系数；q_1,p_1；q_2,p_2；q_3,p_3 表示对应模型的滞后阶数。

为保证条件方差方程和条件峰度方程的参数拟合恒为正值，保证条件方差、条件偏度和条件峰度方程服从有效收敛的非扩散过程，上述方程还应满足一些限制条件：

(1) $\beta_0 \geqslant 0, 0 \leqslant \beta_{1,i} < 1 (i = 1,2,\cdots,p_1)$，

$0 \leqslant \beta_{2,j} < 1 (j = 1,2,\cdots,q_1)$，$\sum_{i=1}^{\max(p_1+p_1)} (\beta_{1,i} + \beta_{2,j}) < 1$。

(2) $-1 < \lambda_{1,i} < 1 (i = 1,2,\cdots,p_2)$，$-1 < \lambda_{2,j} < 1 (j = 1,2,\cdots,q_2)$，

$\sum_{i=1}^{\max(p_2+p_2)} (\gamma_{1,i} + \gamma_{2,j}) < 1$。

(3) $\delta_0 \geqslant 0, 0 \leqslant \delta_{1,i} < 1 (i = 1,2,\cdots,p_3)$，

$0 \leqslant \delta_{2,j} < 1 (j = 1,2,\cdots,q_3)$，$\sum_{i=1}^{\max(p_3+p_3)} (\delta_{1,i} + \delta_{2,j}) < 1$。

对 NAGARCHSK 模型进行参数估计，使用正态密度函数 Gram-Charlier 展开并在四阶矩时进行截断，在信息集 I_{t-1}下可以得到标准误差 $\xi_t = h_t^{-1/2}\varepsilon_t$ 的条件概率密度函数，即

$$f(\xi_t|I_{t-1}) = \frac{g(\xi_t)\lambda(\xi_t)}{\Gamma_t}$$

$$= \frac{1}{\sqrt{2\pi}}e^{-\xi_t^2/2}\frac{\left[1+\frac{s_t^*}{3!}(\xi_t^3-3\xi_t)+\frac{k_t^*-3}{4!}(\xi_t^4-6\xi_t^2+3)\right]}{\left(1+\frac{s_t^*}{3!}+\frac{k_t^*-3}{4!}\right)} \tag{3.71}$$

其中，$\Gamma_t = 1+\frac{s_t^*}{3!}+\frac{k_t^*-3}{4!}$。

因此，ε_t 的条件分布表示为 $h_t^{-1/2}f(\xi_t|I_{t-1})$，对数似然函数表示为

$$LF(\varepsilon_t|I_{t-1},\boldsymbol{\theta}) = -\frac{1}{2}\ln(2\pi)-\frac{1}{2}\ln h_t-\frac{1}{2}\xi_t^2+\ln[\lambda^2(\xi_t)]-\ln\Gamma_t \tag{3.72}$$

对上式似然函数进行极大化分解，即可得到参数向量的一致性估计，也可同时得到均值方程、条件方差方程、条件偏度方程和条件峰度方程的参数估计结果。其中，$\boldsymbol{\theta}=(\beta,\gamma,\delta)'$为参数向量，是时变高阶矩波动模型的待估参数。

3.4.3　基于 NAGARCHSK-LSTM 的碳资产时变高阶矩定价基本框架

本研究所提出的 NAGARCHSK-LSTM 价格预测模型结合了 NAGARCHSK 模型在时变高阶矩碳金融资产的参数估计方面的优势以及 LSTM 模型的非线性拟合和预测中的优势。混合网络定价模型 NAGARCHSK-LSTM 的构架能够提高碳金融资产价格预测和拟合的稳健性和泛化能力，为市场参与者获取价格信息和预测碳价格提供可靠的技术支持。NAGARCHSK-LSTM 的参数训练结构如图 3.4 所示。

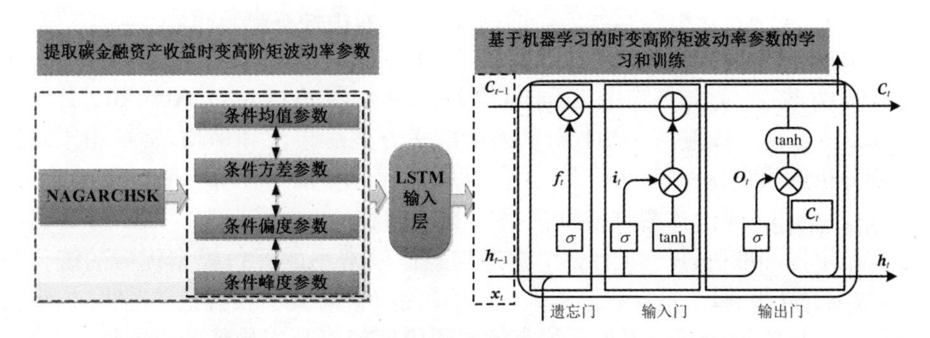

图3.4　碳金融资产定价模型NAGARCHSK-LSTM的参数训练结构

3.5　定价模型的绩效评价标准

为评价基于风险传染的碳金融资产定价框架在拟合和预测碳价的表现，突显考虑高阶矩属性风险传染关系在碳金融资产定价框架中的合理性和有效性，同时也为测试LSTM模型在碳价拟合和预测分析中的优势，本研究采取以下评价指标对回归分类器的绩效进行测度分析：

$$RMSE = \sqrt{\frac{\sum_{i=1}^{T}(y_i - \hat{y}_i)^2}{T}} \tag{3.73}$$

$$MAE = \frac{1}{T}\sum_{i=1}^{T}|y_i - \hat{y}_i| \tag{3.74}$$

$$MAPE = \frac{1}{T}\sum_{i=1}^{T}\left|\frac{y_i - \hat{y}_i}{y_i}\right| \tag{3.75}$$

$$DA = \frac{1}{T}\sum_{i=1}^{T}a_i,\quad a_i = \begin{cases}1, & (y_{i+1} - y_i)\times(\hat{y}_{i+1} - y_i) > 0\\ 0, & \text{其他}\end{cases} \tag{3.76}$$

$$CORR = \frac{E(Y\hat{Y}) - E(Y)\times E(\hat{Y})}{\sqrt{E(Y^2) - E^2(Y)}\times\sqrt{E(\hat{Y}^2) - E^2(\hat{Y})}} \tag{3.77}$$

其中，$Y = \{y_1, y_2, \cdots, y_T\}$ 表示碳金融资产收益序列的真实值；$\hat{y} =$

$\{\hat{y}_1, \hat{y}_2, \cdots, \hat{y}_T\}$ 表示回归分类器的预测值；T 表示样本点数量。

上述绩效评价标准中，均方根误差（Root-mean-square Error，RMSE）衡量的是真实收益与预测收益之间的偏差。均方误差（Mean Absolute Error，MAE）测量真实收益与预测收益的差值的平方然后再求和平均，常被用于线性回归分析的损失函数评价。平均绝对百分比误差（Mean Absolute Percentage Error，MAPE）评价预测收益偏离真实收益的程度，常用于判别回归分类器的模型稳定性和准确性。以上三个指标均是比较常用的评价模型优劣的统计指标，数据介于 0～1 之间，数值越大，表示预测收益与真实收益偏差越大，模型表现越差。投资者通常会更加关注市场预测价值偏离真实价值的可能性，因为正确的投资方向可以帮助投资者做出更有价值的决策。因此，本研究使用 DA（Direction Accuracy，DA）指标对市场趋势与投资者预测方向一致性概率进行衡量，DA 值较大，表示碳金融资产收益预测值更接近投资者心理预期。CORR 表示皮尔逊相关系数，用于测量真实碳金融资产收益与预测收益间的相关性，其值在 0～1 之间，系数越接近 1，相关性越强。

3.6 本章小结

（1）基于碳金融资产市场波动趋势异质性和非对称性特征，识别不同市场波动趋势下碳金融资产及其定价因子因市场非对称信息和极端冲击而导致的风险传染关系。这是本研究的创新点之一。

（2）考虑定价框架的非线性复杂关系，使用在时间序列拟合具有显著优势的长短期记忆神经网络模型对定价框架进行映射、拟合以及绩效评价。就方法而言这是本研究的另一创新点。

（3）考虑碳金融资产具备的市场非对称性、政策冲击敏感性强以及时变波动性等专属特征，构造 NAGARCHSK-LSTM 混合碳价非线性映射模型，用于揭示碳金融资产市场非理性行为和政策极端事件对碳溢价的时变冲击关系。这是本研究的模型创新点。

第4章　考虑高阶矩属性风险传染的碳金融资产定价研究

本章内容是根据第3章设计的高阶矩属性风险传染检验模型和定价框架的拟合模型进行的实证分析。一方面，基于样本数据对碳金融资产及其定价因子间的显著性风险传染关系进行识别；另一方面，使用实验手段，对机器学习LSTM模型网络参数和结构进行优化选择，以期最大限度拟合碳价信息的原始特征。为突显本研究所提出的定价框架能够较好地解释碳金融资产的风险溢价，本章还将其他定价框架作为基准进行对比，进一步对长期、中期和短期预测期下不同定价框架风险溢价的预测绩效以及LSTM模型的拟合绩效进行综合比较分析。

4.1　研究样本与基础统计分析

4.1.1　研究样本

作为金融属性的创新产品，碳金融市场不仅与资本市场、同质产品市场具有密切相关的信息联动和溢出关系，而且还与技术上存在替代作用的能源市场产品具有相关性[197-198]。基于此，本研究选择碳金融同质产品市场、资本市场及能源市场的产品工具作为碳价定价因子。

考虑碳期货市场价格机制成熟、交易量活跃等特点，选择欧盟碳排放交易体系交易的欧盟碳配额期货合约(European Union Allowance Future,EUAf)作为碳金融资产的衡量变量,数据源自洲际交易所(Intercontinental Exchange,ICE)。碳同质产品选择欧盟碳配额的现货合约(European Union Allowance Spot, EUAs),数据源自欧洲能源交易所(European Energy Exchange, EEX)。资本市场选择股票市场和汇率市场。股票市场交易产品为道琼斯工业平均指数(Dow Jones Industrial Average, DJIA)和美元指数(US Dollar Index,USDX)市场上代表性产品;汇率市场变量为欧元兑美元汇率(EURUSD)。能源市场选择煤炭、石油、天然气和电力市场的交易产品作为分析变量,数据来源于 Wind 数据库。所有数据的样本周期均为 2009 年 6 月 2 日~2020 年 3 月 23 日,剔除样本缺失和时间不一致的共得到 2 768 个数据。各产品工具的收益率 R_t 表示为 $R_t = 100 \times (\ln P_t - \ln P_{t-1})$,其中,$P_t$ 表示市场价格。各变量定义如表 4.1 所示。

在使用 LSTM 模型对考虑高阶矩属性风险传染的碳金融资产定价框架进行拟合和与预测时,把研究样本前 75%的数据用于模型参数的训练和优化,后 25%的数据用于模型泛化预测能力的分析和评价。

表 4.1 研究变量设计

金融市场	代表性交易产品	缩写	产品含义
碳金融市场	EUA 期货	EUAf	EUA 期货合约结算价
碳同质产品市场	EUA 现货	EUAs	EUA 现货合约结算价
资本市场	道琼斯工业平均指数	DJIA	DJIA 每日收盘价
	欧元兑美元汇率	EURUSD	EURUSD 每日收盘价
	美元指数	USDX	USDX 每日收盘价
能源市场	煤炭	Coal	British 热力煤期货结算价
	石油	Oil	Brent 原油期货结算价
	天然气	Gas	UK 天然气连续期货结算价
	电力	Electricity	MSCI 欧洲电力公用事业每日收盘价

4.1.2　基本统计分析与数据预处理

4.1.2.1　样本基本统计分析

表4.2显示了碳金融资产及其定价因子市场收益率的基本描述性统计结果。分析表中结果发现:① 碳金融资产及其定价因子的价格具有明显的非线性、非平稳特征,资产价格波动比较明显,如图4.1(见158页彩图)显示的价格趋势图所示。各收益率均值接近于0,变化区间较小。② 从方差来看,天然气的市场方差最大,为4.214;其次是碳金融资产EUAf和EUAs,方差分别为2.927和3.21。相对较大的方差表明资产收益序列离散程度较大,市场风险较高。③ 从偏度来看,除USDX外,所有资产的偏度为负,表示收益率分部呈现明显的左偏现象,意味着碳金融资产及其定价因子左侧存在"离群值"现象,即分布左侧出现较长的拖尾,偏度值小于零。④ 从峰度来看,所有资产的峰度值均大于正态分布的峰值,表明相比正态分布而言,资产收益分布的峰度较高,即其呈明显的尖峰厚尾特征,收益率中存在低频度的极端值或异常值的可能性较大,这也表示这种资产收益受到极端事件冲击的可能性较大。⑤ 基于ADF单位根检验的结果发现,所有资产收益分布均在1%的水平下显著,表明资产收益序列拒绝服从标准正态分布的原假设,这与图4.2(见159页彩图)中各资产收益的*Q-Q*图结论一致。

表4.2　样本描述性统计

	EUAf	EUAs	DJIA	EURUSD	USDX	Coal	Oil	Gas	Electricity
均值	−0.005	−0.002	0.027	−0.011	0.01	−0.021	−0.035	−0.036	0.001
方差	2.927	3.21	1.368	0.563	0.467	1.286	2.066	4.214	1.45
偏度	−0.322	−0.949	−1.301	−0.104	0.12	−1.451	−0.909	−0.301	−1.004
峰度	21.795	20.372	276.395	4.781	4.618	39.644	18.552	62.883	16.714
ADF	−19.49***	−19.3***	−23.8***	−20.1***	−20.1***	−26.4***	−19.34***	−20.8***	−20.8***

注:***表示1%水平的统计显著性。

4.1.2.2　样本数据预处理

由于本研究将碳金融资产高阶矩属性的风险传染界定为除宏观经济或基本面因素之外,纯粹由投资者非理性行为或极端事件冲击因素所导致的变化关系,这就使得样本的收益率是一个充满交易噪音、包含交易心理和行为信息的变量。为解决这一问题,本研究基于 Forbes 等[5]的研究思路,将碳金融资产及其定价因子构成的组合序列进行自回归检验,使用向量自回归模型拟合原始收益序列,控制基本面因素的影响,使用残差作为风险传染测度的研究对象,即

$$Z_t = \boldsymbol{\omega}(L)Z_t + \boldsymbol{\varepsilon}_t \tag{4.1}$$

其中,$Z_t = \{R_{it}, R_{jt}\}$表示碳金融市场波动状态转化下传染源市场和被传染市场组合收益序列;$\boldsymbol{\varepsilon}_t$ 为参差序列;$\boldsymbol{\omega}(L)$为遗传算子向量,根据 AIC 和 BIC 准则确定方差收益序列的最优滞后阶数。

4.2 碳金融资产高阶矩属性风险传染的测度与分析

4.2.1 碳金融市场波动趋势分析

为挖掘不同市场波动状态碳金融市场及其定价因子间的高阶矩属性风险传染途径和作用机理,本节使用马尔科夫状态转换模型对碳金融市场波动状态和趋势进行划分。

1. 波动状态模型的选择

为划分符合碳金融资产价格波动特征的市场状态,避免依据人为经验设定状态参数带来的主观性,本研究将不同波动状态模型下形成的模型参数进行比较。根据最优模型 AIC 和 BIC 最小化原则,研究发现在标准分布下具有三状态三阶滞后自回归的 MS(3)-AR(3)模型性能显著优于其他状态模型(表 4.3),适合对碳金融市场的波动特征进行状态划分。

表 4.3 碳金融资产市场波动状态转换模型的参数估计

波动状态模型	误差分布	参数个数	似然值	AIC	BIC
MS(2)-AR(3)	T	16	6 477.499 2	−12 922.998 4	−12 899.926 25
	N	14	6 379.854 9	−12 731.709 8	−12 711.521 67

续表

波动状态模型	误差分布	参数个数	似然值	AIC	BIC
MS(2)-AR(4)	*T*	18	6 375.577 4	−12 715.154 8	−12 689.198 64
	N	16	6 380.179 6	−12 728.359 2	−12 705.287 05
MS(3)-AR(3)	*T*	27	6 487.983 9	−12 921.967 8	−12 883.033 55
	N	**24**	**6 517.182 6**	**−12 986.365 2**	**−12 951.756 98**
MS(3)-AR(4)	*T*	30	6 488.385 5	−12 916.771	−12 873.510 73
	N	27	6 517.782 2	−12 981.564 4	−12 942.630 15
MS(4)-AR(3)	*T*	40	6 518.215 4	−12 956.430 8	−12 898.750 43
	N	36	6 465.135 6	−12 858.271 2	−12 806.358 87
MS(4)-AR(4)	*T*	44	6 510.205 9	−12 932.411 8	−12 868.963 4
	N	40	6 526.362 9	−12 972.725 8	−12 915.045 43

注:加粗的字体表示根据 AIC 和 BIC 最小化原则确定的最优状态转换模型参数。

2. 波动状态的确定和趋势划分

使用 MS(3)-AR(3)状态转换模型得到碳金融资产的市场波动状态转移参数估计结果,见表 4.4,我们发现三种状态的波动值分别为 1.17%,6.94%以及 2.39%,根据波动值的相对大小,本研究将其分别界定为市场稳定、高波动以及低波动状态。其中三种状态对应的平滑概率曲线如图 4.3 所示(见 159 页彩图)。对各状态波动值进行分析发现,高波动状态的波动值相当于市场低波动的 3 倍,波动稳定的 6 倍,低波动状态的波动值也相当于稳定状态的 2 倍。由此可知,碳金融市场不同波动状态间的波动值差异较大,系统性风险对收益冲击程度也会随着波动幅度的变化形成巨大差异。

表 4.4　碳金融资产市场波动状态转移参数估计

状态	波动值(%)	状态描述	转换概率	持续时间(交易日)	标准差	*P* 值
状态 1	1.17***	波动稳定	0.99	74.98	0.000 3	0
状态 2	6.94***	高波动	0.88	8.11	0.002 9	0
状态 3	2.39***	低波动	0.97	39.01	0.000 4	0

注:本表基于 MS(3)-AR(3)计算波动状态转移参数,*** 表示 1%的统计显著性。

为进一步捕捉不同市场状态间因较大风险差异而形成的碳金融资产及其定价因子间的风险传染关系，本研究将市场波动趋势划分为波动快速变化和波动缓慢变化两种趋势。其中，波动快速变化分为波动快速上升（波动稳定状态对高波动状态的影响）和快速下降（高波动状态对波动稳定状态的影响）两种趋势；波动缓慢变化分为波动缓慢上升（波动稳定状态对低波动状态的影响）和缓慢下降（低波动状态对波动稳定状态的影响）两种趋势。图 4.4、图 4.5 和图 4.6（见 160～161 页彩图）分别展示了不同市场波动程度下，碳金融资产与同质市场、资本市场和能源市场产品标准价格趋势。通过图形发现，不管波动状态如何变化，碳金融资产与同质产品市场价格趋势基本一致，可能的原因是碳金融资产及其同质产品具有相同的交易标的资产（EUAf 和 EUAs 交易标的均为碳配额，区别是交易合约差异），其价格驱动机制较为相似，并且期货产品对现货产品具有较强的价格发现功能[104]。然而资本市场和能源市场价格趋势却呈现复杂变动关系，表明不同市场波动状态下碳金融资产与其定价因子会造成不同程度的风险传染效果。

4.2.2 基于波动趋势异质性的碳金融资产协高阶矩统计分析

协高阶矩统计量描述碳金融资产及其定价因子间的相对分布状态，揭示价格之间的影响和冲击关系。碳金融资产与其定价因子间的协偏度（Coskewness）是指两资产相对偏度大小的衡量，其中，Coskewness 12 表示碳金融资产收益相比定价因子的相对偏度，Coskewness 21 表示定价因子相比碳金融资产的相对偏度。Coskewness 12 大于 0，表示碳金融资产相对其定价因子具有右偏的分布，市场存在较大的获利空间；反之，协偏度小于 0，表明碳金融资产相对于定价因子具有左偏分布，市场下行的概率增加。协峰度（Cokurtosis）是指两资产相对峰度大小的衡量，其中，Cokurtosis 13 表示碳金融资产收益相比定价因子的相对峰度，Cokurtosis 31 表示定价因子相比碳金融资产的相对峰度。Cokurtosis 13 越大意味着碳金融资产的收益相比定价因子市场更容易受到极端事件的冲击，价格中存在更多的不确定性；反之，碳金融资产价格就相对平稳。

研究发现（表 4.5），在与同质产品的协高阶矩统计方面，随着市场波动状态由稳定到高波动状态的转变,风险的增加使碳金融资产与 EUAs 的协偏度系数逐渐降低,并且为负;而协峰度系数逐渐增加。这表明由碳金融资产与其同质产品均存在显著的非对称性,两项资产相对收益下降的概率大于上涨概率,并且会产生持续的非对称效应,面临不断增加的外部性事件冲击风险。这表明碳金融资产及其同质产品存在基于市场非对称和外部影响而导致的收益冲击关系。

表 4.5　碳金融资产与其定价因子协高阶矩基本统计量

	状态	EUAs	DJIX	EURUSD	USDX	Coal	Oil	Gas	Electricity
Coskewness 12	状态 1	0.115 0	−0.011 4	−0.003 7	−0.049 2	0.124 2	−0.037 3	0.512 9	0.055 9
	状态 3	−0.140 8	0.062 7	−0.057 8	−0.060 6	−0.082 2	−0.078 1	−0.141 0	−0.305 9
	状态 2	−0.657 0	−0.805 4	−0.164 7	−0.342 1	−0.973	−0.438 6	−0.176 6	−0.367 2
Coskewness 21	状态 1	0.110 8	0.085 4	−0.020 9	0.038 6	0.046 1	−0.045 4	0.007 9	−0.057 7
	状态 3	−0.084 3	−0.051 7	−0.042 2	0.046 8	−0.014 3	−0.040 2	−0.036 2	−0.057 3
	状态 2	−0.405 8	−0.026 3	−0.158 3	−0.103 1	0.014 1	−0.135 4	−0.032 4	−0.013 7
Cokurtosis 13	状态 1	1.924 8	−0.236	0.674 9	−0.812 7	0.068 7	0.600 4	3.371 8	0.462 9
	状态 3	2.010 0	−11.028 4	0.298 4	−0.530 3	0.490 7	1.166 7	0.239 1	0.520 2
	状态 2	4.902 7	6.809 5	0.361 8	−0.010 4	0.916 6	3.392 2	1.275 5	2.594 3
Cokurtosis 31	状态 1	1.603 9	0.008 7	0.482 7	−0.446 1	0.513 2	0.318 7	0.244 1	0.238 4
	状态 3	1.784 0	0.145 6	0.120 5	−0.210 3	0.162 6	0.285 0	0.373 0	0.352 1
	状态 2	3.420 9	0.451 3	1.187 7	1.100 0	0.112 9	0.577 7	0.590 9	0.436 7

注:状态 1 是波动稳定状态,状态 2 是高波动状态,状态 3 是低波动状态。

在与资本市场产品协高阶矩统计方面,由协偏度可知,随着市场波动程度的增加,碳金融资产与资本市场产品都存在不断增加的非对称性,市场收益以较大的概率逐渐下降。而基于协峰度系数,碳金融资产分别与 DJIA 和 USDX 的协峰度随着市场波动风险的增加,呈现不断上升的趋势,表示碳金融资产风险的增加会导致其与 DJIA 和 USDX 相对峰度的提高,遭受极端事件冲击的概率提高;而碳金融资产相对 EURUSD 协峰度的下降,表示随着风险的上升,两市场间并未引起市场峰度的上升,内在价格冲击关系较弱。

在与能源市场产品协高阶矩统计方面,随着市场波动的增加,碳金融资产和能源资产的收益均具有更大概率下降的非对称性,两资产存在相对偏度的内在价格冲击关系。在协峰度系数方面,随着风险的增加,碳金融资产相对石油和电力的峰度不断增加,遭遇外部事件冲击的可能性提高;碳金融资产相对煤炭收益的峰度更高,而煤炭收益相对碳金融资产峰度较低;相反,碳金融资产相对天然气收益的峰度较低。

上述协高阶矩统计量的分析,为研究高阶矩属性碳金融资产与其定价因子间的价格冲击和传染关系提供基本统计证据,为分析高阶矩属性的风险传染关系提供基础。

4.2.3 基于波动趋势异质性的碳金融资产高阶矩属性风险传染分析

碳金融市场波动状态的转化意味着碳价风险变化的快速切换。风险敞口的释放、获利机会的存在和隐藏在碳价波动背后的极端事件冲击等因素都会诱使投资者通过非完全理性交易行为开展跨市场的投资组合和资金配置,从而触发跨市场的高阶矩属性风险传染的发生。本研究将市场波动分为市场快速波动和缓慢波动两个趋势,分别分析快速波动和缓慢波动趋势的风险传染。进一步在不同波动趋势下,研究碳金融市场作为风险传染源市场和被传染市场与其定价因子间的高阶矩属性风险传染关系。

4.2.3.1 市场快速波动趋势下碳金融资产高阶矩属性风险传染分析

碳金融市场快速波动表示市场价格风险的剧烈变化,意味着投资者面临快速变化的市场形势,对规避市场风险等投资决策形成严峻的挑战。此时快速决策比如何决策更为重要,由于市场波动并未留给投资者足够的时间开展理性的市场分析和决策研究,因此在快速波动过程中,投资者交易动机的非理性特征较为明显。

研究发现,碳金融资产与其定价因子间不仅存在低阶矩属性的显著性风险传染关系,而且还存在高阶矩属性的显著性风险传染关系(表 4.6)。因此,仅用低阶矩的相关系数来判断风险传染的存在与否,并以此开展碳金融资产的定价研究可能会得到不准确的结论。

(1) 当碳金融市场快速波动时,无论碳金融市场是风险传染源还是被传染市场,碳金融资产与同质产品 EUAs 和石油资产之间不仅存在低阶矩属性,而且在所有的高阶矩属性渠道均存在显著的风险传染关系。可能的原因有:一方面,碳金融资产与其现货资产具有相似的价格波动趋势,期货资产对现货资产具有明显的价格发现和引导关系[104],特别是当碳金融资产价格波动下降和风险降低时，这种引导关系更加明确和突显，因此二者发生显著的风险传染关系；另一方面，碳金融资产的产生源于石油燃烧产生的碳排放权，二者价格存在天然的内在传递关系，无论是碳金融市场还是石油市场的非对称性和极端事件冲击等都会触发另一市场价格的显著性波动，导致低阶矩渠道和所有高阶矩渠道均发生显著性的风险传染关系。

(2) 碳金融资产仅在高阶矩渠道对DJIA存在显著性的风险传染关系，而DJIA对碳金融资产在高阶矩渠道和低阶矩渠道均存在风险传染关系；碳金融资产分别在CS_{12}和CS_{21}渠道对EURUSD发生风险传染，在CS_{12}、CS_{21}、CK_{13}以及CV_{22}高阶矩渠道对USDX资产发生风险传染；而EURUSD和USDX对碳金融资产则不存在任何阶矩属性的风险传染现象。可能的原因在于，DJIA作为具有影响力的股票市场，在一定程度上既反映宏观经济走势和经济增长趋势，也成为碳金融市场价格变化的重要指引，特别是股价指数中隐含的宏观经济事件，如极端事件或政策黑天鹅事件等都会通过高阶矩属性风险传染渠道传染到碳金融市场。相比于股票市场，汇率市场和美元指数等对碳金融资产价格的影响并不明显，尤其是当碳价波动快速下降和市场风险较低或是基本平稳时，市场价格本身所隐含的波动和极端冲击不足，很难再传递到碳金融资产，并形成高阶矩属性的风险传染关系。

表4.6　市场快速波动趋势下碳金融资产高阶矩属性风险传染

	碳同质市场	资本市场			能源市场			
	EUAs	DJIA	EURUSD	USDX	Coal	Oil	Gas	Electricity
Panel A：碳金融资产波动快速下降（状态2-状态1）								
Panel A-1：碳金融市场为风险传染源市场								
FR	2.85***	0.01	3.11	2.25	0.92	1.11**	0.08**	0.08*
CS_{12}	22.35***	19.88***	1.21	3.56***	6.1**	11.87***	24.78***	0.62
CS_{21}	7.21***	0.03***	1.92***	2.08***	0.25	0.44***	0.01	0.47***
CK_{13}	163.34***	10.95***	39.12	41.04	198.55***	289.92***	123.29	42.88***
CK_{31}	87.59***	19.22***	21.81***	18.1***	36.9	85.18***	40.68***	44.45***
CV_{22}	153.16***	3.51***	44.71	56.82**	0.03***	74.36***	12.99***	11.68***
Panel A-2：碳金融市场为被传染市场								
FR	2.67***	0.242**	0.042	0.002	0.003	0.118**	0.722**	0.125*
CS_{12}	7.223***	0.034***	2.342	2.54	0.283***	0.509***	0.009	0.439***

续表

	碳同质市场	资本市场			能源市场			
	EUAs	DJIA	EURUSD	USDX	Coal	Oil	Gas	Electricity
CS_{21}	22.403***	20.964***	1.478	4.33	6.971**	14.09***	28.03***	0.649
CK_{13}	86.727***	0.198***	14.98	16.7	0.091	6.78***	0.298***	1.869***
CK_{31}	162.29***	916.85***	4.178	2.567	83.38***	211.89***	384.68***	1.489***
CV_{22}	151.77***	0.127***	2.812	7.99	17.57***	22.36***	63.19***	0.892***
Panel B:碳金融资产波动快速上升(状态1-状态2)								
Panel B-1:碳金融市场为风险传染源市场								
FR	15.5***	0.09	0.62	0.59	0.34	1.51**	0.27**	0.16*
CS_{12}	37.5***	21.87***	1.48	4.33***	7.05**	14.53***	30.23***	0.69
CS_{21}	12.09***	0.04***	2.34***	2.53***	0.06	0.53***	0.01	0.53***
CK_{13}	387.49***	11.67***	4.86	3.61	0.29***	293.5***	294.11	45.49***
CS_{31}	222.49***	3.53***	16.24***	19.2***	0.44	14.32***	9.03***	46.31***
CV_{22}	279.01***	0.36***	3.18	8.25***	20.78***	23.94***	61.34***	41.18***
Panel B-2:碳金融市场为被传染市场								
FR	14.69***	0.05**	0.24	0.27	0.24	0.25**	0.01**	0.081*
CS_{12}	12.01***	0.03***	2.33	2.53	0.29***	0.52***	0.008	0.444***
CS_{21}	37.25***	21.6***	1.46	4.32	7.05**	14.29***	28.18***	0.657
CK_{13}	212.66***	0.67**	11.29	15.35	0.67	6.84***	2.899***	1.983***
CK_{31}	373.64***	980.64***	2.37	2.06	85.41***	212.42***	385.53***	1.588***
CV_{22}	274.13***	0.24***	3.05	8.14	20.78***	22.41***	63.81***	0.93***

注：***、**和*分别表示1%,5%和10%水平各风险传染渠道的统计显著性。

(3) 碳金融资产与能源市场产品在绝大多数高阶矩渠道均存在显著性的风险传染关系。在碳价波动快速下降过程中,碳金融资产与煤炭资产在渠道 CS_{12} 和 CV_{22} 与天然气资产在低阶矩渠道的 FR、高阶矩渠道的 CK_{31} 和 CV_{22},以及与电力资产在低阶矩渠道的 FR、高阶矩渠道的 CS_{12}、CK_{13}、CK_{31}、CV_{22} 都存在相互的显著性风险传染现象。

(4) 通过对比碳价波动快速上升和快速下降过程中显著性风险传染强度的差异,我们发现绝大多数风险快速上升趋势的风险传染强度高于风险快速下降趋势的强度。碳价的快速下降意味着碳金融市场或定价因子市场风险的快速降低以及风险触底形成的价格基本平稳，价格的稳定使得暂时不会因极端事件冲击触发价格剧烈波动，与较低的风险相匹配，此时碳金融资产与其定价因子间风险传染强度较低；而当碳价波动快速上升和碳价风险提高时，碳价或定价因子收益背后存在极端事件冲击或投资者非完全理性交易等驱动的碳价剧烈波动，因此碳价与其定价因子间极易触发高阶矩属性的风险传染关系，并且传染强度较大。

4.2.3.2 市场缓慢波动趋势下碳金融资产高阶矩属性风险传染分析

碳金融市场缓慢波动表示市场价格风险变化较为平缓，市场形势有利于投资者通过谨慎的市场分析做出更加有效的投资决策和风险规避策略。研究发现，市场波动缓慢趋势下，碳金融资产与其定价因子间不仅存在显著的低阶矩属性的风险传染关系，而且在绝大多数高阶矩渠道也存在风险传染现象。表明碳金融资产与其定价因子的冲击在低阶矩和高阶矩属性渠道都存在显著性的传染现象(表4.7)。

(1) 碳金融资产缓慢波动时，无论碳金融市场是风险传染源还是被传染市场，其与同质产品EUAs在低阶矩渠道和所有高阶矩渠道均存在显著的风险传染关系。由于碳金融资产与其现货资产具有相同的市场交易标的，仅存在交易合约规制的差异，因此其价格趋势和收益波动变化基本相似，特别是当市场波动变化平稳时，二者之间稳定的期货资产对现货资产引导关系更加明显。这一结论与市场快速波动趋势碳金融资产与同质现货产品间的风险传染基本一致。

(2) 作为被传染市场，碳金融资产受到来自股票市场DJIA所有高阶矩渠道的风险传染，而利率市场和美元指数市场仅存在低阶矩属性的传染，不发生高阶矩属性的风险传染。而当碳金融市场作为风险传染源时，其仅对部分高阶矩属性渠道发生风险传染关系，即对股票市场DJIA和美元指数在CS_{12}、CS_{13}、CV_{22}，对汇率市场EURUSD在CS_{13}、CV_{22}渠道存在高阶矩属性的风险传染。表明股票市场是资本市场中与碳金融市场关系最密切的市场，因为股票市场相比于其他利率、汇率市场更能反映宏观经济的波动趋势，是实体经济发展状况的重要指引，而碳金融资产价格是实体经济化石能源消耗所产生的碳排放权的市场价格，这种逻辑关系导致二者的价格冲击和风险传染更为明显。

上述结果也表明即使在市场波动缓慢和风险较低的发展趋势下，碳金融市场对股票市场的风险传染渠道数量小于股票市场对碳金融市场的风险传染渠道数量，即股票市场发生的极端事件冲击和非完全理性投资行为更容易对碳金融市场造成风险传染。可能的原因在于，相比碳金融市场而言，股票市场的市场效率较高，对价格风险和波动的消化吸收能力比较强，能够对源于碳金融市场的投资者非完全理性投资行为和极端事件冲击而导致的风险进行抵消和中和，因此股票市场对碳金融市场的风险传染渠道数量多于碳金融市场对股票市场的传染渠道。

表 4.7　市场缓慢波动趋势下碳金融资产高阶矩属性风险传染

	碳同质市场	资本市场			能源市场			
	EUAs	DJIA	EURUSD	USDX	Coal	Oil	Gas	Electricity
Panel A：碳金融资产波动缓慢下降(状态 3-状态 1)								
Panel A-1：碳金融市场为风险传染源市场								
FR	0.59***	0.02**	0.03**	0.41***	0.01***	0.02***	0.04***	0.09***
CS_{12}	7.24***	32.29***	1.01	0.03**	11.13	0.48***	128.44	5.15**
CS_{21}	3.71**	3.46	0.35	0.03	0.67	0.002	0.73	0.12
CK_{13}	14.27***	3.45***	11.34***	11.9***	17.26***	70.1***	1.39***	0.02***
CK_{31}	17.31**	9.07	11.62	14.54	2.54	15.17	8.39*	4.61
CV_{22}	18.79***	9.1***	1.28***	0.76*	0.04	14.08	117.36***	1.55**
Panel A-2：碳金融市场为被传染市场								
FR	0.288***	0.048**	0.043**	0.216***	0.084***	0.21***	0.193***	0.235***
CS_{12}	3.765**	4.203	0.393	0.035	0.705	0.001	0.762	0.124
CS_{21}	7.366***	44.58***	1.133	0.004	11.75	0.52***	134.82	5.292**
CK_{13}	15.49***	6.707***	2.429	0.795	1.922***	0.02***	0.002***	0.002***
CK_{31}	12.59***	214.4***	2.569	1.646	54.272***	23.9***	142.3***	5.241
CV_{22}	16.59***	3.386***	0.382	0.663	0.452	7.205	148.74***	1.415***
Panel B：碳金融资产波动缓慢上升(状态 1-状态 3)								
Panel B-1：碳金融市场为风险传染源市场								
FR	10.72***	0.09**	0.61**	0.61***	0.33***	0.47***	0.27***	0.15***
CS_{12}	10.25***	45.16***	1.12	0.03**	11.96	0.49***	135.63	5.52**
CS_{21}	5.24**	4.26	0.39	0.03	0.73	0.004	0.77	2.11
CK_{13}	30.88***	2.21***	0.21***	11.16***	43.59***	72.5***	1.64***	0.91***

续表

	碳同质市场	资本市场			能源市场			
	EUAs	DJIA	EURUSD	USDX	Coal	Oil	Gas	Electricity
CK_{31}	36.36***	5.43	0.05	0.63	0.36	2.99	8.91*	2.001
CV_{22}	21.97***	9.83***	1.51***	0.74*	0.39	8.35	145.3***	1.99**
Panel B-2:碳金融市场为被传染市场								
FR	9.855***	0.087**	0.474***	0.547***	0.282***	0.37***	0.203***	0.115***
CS_{12}	5.026***	4.257	0.389	0.034	0.708	0.002	0.763	0.124
CS_{21}	10.19***	45.15***	1.12	0.004	11.807	0.52***	135.04	5.315**
CK_{13}	30.55***	4.644***	1.313	0.425	2.312***	0.02***	0.002***	0.015***
CS_{31}	25.56***	227.7***	1.416	1.083	56.587***	23.8***	146.3***	4.928
CV_{22}	19.3***	3.868***	0.231	0.523	0.513	7.199	148.24***	1.485***

注：***、**和*分别表示1%,5%和10%水平各风险传染渠道的统计显著性。

(3) 市场缓慢波动阶段,能源市场与碳金融市场的风险传染在不同传染源下的传染渠道基本相同。其中,煤炭市场在FR、CK_{13}、CK_{31}渠道对碳金融资产发生风险传染现象;而碳金融资产在FR、CK_{13}渠道对煤炭市场发生风险传染。石油市场在FR、CS_{21}、CK_{31}和CV_{22}等渠道对碳金融市场发生风险传染;而碳金融市场在FR、CS_{21}、CK_{13}渠道对石油市场发生风险传染。天然气市场和电力市场分别与碳金融市场在FR、CK_{13}、CK_{31}和CV_{22}渠道,以及FR、CS_{21}、CK_{13}和CV_{22}渠道产生相互的风险传染。由于能源市场的产品消耗所造成的污染物排放是碳金融市场交易标的的基础,就能源结构而言,二者具有一定的替代作用,因此能源市场和碳金融市场发生的极端事件、能源和配额政策以及环境政策等都会对另一市场资产发生相似渠道的风险传染关系。

(4) 比较碳价波动缓慢上升和缓慢下降过程中的风险传染强度,风险缓慢上升趋势的风险传染强度普遍高于风险下降趋势的强度,这一结论与碳价快速波动趋势下的风险传染强度差异基本一致。碳价的缓慢下降表明碳金融资产或定价因子市场风险的缓慢降低,风险水平较低,市场价格中隐藏的极端事件冲击而导致收益剧烈波动的概率较低,因而风险传染强度较弱;而当碳价波动缓慢上升和碳价风险提高时,碳价风险和定价因子风险逐渐增强,其对应了较强的风险传染强度。

综合市场快速波动和缓慢波动趋势碳金融市场高阶矩属性的风险传染分析,本部分研究得到如下结论:① 碳金融资产与其定价因子中同质产品市场的

EUAs、资本市场的DJIA以及能源市场的Coal、Oil、Gas以及Electricity存在相互的风险传染现象。即碳金融资产与同质产品市场产品EUAs在FR、CS_{12}、CS_{21}、CK_{13}、CK_{31}、CV_{22}渠道，与资本市场的DJIA在CK_{13}、CV_{22}渠道，与能源市场中煤炭市场产品Coal在CK_{13}渠道，与石油市场产品Oil在FR、CK_{13}渠道，与天然气市场产品Gas在FR、CK_{31}、CV_{22}渠道，以及与电力市场产品Electricity在FR、CV_{22}渠道均存在显著性的双向风险传染关系（表4.8）。将这些与碳金融资产发生风险传染的产品和渠道，纳入到高阶矩属性碳金融资产多因子定价的理论框架中，从而形成测算本研究所提出的考虑高阶矩属性风险传染的碳金融资产定价框架的分析基础。② 市场快速波动趋势下的风险传染强度高于市场缓慢波动趋势，这一结论不仅符合碳金融资产价格波动的异质性特征，而且是对碳金融资产价格因波动异质性所导致的非对称性特征的刻画。

表4.8　碳金融资产高阶矩属性风险传染渠道

定价因子市场类型	交易产品	显著性风险传染渠道
碳同质产品市场	EUAs	FR、CS_{12}、CS_{21}、CK_{13}、CK_{31}、CV_{22}
资本市场	DJIA	CK_{13}、CV_{22}
能源市场	Coal	CK_{13}
	Oil	FR、CK_{13}
	Gas	FR、CK_{31}、CV_{22}
	Electricity	FR、CV_{22}

4.3　基于高阶矩属性风险传染Multi-LSTM模型的碳定价测度

4.3.1　考虑高阶矩属性风险传染的碳金融资产定价模型重构

根据第3章构建的考虑高阶矩属性风险传染的碳金融资产多因子定价模型，进一步将上一节碳金融资产高阶矩属性风险传染研究所识别出的风险传染关系纳入到定价框架之中，形成特定的金融资产定价研究具体框架模型，为使用 Multi-LSTM 模型拟合并预测碳金融资产收益提供基础。

因为碳金融资产分别与同质产品 EUAs、资本市场中的 DJIA 以及能源市场中的煤炭、石油、天然气和电力等存在显著的特定渠道的高阶矩属性风险传染关系，因此，碳金融资产定价框架具体设定为

$$
\begin{aligned}
R_{\text{Carbon},\text{Contagion}}(\sigma^2, S^3, K^4) &= \alpha\sigma^2_{m,(N=6),\text{Contagion}} + \beta S^3_{m,(N=6),\text{Contagion}} \\
&\quad + \gamma K^4_{m,(N=6),\text{Contagion}} + \eta_{i,(N=6)} \\
&= E\left\{\left[\sum_{i=1}^{N=6}\alpha_i(R_i-\mu_i)\right]^2\right\} \\
&\quad + E\left\{\left[\sum_{i=1}^{N=6}\beta_i(R_i-\mu_i)\right]^3\right\} \\
&\quad + E\left\{\left[\sum_{i=1}^{N=6}\gamma_i(R_i-\mu_i)\right]^4\right\} + \eta_{i,(N=6)}
\end{aligned}
\tag{4.2}
$$

其中，$R_{\text{Carbon},\text{Contagion}}(\sigma^2, S^3, K^4)$表示考虑风险传染关系的碳金融资产收益率；$\sigma^2_{m,(N=6),\text{Contagion}}$表示具有协方差风险传染关系的碳定价因子；$S^3_{m,(N=6),\text{Contagion}}$表示具有协偏度风险传染关系的碳定价因子项；$K^4_{m,(N=6),\text{Contagion}}$为存在协峰度风险传染关系的碳定价因子；$\eta_{i,(N=6)}$为定价偏差。各定价因子所表征的定价因子及其风险传染关系如下：

$$
\begin{aligned}
\sigma^2_{m,(N=6),\text{Contagion}} &= E\left\{\left[\sum_{i=1}^{N=6}\alpha_i(R_i-\mu_i)\right]^2\right\} \\
&= \alpha_1\sigma^2_{\text{EUAs}} + \alpha_2\sigma^2_{\text{DJIA}} + \alpha_3\sigma^2_{\text{Coal}} + \alpha_4\sigma^2_{\text{Oil}} + \alpha_5\sigma^2_{\text{Gas}} \\
&\quad + \alpha_6\sigma^2_{\text{Electricity}} + \alpha_7\sigma_{\text{EUAf}}\sigma_{\text{EUAs}} + \alpha_8\sigma_{\text{EUAf}}\sigma_{\text{Oil}} \\
&\quad + \alpha_9\sigma_{\text{EUAf}}\sigma_{\text{Gas}} + \alpha_{10}\sigma_{\text{EUAf}}\sigma_{\text{Electricity}}
\end{aligned}
\tag{4.3}
$$

$$
\begin{aligned}
S^3_{m,(N=6),\text{Contagion}} &= E\left\{\left[\sum_{i=1}^{N=6}\beta_i(R_i-\mu_i)\right]^3\right\} \\
&= \beta_1 S^3_{\text{EUAs}} + \beta_2 S^3_{\text{DJIA}} + \beta_3 S^3_{\text{Coal}} + \beta_4 S^3_{\text{Oil}} + \beta_5 S^3_{\text{Gas}} \\
&\quad + \beta_6 S^3_{\text{Electricity}} + \beta_7\sigma_{\text{EUAf}}\sigma^2_{\text{EUAs}} + \beta_8\sigma^2_{\text{EUAf}}\sigma_{\text{EUAf}}
\end{aligned}
\tag{4.4}
$$

$$
\begin{aligned}
K^4_{m,(N=6),\text{Contagion}} &= E\left\{\left[\sum_{i=1}^{N=6}\gamma_i(R_i-\mu_i)\right]^4\right\} \\
&= \gamma_1 K^4_{\text{EUAs}} + \gamma_2 K^4_{\text{DJIA}} + \gamma_3 K^4_{\text{Coal}} + \gamma_4 K^4_{\text{Oil}} + \gamma_5 K^4_{\text{Gas}} \\
&\quad + \gamma_6 K^4_{\text{Electricity}} + \gamma_7\sigma_{\text{EUAf}}\sigma^3_{\text{EUAs}} + \gamma_8\sigma^3_{\text{EUAf}}\sigma^1_{\text{EUAs}} \\
&\quad + \gamma_9\sigma^2_{\text{EUAf}}\sigma^2_{\text{EUAs}} + \gamma_{10}\sigma^1_{\text{EUAf}}\sigma^3_{\text{DJIA}} + \gamma_{11}\sigma^2_{\text{EUAf}}\sigma^2_{\text{DJIA}}
\end{aligned}
$$

$$+\gamma_{12}\sigma^{1}_{\text{EUAf}}\sigma^{3}_{\text{Coal}}+\gamma_{13}\sigma^{1}_{\text{EUAf}}\sigma^{3}_{\text{Oil}}+\gamma_{14}\sigma^{3}_{\text{EUAf}}\sigma^{1}_{\text{Gas}}$$
$$+\gamma_{15}\sigma^{2}_{\text{EUAf}}\sigma^{2}_{\text{Gas}}+\gamma_{16}\sigma^{2}_{\text{EUAf}}\sigma^{2}_{\text{Electricity}} \tag{4.5}$$

不考虑高阶矩属性风险传染关系的碳金融资产定价框架，即仅从低阶矩属性视角基于多因子的碳金融资产定价框架表示为

$$R_{\text{Carbon,Nocontagion}}=a_{1,\text{EUAs}}+a_{2,\text{DJIA}}+a_{3,\text{EURUSD}}+a_{4,\text{USDX}}$$
$$+a_{5,\text{Coal}}+a_{6,\text{Oil}}+a_{7,\text{Gas}}+a_{8,\text{Electricity}}+\eta \tag{4.6}$$

上式中，$R_{\text{Carbon,Nocontagion}}$表示不考虑高阶矩属性风险传染的碳金融资产收益；$\alpha_i$，$\beta_i$，$\gamma_i$，$a_i$ 表示各碳定价因子的冲击系数；EUAs、DJIA、EURUSD、USDX、Coal、Oil、Gas、Electricity 分别表示碳金融资产定价因子项。

4.3.2 基于 Multi-LSTM 模型的碳价拟合结构优化

基于确定的高阶矩属性风险传染定价框架以及模型输入和输出数据，本小节使用 Multi-LSTM 模型对碳价及其定价因子进行模型寻优和拟合。具体的数据操作是在 Python 3.5 基础上，通过在 64 位 Windows 10 系统上搭建 TensorFlow 运行环境而进行的程序运行处理。关于数据的处理，本小节在碳金融资产收益序列及其定价因子序列基础上，把时间序列前 70%的数据用于模型训练，后 30%的数据样本用于测试模型预测和拟合效果。

4.3.2.1 模型迭代次数的设定

迭代次数表示模型参数更新的次数，合适的迭代次数对神经网络的输出影响重大，通常将模型可接受的训练损失作为目标，最优的迭代次数即为达到该目标损失的模型训练次数。通过实验发现，基于高阶矩属性风险传染的碳金融资产定价框架能够在 2 000 次的迭代内接近较优的目标损失，即通过 2 000 次的参数更新和梯度调整，模型损失基本稳定，可实现模型结构的收敛。

如图 4.7 所示（见 161 页彩图），考虑高阶矩属性风险传染关系的碳金融资产定价框架（Pricing Framework 1）在 2 000 次迭代范围内具有更高效率和更短时间的模型收敛效果。相比之下，其他定价框架在 2 000 次内尚未有效收敛或是误差较大，从效率而言，尚需更多的时间进行学习和训练。因此，本研究的网络结构训练设定在 2 000 次迭代范围之内具有一定的合理性。

4.3.2.2　学习率的设定

机器学习的学习率决定优化器的模型参数更新速度和迭代收敛效果。选择传统的梯度下降算法采用的固定步长学习率可能导致模型训练无法有效逼近最优解,使得模型泛化能力较弱。本研究使用自适应矩估计 Adam 算法不仅能够根据数据矩属性维度差异更新模型参数,即对低频的参数作较大的更新,对高频的数据作较小的更新;而且通过矩属性的动量调整,确定参数更新的合理范围,根据动态学习率实现模型的优化,能够使模型具有更好的鲁棒性。

根据自适应矩估计 Adam 算法的基本公式,本研究基于试验方法完成超参数学习率的初设设定。初始超参数学习率 η 设定完毕,模型算法即可自行根据输入数据的矩属性维度差异确定动态调整的动量约束学习率,进而实现参数的动态调整和寻优。

根据前文确定的考虑高阶矩属性风险传染的碳金融资产定价框架,将输入的碳定价因子及其高阶矩属性风险传染项和输出数据碳价收益,代入到 LSTM 模型之中,并取学习率分别为 0.000 1,0.000 3,0.000 6,0.000 9,0.001,0.003,0.006,0.009,0.01,0.03,0.06,0.09,0.1,0.3,0.6,0.9 等进行试验,以监督训练过程中的平均损失函数为评价标准,则各学习率对应的平均损失如表 4.9 所示。结果显示,当自适应矩估计 Adam 算法初始超参数学习率为0.003 时,网络训练具有最小的平均损失为 0.009 394,即随着学习率的增加,平均损失逐步降低,并在学习率为 0.003 时降至最低点,而后随着学习率的增加,平均损失逐渐增加(图 4.8),因此本研究将初始学习率定为 0.003。进一步对不同学习率在既定迭代范围内的损失分析发现,当初始超参数学习率为 0.003 时,模型不仅能够有效地收敛到既定目标函数值,而且训练误差波动较低(图 4.9,见 162 页彩图)。

表 4.9　不同超参数学习率的平均损失

学习率	平均损失	学习率	平均损失
0.000 1	0.026 700	0.01	0.016 238
0.000 3	0.017 489	0.03	0.070 357
0.000 6	0.011 123	0.06	0.211 868

续表

学习率	平均损失	学习率	平均损失
0.000 9	0.010 417	0.09	0.278 134
0.001	0.010 020	0.1	0.290 746
0.003	**0.009 394**	0.3	0.346 438
0.006	0.011 658	0.6	0.631 671
0.009	0.013 763	0.9	1.012 052

注：加粗的字体表示最优学习率对应的平均损失。

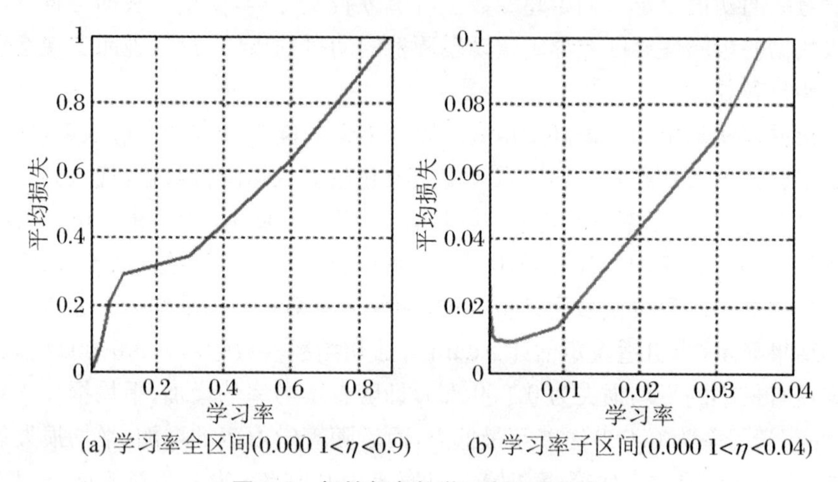

(a) 学习率全区间(0.000 1<η<0.9)　(b) 学习率子区间(0.000 1<η<0.04)

图 4.8　初始超参数学习率误差曲线

4.3.2.3　隐藏层的设计

隐藏层是在神经网络内部对输入层数据进行参数优化和特征学习的网络结构。通常而言，较多的隐藏层可以使整个网络的训练误差降低，但也会导致网络结构的复杂化和较多的待估参数，从而增加训练时间，甚至出现过拟合现象。而较少的隐藏层可能由于学习能力的有限使模型难以接近最优解。研究发现，两层隐藏层的神经网络已经能够满足多数问题的解决[199]。本研究基于实验的方法，根据前面确定的迭代次数和学习率，以及整个收益数据序列前75%的训练数据和后25%的模型测试数据划分，分别测算隐藏层数目为1，2，3，4，5，6时的模型绩效。研究发现，无论是对考虑高阶矩属性风险传染的碳金融资产定价框架，还是不考虑的定价框架，Multi-LSTM模型存在两个隐藏层的时候，即可实现最优的模型效果(图 4.10)。

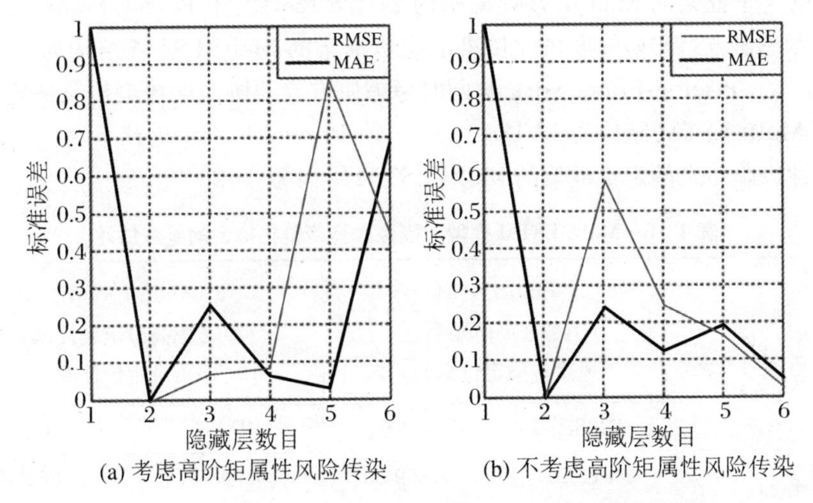

图 4.10　Multi-LSTM 模型拟合碳价的隐藏层节点标准误差

4.3.2.4　隐藏层神经元的设计

相比其他神经网络网而言，LSTM 是一个循环链式结构，即各隐藏层具有相似的网络结构和神经元节点。隐藏层神经元的作用是对输入数据进行学习和映射处理，与隐藏层数目的作用类似，较多的神经元可以提高网络的学习和泛化能力，但也可能会导致训练时间较长和过拟合现象的发生。本研究同样使用实验的方法，通过对比拟合误差选择最优的神经元。参考 Shen 等[38]的经验，分别测算神经元节点为 4，8，16，32，64，128，隐藏层分别为 1，2，3，4，5，6 的模型绩效。研究发现，当 Multi-LSTM 模型存在两个隐藏层，并且两层神经元节点为 128-128 时，模型具有最优的表现。研究结果发现，如表 4.10 所示，神经元结构为 128-128 前提下，考虑高阶矩属性碳金融资产定价框架的 RMSE 和 MAE 分别为 0.003 79 和 1.167 57；不考虑高阶矩属性风险传染的定价框架的 RMSE 和 MAE 分别为 0.010 72 和 1.845 73 均低于其他隐藏层和神经元结构的模型误差。

根据以上 Multi-LSTM 的结构优化过程，将不同定价框架的模型结构确定为：① Pricing Framework 1，考虑高阶矩属性风险传染的碳金融资产定价框架的 Multi-LSTM 结构为 34-128-128-1。其中，输入数据维度为 34，即碳金融资产定价因子及其高阶矩属性风险传染项；128-128 为隐藏层神经元；1 表示模型输出，即碳金融资产期货收益。② Pricing Framework 2,同时考虑协偏度和协峰度风险传染的定价框架的 Multi-LSTM 结构为 24-128-128-1。③ Pricing Framework 3,同时考虑协方差和协峰度风险传染的定价框架的 Multi-LSTM 结构为 26-128-128-1。④ Pricing Framework 4,同时考虑协方差和协偏度风险传染的定价框架的 Multi-LSTM 结构为 18-128-128-1。⑤ Pricing Framework 5,不考虑高阶矩属性风险传染的定价框架的 Multi-LSTM 结构为 8-128-128-1。

表 4.10 Multi-LSTM 模型对碳金融资产价格拟合的参数估计

隐藏层数	节点	Multi-LSTM（不考虑高阶矩属性风险传染定价框架）		Multi-LSTM（考虑高阶矩属性风险传染定价框架）	
		RMSE	MAE	RMSE	MAE
1	4	0.011 10	1.859 33	0.008 14	1.664 40
1	8	0.012 96	1.998 65	0.008 51	1.947 09
1	16	0.016 99	2.518 21	0.015 65	2.412 24
1	32	0.018 72	2.588 82	0.010 16	1.822 89
1	64	0.015 19	2.352 11	0.008 46	1.638 94
1	128	0.015 59	2.384 63	0.008 37	1.552 86
2	4	0.011 85	1.891 14	0.008 85	1.425 86
2	8	0.014 17	2.127 68	0.012 44	1.836 24
2	16	0.017 33	2.491 64	0.013 05	2.138 27
2	32	0.013 92	2.200 07	0.007 81	1.571 01
2	64	0.011 92	2.040 86	0.005 49	1.302 80
2	**128**	**0.010 72**	**1.845 73**	**0.003 79**	**1.167 57**
3	4	0.014 25	1.992 79	0.015 57	2.056 61
3	8	0.014 35	2.089 26	0.010 65	1.881 70
3	16	0.019 98	2.532 56	0.011 96	2.181 54
3	32	0.014 35	2.230 21	0.005 16	1.264 35

续表

隐藏层数	节点	Multi-LSTM（不考虑高阶矩属性风险传染定价框架）		Multi-LSTM（考虑高阶矩属性风险传染定价框架）	
		RMSE	MAE	RMSE	MAE
3	64	0.011 83	2.062 99	0.004 77	1.294 10
3	128	0.011 25	1.954 02	0.003 84	1.163 06
4	4	0.013 12	2.035 17	0.015 27	1.874 27
4	8	0.015 70	2.182 33	0.014 55	2.166 31
4	16	0.016 46	2.342 51	0.007 58	1.629 77
4	32	0.014 18	2.233 24	0.005 11	1.353 52
4	64	0.011 60	1.995 28	0.004 71	1.251 02
4	128	0.011 45	1.944 23	0.004 87	1.266 40
5	8	0.015 90	2.263 64	0.019 99	1.659 93
5	4	0.012 25	1.955 25	0.013 34	2.175 02
5	16	0.016 37	2.395 40	0.010 20	1.737 72
5	32	0.013 84	2.210 22	0.005 32	1.365 62
5	64	0.012 42	2.077 04	0.004 53	1.264 90
5	128	0.010 87	1.906 11	0.004 72	1.283 62
6	4	0.015 80	1.922 49	0.011 88	2.094 95
6	8	0.012 63	2.168 87	0.013 29	2.199 57
6	16	0.014 10	2.344 58	0.012 85	2.092 94
6	32	0.015 06	2.242 62	0.006 73	1.503 79
6	64	0.011 87	2.048 04	0.005 50	1.408 67
6	128	0.010 76	1.925 35	0.004 61	1.238 24

注：加粗的字体表示根据 RMSE 和 MAPE 最小化原则确定的最优隐藏层数和神经元节点。

4.3.3 基于 Multi-LSTM 模型的碳金融资产定价绩效分析

4.3.3.1 模型评价基准的选择

为说明本研究选择的 Multi-LSTM 模型在拟合和预测碳金融资产定价框架上的优势，本小节选择几种常用的机器学习分类器作为比较基准，在绩效测算时采用相同的神经网络结构，即相同的输入、输出以及隐藏层和神经元节点数目。

第一种是 BP 神经网络模型，它是一种具有误差反向传播算法的神经网络结构，具有非线性映射能力，本节以其为基准拟合碳价收益与其定价因子的非线性关系。

第二种是 GARCH-M 模型，GARCH-M 模型考虑波动率对收益均值的冲击关系，能够捕捉金融资产收益前两阶矩属性(均值和方差)的波动信息，在模拟碳价序列波动性方面具有优势。由于本研究将具有阶矩属性风险传染关系的高阶矩项视为具体的定价因子项，而非仅考虑收益率的矩属性，因此 GARCH-M 模型的收益和方差滞后项可用于捕捉具有风险传染关系的碳定价因子，该模型的选取具有公平比较的基础。

第三种是多层感知机模型，该模型是一种多隐含层的深层前馈神经网络结构，通过正向的监督学习训练网络结构，参数的优化可以提高碳价预测的非线性映射能力和预测精度。

第四种是循环神经网络，它是一种具有特殊记忆能力的链式循环神经网络，在学习过程中，网络会对之前的信息特征进行记忆并融合到隐藏层的计算中用于特征的提取。与一般的神经网络相比，其隐藏层节点不再是无连接而是存在连接的，这使得 RNN 在处理时间序列数据方面具有显著的优势。

第五种是门限递归神经网络，它是 RNN 模型的另一种改进结构。该模型由 Cho 等[200]于 2014 年提出，用于解决 RNN 在反向传播训练过程中的长记忆和梯度爆炸问题。相比于 LSTM 结构，GRU 模型将 LSTM 的门结构进行进一步整合与调整，即将遗忘门和输入门组合成更新门，并将数据单元状态和隐藏层进行合并，使得模型结构更为简单。

4.3.3.2　基于Multi-LSTM模型的碳金融资产收益预测分析

为检验本研究模型Multi-LSTM的预测效果，将其与上面基准模型的预测结果进行比较分析，检验结果如表4.11所示。

表4.11　基于Multi-LSTM及其基准模型的碳金融资产预测绩效

碳金融资产定价框架	模型评价标准	本研究模型	基准模型				
		Multi-LSTM	Multi-GRU	RNN	MLP	GARCH-M	BP
Pricing Framework 1	RMSE	**1.575 937**	1.692 591	2.991 915	3.613 847	2.509 918	2.529 726
	MAE	**1.110 055**	1.201 135	2.217 339	1.648 663	1.566 081	1.947 321
	MAPE	**0.780 131**	0.831 031	1.381 116	0.781 038	0.788 443	1.047 944
	DA	**0.899 848**	0.825 493	0.588 771	0.854 325	0.851 128	0.690 440
	CORR	**0.830 413**	0.799 844	0.090 922	0.179 494	0.520 019	0.512 274
Pricing Framework 2	RMSE	1.638 317	1.862 070	2.992 044	2.195 226	2.195 226	2.552 962
	MAE	1.114 158	1.290 837	2.217 427	1.494 836	1.494 836	1.968 867
	MAPE	0.894 211	1.065 679	1.381 776	0.896 332	0.886 332	0.955 459
	DA	0.823 976	0.819 423	0.587 253	0.855 842	0.849 624	0.597 876
	CORR	0.819 885	0.756 822	0.090 907	0.784 111	0.784 111	0.501 830
Pricing Framework 3	RMSE	2.812 110	3.042 140	2.991 851	3.754 776	2.413 822	2.931 925
	MAE	2.094 594	2.183 521	2.217 389	1.612 722	1.537 647	2.090 333
	MAPE	0.909 461	1.238 719	1.381 754	0.926 761	0.920 472	1.112 486
	DA	0.622 155	0.578 149	0.588 771	0.855 842	0.849 624	0.559 939
	CORR	0.308 055	−0.044 023	0.091 032	0.161 587	0.584 985	0.127 357
Pricing Framework 4	RMSE	1.561 754	1.766 484	2.991 857	2.065 070	2.065 070	2.642 971
	MAE	1.163 304	1.296 747	2.217 360	1.483 224	1.483 224	2.047 170
	MAPE	0.858 419	0.975 655	1.381 347	0.885 918	0.885 918	0.996 750
	DA	0.836 115	0.647 951	0.588 771	0.848 255	0.853 659	0.599 393
	CORR	0.829 674	0.794 931	0.091 011	0.927 049	0.927 049	0.462 562

续表

碳金融资产定价框架	模型评价标准	本研究模型			基准模型		
		Multi-LSTM	Multi-GRU	RNN	MLP	GARCH-M	BP
Pricing Framework 5	RMSE	2.486 256	2.764 845	2.992 329	4.994 515	4.994 515	2.594 552
	MAE	1.651 139	2.015 294	2.217 808	2.465 358	2.465 358	1.887 488
	MAPE	1.116 042	1.418 718	1.384 504	1.678 233	1.678 233	1.494 619
	DA	0.849 624	0.705 615	0.580 451	0.731 411	0.731 411	0.762 763
	CORR	0.532 706	0.318 602	0.091 070	0.049 504	0.049 504	0.410 712

注:加粗的字体表示根据模型评价标准确定的最优的拟合模型。

(1) Pricing Framework 1 的模型预测结果显示,相比基准模型而言,Multi-LSTM 模型对于拟合和预测考虑高阶矩属性风险传染的碳金融资产定价框架在所有的评价指标中均具有显著的优势。在误差类指标上,Multi-LSTM 模型的 RMSE、MAE、MAPE 分别为 1.575 937,1.110 055,0.780 131,分别低于 Multi-GRU、RNN、MLP、GARCH-M 以及 BP 基准模型的误差评价效果,表明 Multi-LSTM 模型的拟合能力具有较好的鲁棒性和稳定性。在市场预期指标上,Multi-LSTM 模型的 DA 和 CORR 分别为 0.899 848 和 0.830 413,高于其他基准模型的相应标准,表明 Multi-LSTM 模型对考虑高阶矩属性风险传染的碳金融资产收益的预测效果比较符合投资者的市场心理预期,模型预测收益与真实收益具有较强的相关性,该模型能够为投资者研判市场行情、制定投资策略提供技术支撑。相比之下,MLP 模型的 RMSE 值为 3.613 847,RNN 模型的 MAE 和 MAPE 分别为 2.217 339 和 1.381 116,在所有预测模型中误差最大;RNN 模型的 DA 和 CORR 最小,分别为 0.588 771 和 0.090 922,表明 MLP 和 RNN 模型对考虑高阶矩属性风险传染的碳金融资产收益预测效果较差,特别是 RNN 模型的预测能力无法符合投资者的碳价收益预期。通过比较 Multi-LSTM 模型及其基准模型对考虑高阶矩属性风险传染的定价框架的预测误差发现(图 4.11 和图 4.12,见彩图 163 页),Multi-LSTM 模型的预测效果具有比较稳定的误差波动,而其他模型,特别是 MLP 和 BP 模型的误差波动幅度较大,表明这两个模型的稳定性和鲁棒性不足。

(2) Pricing Framework 5 的模型预测结果显示,相比于基准模型,Multi-LSTM 模型对于拟合和预测不考虑高阶矩属性风险传染的碳金融资产定价框架，即对于低阶矩属性的 APT 多因子定价模型的预测，在所有的评价指标中均具有显著的优势。Multi-LSTM 模型的误差类指标 RMSE、MAE、MAPE 分别为 2.486 256，1.651 139，1.116 042，低于其他基准的相应指标；市场类指标 DA 和 CORR 分别为 0.849 624 和 0.532 706，也都高于其他基准指标的绩效；另外，根据不同模型的 MAE 和 MAPE 曲线发现，Multi-LSTM 模型的误差曲线波动较为稳定，浮动较小，说明对于低阶矩属性的碳金融资产定价框架，即不考虑高阶矩风险传染的碳金融资产定价框架而言，Multi-LSTM 模型也具有相对较优的预测准确度和稳定性，有助于投资者进行投资分析和市场前景预判。

(3) 对于其他的定价框架，Multi-LSTM 模型的拟合能力的优势并不明显。如 Pricing Framework 2 的模型预测结果显示，Multi-LSTM 模型对于拟合和预测考虑协偏度和协峰度风险传染的碳金融资产定价框架，在误差类指标 RMSE 和 MAE，以及市场类指标 CORR 上具有较强的优势。而 GARCH-M 模型和 MLP 模型分别在 MAPE 指标和 DA 指标上具有相对优势，这表明相比于高阶矩属性风险传染的定价框架 Pricing Framework 1，Multi-LSTM 模型对预测考虑协偏度和协峰度风险传染的碳金融资产定价框架的泛化能力下降。对 Pricing Framework 3 的模型预测结果显示，在考虑协方差和协峰度风险传染定价框架的拟合方面，Multi-LSTM 模型在所有指标上均不具备优势。对 Pricing Framework 4 的模型预测显示，考虑协方差和协偏度风险传染的碳金融资产定价框架拟合上，Multi-LSTM 模型的 RMSE、MAE、MAPE 分别为 1.561 754，1.163 304 和 0.858 419，为所有预测模型中最小值，而在市场类指标 DA 和 CORR 上则不具备优势。

(4) 通过比较所有定价框架的模型预测绩效，我们发现：首先，考虑高阶矩属性风险传染的碳金融资产定价框架的所有模型评价标准均优于其他定价框架。图 4.13～图 4.17(见 164～166 页彩图)显示了各种定价框架，即定价框架 Pricing Framework 1～5 的 Multi-LSTM 模型及其基准模型的预测收益与真实收益的拟合图，图中均显示考虑高阶矩的定价框架的预测曲线和真实值的趋势基本一致，误差偏度较小，模型优势得以证明。其次，Multi-LSTM 模型在拟合和预测考虑高阶矩属性碳金融资产定价框架上显著优于其他的基准模型。一方面，这表明融合碳价及其定价因子间高阶矩属性风险传染关系的定价框架，能够对碳金融资产收益进行更加准确的解释；也进一步证明了碳金融资产收益不仅受到低阶矩属性定价因子的影响，而且在现有研究中，被学者忽略的碳金融资产及其定价因子间因信息不对称和极端事件冲击而导致的高阶矩属性风险传染关系也是碳金融资产收益的重要解释因素，能够为投资者、商业银行和减排企业等机构研判市场行情、预测收益走势以及制定风险管理等决策提供支撑。另一方面，也证明将高阶矩属性风险传染理论融合到碳金融资产定价多因子定价框架中，在理论创新背景下，开展基于高阶矩属性风险传染的碳金融资产定价研究能够提高碳金融资产收益信息的识别和解释能力，提高价格信息的透明度和可捕捉性，在一定程度上有助于提升碳金融市场的效率水平。

4.3.3.3 基于不同期限的碳金融资产预测收益分析

Multi-LSTM 模型与其他基准模型相比最大优势在于其具有门结构特征，具有的长记忆功能的链式参数训练结构能够对时间序列数据，尤其是较长时期的时间序列数据进行拟合和特征抓取。因此，为证明 Multi-LSTM 模型在拟合碳金融资产定价框架上具有时间上的鲁棒性，本小节对设计的短期、中期和长期的碳金融资产收益进行预测绩效分析。其中，短期、中期和长期分别取碳金融资产及其定价因子收益序列最后的 4 个月、8 个月以及 12 个月的数据作为测试和预测集，其余数据作为参数训练集，模型的参数结构采用前面设定的最优网络结构。该部分考虑 Multi-LSTM 模型及其基准模型对考虑和不考虑高阶矩属性风险传染的碳金融资产定价框架 Pricing Framework 1 和 Pricing Framework 5 的模型预测效果。评价标准为均方根误差、均方误差以及平均绝对百分比误差，用于评估模型对定价框架预测精度和模型稳定性的衡量。

(1) 由不同期限碳金融资产收益预测结果我们发现(表 4.12)，相比于基准模型，无论是在短期、中期还是长期的碳金融资产收益预测上，Multi-LSTM 模型同时对考虑高阶矩属性风险传染的碳金融资产定价框架 Pricing Framework 1，以及不考虑高阶矩属性风险传染的定价框架 Pricing Framework 5 的所有模型误差指标均具有显著的优势。即在不同的期限上，Multi-LSTM 模型对 Pricing Framework 1 和 Pricing Framework 5 估计的误差指标 RMSE、MAE、MAPE 指标均显著低于其他基准模型的误差标准。即在模型稳定性指标上所有期限的 Multi-LSTM 模型预测误差波动幅度最小，鲁棒性更好(图 4.18～图 4.20，见 166～167 页彩图)。而 BP 模型预测绩效的所有期限下所有基准模型效果是最差的，表明该模型在碳金融资产收益时间序列数据预测上精度和模型稳定性最差。

表 4.12　基于不同期限的碳金融资产定价模型预测绩效

碳金融资产定价框架	模型评价准则	本研究模型	基准模型				
		Multi-LSTM	Multi-GRU	RNN	MLP	GARCH-M	BP
短期预测绩效(4 个月)							
Pricing Framework 1	RMSE	1.804 855	2.009 707	3.590 839	2.539 657	2.160 474	16.952 68
	MAE	1.458 599	1.690 078	2.336 486	1.634 424	1.760 2	5.532 943
	MAPE	1.577 122	2.067 002	1.463 3	0.924 229	1.228 603	4.322 319
Pricing Framework 5	RMSE	1.451 217	1.871 103	3.587 139	2.363 612	1.656 215	16.952 68
	MAE	1.137 835	1.440 252	2.339 479	1.560 089	1.100 32	5.532 943
	MAPE	1.235 138	1.546 499	1.467 366	0.671 434	0.709 537	4.322 319
中期预测绩效(8 个月)							
Pricing Framework 1	RMSE	1.487 359	2.043 603	2.940 675	1.761 905	2.200 201	42.752 03
	MAE	1.204 297	1.738 024	2.027 73	1.315 567	1.760 065	9.223 107
	MAPE	1.047 486	2.138 325	1.303 734	0.666 249	23.708 26	75.671 32
Pricing Framework 5	RMSE	1.743 744	1.539 651	2.938 369	1.947 587	1.320 722	5.826 262
	MAE	1.273 523	1.181 538	2.023 744	1.349 176	0.908 599	2.136 579
	MAPE	1.398 249	1.272 215	1.297 195	0.664 066	28.310 72	165.327 1
长期预测绩效(12 个月)							
Pricing Framework 1	RMSE	**1.343 231**	2.016 407	2.814 84	2.034 658	2.252 916	18.535 99
	MAE	**1.102 491**	1.719 558	2.045 258	1.380 705	1.783 15	4.392 249
	MAPE	**0.943 605**	2.201 119	1.365 679	0.784 907	6.465 349	16.659 69
Pricing Framework 5	RMSE	**1.681 665**	1.993 415	2.811 456	1.845 368	2.255 1	9.539 974
	MAE	**1.250 348**	1.487 774	2.044 003	1.345 488	1.883 864	3.082 476
	MAPE	**1.030 242**	1.454 235	1.364 09	0.676 406	6.087 352	10.342 95

注:加粗的字体表示根据模型评价标准确定的最优的拟合模型。

(2) 对不同定价框架估计的误差值差异分析发现,Multi-LSTM 模型及其基准模型对考虑高阶矩属性风险传染的碳金融资产定价框架 Pricing Framework 1 的预测效果,即对中期和长期的预测误差指标 RMSE、MAE、MAPE 均小于其他不考虑高阶矩属性的定价框架 Pricing Framework 5 的预测误差。表明随着样本预测期限的延长，特别是对期限超过 12 个月的较长时期预测上，考虑高阶矩属性风险传染的定价框架能对碳金融资产收益进行更好的拟合和预测。也证明了考虑市场非对称信息和极端冲击因素而导致的碳金融资产及其定价因子间的高阶矩属性风险传染关系，相比仅考虑低阶矩属性的多因子模型能对碳金融资产收益提供更准确的解释能力，该结论与前面基于 Multi-LSTM 模型的碳金融资产预测绩效分析中不考虑期限差异的结论完全一致。

(3) 基于不同期限定价框架估计的误差发现，对于 Pricing Framework 1 的模型预测绩效，随着期限由短期逐渐增加到长期，预测样本时间增加，各预测模型所有的预测误差均逐渐降低，表明模型精度和稳定性的提高。特别是 Multi-LSTM 模型，预测效果最好，即短期预测误差 RMSE、MAE、MAPE 分别为 1.804 855，1.458 599，1.577 122，中期预测误差 RMSE、MAE、MAPE 分别为 1.487 359，1.204 297，1.047 486，长期预测误差 RMSE、MAE、MAPE 分别为 1.343 231，1.102 491，0.943 605。Multi-LSTM 模型的预测准确性和稳定性随着预测时间的延长，逐渐得到优化，并且显著优于其他的基准模型，能够对 12 个月的滞后收益进行有效的预测。Multi-LSTM 模型的优势在于处理较长时间序列的数据拟合和预测，本研究结论对此提供了进一步的证据支撑。

而对于 Pricing Framework 5 的模型预测绩效，随着预测样本时间的增加，由短期到中期的过程中模型预测误差在逐步增加，模型精度和稳定性在降低；而由中期到长期的过程中预测误差却逐渐降低，模型的预测精度在提高。即对于不考虑高阶矩属性的定价框架而言，短期的预测效果最优，其次是长期，而中期的预测效果最差。特别是拟合效果最好的 Multi-LSTM 模型，短期预测误差 RMSE、MAE、MAPE 分别为 1.451 217，1.137 835，1.235 138，中期预测误差 RMSE、MAE、MAPE 分别为 1.743 744，1.273 523，1.398 249，长期预测误差 RMSE、MAE、MAPE 分别为 1.681 665，1.250 348，1.030 242。这表明 Multi-LSTM 模型对不考虑高阶矩属性的定价框架短期的预测效果最优。

4.4 本章小结

（1）碳金融资产及其定价因子间存在显著性风险传染关系，尤其是高阶矩属性的风险传染关系被认为是影响碳溢价波动的重要解释证据。

（2）碳金融资产的风险传染关系具有市场波动趋势差异。无论是市场波动快速变化还是缓慢变化，碳金融资产及其定价因子间除了低阶矩属性的风险传染关系之外，还普遍存在多种渠道的高阶矩属性风险传染关系，并且市场波动上升阶段的高阶矩属性风险传染程度普遍大于市场波动下降阶段的传染程度。

（3）考虑高阶矩属性风险传染关系的定价框架在解释碳资产风险溢价方面具有显著的优势，并且 Multi-LSTM 模型在拟合碳价及其定价因子间的非线性映射关系，融合矩属性维度差异的信息特征等方面具有较高的精度和模型稳定性。

第5章　考虑时变高阶矩属性的碳金融资产定价研究

本章聚焦分析碳价与其定价因子间具有时变高阶矩的动态冲击和映射路径，并基于深度学习方法研究碳金融资产溢价波动形成机制这一新兴领域的前沿性科学问题。在研究上，以新兴的中国碳金融市场为分析对象，厘清因市场非理性预期和政策事件等因素对碳金融资产收益的时变冲击关系，使用混合预测模型 NAGARCHSK-GRU 实现对中国区域碳减排市场收益预测和拟合。

5.1　研究问题

党的十九大报告明确提出要树立和践行“绿水青山就是金山银山”的理念，形成绿色发展方式，特别强调发展绿色金融，彰显以金融创新为手段促进经济增长方式转变和高质量发展的坚定决心。作为绿色金融的重要支撑载体，碳金融市场的发展在促进企业节能减排、实现低碳环保和高质量发展中发挥关键作用，而碳市场有效运行的核心在于建立完善的碳定价机制，以有效应对市场内外部的各种风险。特别是突如其来的新冠肺炎疫情，严重影响国内、国际经济正常运转，为此包括碳市场在内的金融市场增加了许多新的风险挑战。因此研究碳金融市场的定价机制及其影响路径具有较强的理论和实践意义。

加快碳排放权市场建设是我国引领全球气候治理、破解能源环境约束、实现社会经济提质增效的重要举措。在实践运行上，自 2011 年以来，国家发改委陆续在北京、天津、上海、重庆、湖北、广东及深圳 7 个省市试点区域进行碳市场建设。经过十余年的制度体系建设和市场运行,区域碳市场在配额分配、注册登记、交易结算以及管控范围等领域为全国统一碳交易市场的运行和上线交易提供了制度经验。尽管受到新冠疫情的影响,2020 年上半年各试点碳市场出现价格低迷和交易受挫现象,但是疫情后随着各省市加快推进碳核查报送工作,各试点市场的交易逐渐恢复活跃,碳价更是逆势而上。数据显示,2020 年我国上述 7 个省市试点碳市场配额成交总量为 7 525 万吨,总成交额 21.5 亿元。尽管成交量与 2019 年水平相比下降 17%,但是成交均价同比上涨 25%,总成交额增加 3%。在政策推进上,2020 年 9 月,习近平总书记在第七十五届联合国大会上宣布:"中国将提高国家自主贡献力度,采取更加有力的政策和措施,二氧化碳排放力争于 2030 年前达到峰值,努力争取 2060 年前实现碳中和。"2020 年 12 月中央经济工作会议明确提出,要加快碳排放权交易市场建设。根据国家总体安排,2021 年 7 月,生态环境部正式启动全国统一碳排放权市场交易,以市场手段撬动减排降耗,实现经济结构绿色转型和高质量发展步入快速发展期。价格机制是碳金融市场核心,因此研究碳排放权市场化交易中的价格机制刻画和有效预测是推动碳市场减排作用发挥并实现碳达峰和碳中和的关键。

5.2 研究样本与基础统计分析

5.2.1 研究样本

相比于其他试点碳市场,我国湖北碳交易市场自 2014 年运行以来就已经成为全国交易规模最大的区域市场。数据显示,截至 2020 年底,我国湖北碳交易市场累计配额成交量为 3.56 亿吨,占全国的 50.8%;成交额为 83.51 亿元,占全国的 54.4%。其市场交易规模、引资规模、纳入企业参与度等市场指标均居全国首位。因此,本章选择我国湖北碳交易市场的碳交易产品成交均价作为研究样本,时间窗为 2014 年 4 月 28 日~2021 年 2 月 26 日,剔除非交易日数据共得到 1 607 个数据样本点,数据源于中国碳排放交易网。在深度学习数据处理上，将碳资产时间序列前70%的数据用于模型训练，后30%的数据用于模型预测和拟合。使用 R_t 表示碳金融资产的收益率：$R_t = 100 \times (\ln P_t - \ln P_{t-1})$。其中，$P_t$ 表示碳金融资产的市场价格，即EUAf连续期货合约的每日结算价。

图5.1(见168页彩图)显示了我国湖北碳交易产品的成交价格和日收益率波动。具体而言，碳资产具有正的平均收益，为0.012 6，偏度为−0.305 4，峰度为13.706 2(表5.1)，这说明碳资产收益具有明显的尖峰厚尾分布形态。负的偏度表示碳资产收益分布的均值左侧存在"离群值"现象，呈现较长的拖尾；而较高的峰度意味着资产收益方差的增加是由低频度的极端值或异常值大于或小于平均值而引发的。收益序列存在离群值的概率较大，离群数据取值的极端性较严重。JB-Stat统计量的显著性说明碳收益并不服从标准正态分布；LBQ统计量表示碳收益具有明显的长记忆性特征；ADF统计量的显著性表明碳收益序列是平稳的。这些证据进一步证明，研究碳金融资产定价问题不仅要从低阶矩视角分析收益均值和方差对碳价的影响，而且更高阶矩的偏度和峰度也是不容忽略的重要因素。

表5.1　研究变量设计

均值	标准差	偏度	峰度	ADF	JB-Stat	LBQ(10)	LBQ(20)
0.012 6	3.989 1	−0.305 4	13.706 2	−17.193***	7 695.01***	545.97***	579.81***

注：***表示1%水平的显著性。

5.2.2　碳金融资产时变高阶矩特征分析

本小节基于经典的波动率建模技术GARCH模型，建造时变高阶矩波动模型，用来刻画碳金融资产收益的时变高阶矩波动特征，并将常数模型的刻画效果作为对比。

研究结果(表5.2)显示：

(1) 常数和时变高阶矩模型的ARCH项和GARCH项都是显著的，表明碳金融资产收益具有明显的波动集聚特征，并且这种特征是由方差波动造成的，由条件偏度和条件峰度表示的来自市场非对称信息和极端因素也对碳金融资产造成收益冲击关系，形成波动集聚效应。

(2) 所有的波动杠杆系数 β_3 都为负，并且都是显著的，表明方差波动对碳金融资产收益冲击具有明显的非对称性，负向冲击的影响大于正向冲击。这一观点间接证明了碳金融资产具有一般性金融资产的金融属性和交易特征。

(3) 时变高阶矩模型中的峰度冲击系数 δ_2 均是显著的，并且模型 NAGARCHSK(1,1,1,1,1,1)的峰度系数(0.002 5)显著小于其他两个模型即 GARCH(1,1,0,0,1,1)和 NAGARCH(1,1,0,0,1,1)的系数(0.993 和 0.998 7)。这种情况表明，相比于仅考虑时变峰度冲击的 GARCH(1,1,0,0,1,1)和 NAGARCH(1,1,0,0,1,1)，NAGARCHSK(1,1,1,1,1,1)能够通过时变偏度和峰度方程有效识别市场非对称信息和极端冲击带来的波动集聚特征。即同时考虑偏度和峰度的碳金融资产收益冲击力量越来越明显，在模型整体非扩散收敛条件约束下，来自时变偏度冲击增强的同时时变峰度冲击系数 δ_2 下降。

表 5.2　碳金融资产价格波动特征的波动率模型参数估计

参数	常数高阶矩波动率模型			时变高阶矩波动率模型		
	GARCH(1,1)	TGARCH(1,1)	EGARCH(1,1)	GARCH (1,1,0,0,1,1)	NAGARCH (1,1,0,0,1,1)	**NAGARCHSK (1,1,1,1,1,1)**
ρ	−0.299(11.17)	−0.302(11.171)	−0.306(11.429)	0.133(1.359)	0.133 6(1.978)	**0.002 6(1.524)**
β_0	−0.001(2.604)	−0.003(2.214)	−0.001(2.094)	0.000 1(0.388)	0.000 1(3.412)	**0.000 1(2.344)**
β_1	0.492(11.172)	0.539(9.105)	0.636(16.451)	0.494(2.487)	0.494 8(7.412)	**0.090 1(2.522)**
β_2	0.464(19.453)	0.461(18.101)	0.754(69.898)	0.506(2.344)	0.505 1(7.664)	**0.759 5(2.196)**
β_3		−0.092(2.181)	−0.062(2.721)		−0.001 2(2.062)	**−0.046 1(3.039)**
γ_0						**0.232 4(2.039)**
γ_1						**0.000 1(0.241)**
γ_2						**0.034 2(2.614)**
δ_0				0.995(0.396)	0.958 7(1.435)	**0.998 4(0.068)**
δ_1				0.001(0.001)	0.000 8(0.005)	**0.021 5(0.004)**
δ_2				0.993(14.297)	0.998 7(23.837)	**0.002 5(2.449)**
极大似然值	3 241	3 242	3 245	4 457	4 458	**2 862**
R^2	0.036 1	0.035	0.035 5	0.050 4	0.050 4	**0.058 3**
调整 R^2	0.035 5	0.033 8	0.034 9	0.046	0.046	**0.052 1**

注：加粗字体表示最优的波动率模型拟合结果。括号内数据表示参数估计的 t 统计量。

（4）相比于常数高阶矩模型和其他时变高阶矩波动模型，NAGARCHSK模型的极大似然值最小，R^2 和调整 R^2 的系数最大，表明 NAGARCHSK 模型能有效解释并刻画碳资产收益遭受的市场风险、市场非对称信息冲击和极端外部的冲击路径，符合时变高阶矩属性波动率模型的建模要求。也说明碳资产的溢价波动解释，不仅要关注来自市场偏度和峰度的非对称信息和极端冲击因素影响，而且还要把握高阶矩属性的时变波动特征，才能提高碳价预测的准确性。

5.3 基于时变高阶矩 NAGARCHSK-LSTM 模型的碳定价测度

本节使用 NAGARCHSK 模型在刻画时变高阶矩波动特征的优势，估计得到具有时变波动性的碳金融资产条件方差、条件偏度和条件峰度序列；进而通过构造多层机器学习模型 LSTM 实现对具有时变高阶矩波动的碳收益序列进行非线性网络映射和预测。

5.3.1 基于实验法的神经网络结构确定

输入单元、输出单元、隐藏层以及隐藏层神经元是深度学习神经网络结构的基本结构。NAGARCHSK-LSTM 神经网络模型的输入是 NAGARCHSK 模型估计出的具有时变波动特征的碳资产条件方差、条件偏度、条件峰度序列以及收益率的滞后收益项 AR，输出就是碳资产收益系列本身。

隐藏层是在神经网络内部对输入层数据进行参数优化和特征学习的网络结构。通常而言，较多的隐藏层可以使整个网络的训练误差降低，但也会导致网络结构的复杂化和较多的待估参数，从而增加训练时间，甚至出现过拟合现象。而较少的隐藏层可能由于学习能力的有限使模型难以接近最优解。研究发现，两层隐藏层的神经网络已经能够满足多数问题的解决[199]。隐藏层神经元的作用是对输入数据进行学习和映射处理，与隐藏层数目的作用类似，较多的神经元可以提高网络的学习和泛化能力，但也可能会导致训练时间较长和过拟合现象的发生。

本研究基于实验的方法，分别测算隐藏层数目为1，2，3，4，5，6，神经元节点为4，8，16，32，64，128时的模型效果。研究发现，当NAGARCHSK-LSTM模型存在两个隐藏层，且两层神经元节点数为4-4时（表5.3），模型的误差项评价标准RMSE、MAE的值分别为0.000 779、0.564 924，是整个实验样本的最小值。因此，本研究将NAGARCHSK-LSTM神经网络结构设计为4-4-4-1，以此作为碳价预测和误差分析的基础。

表5.3 基于实验逐步测算的NAGARCHSK-LSTM模型网络结构参数估计

隐藏层数	节点	RMSE	MAE	隐藏层数	节点	RMSE	MAE
1	4	0.001 136	2.185 716	4	4	0.001 368	1.911 861
	8	0.001 238	3.020 468		8	0.000 788	0.763 030
	16	0.001 117	2.592 733		16	0.001 086	1.832 533
	32	0.001 536	4.440 954		32	0.000 837	1.679 134
	64	0.001 437	4.364 025		64	0.001 014	2.035 092
	128	0.002 378	3.330 553		128	0.001 003	1.912 748
2	4	**0.000 779**	**0.564 924**	5	4	0.001 402	0.735 412
	8	0.001 033	1.478 912		8	0.001 101	1.843 840
	16	0.001 000	1.678 604		16	0.000 873	1.551 837
	32	0.001 054	2.861 772		32	0.000 782	1.282 756
	64	0.001 139	3.056 101		64	0.000 926	1.915 806
	128	0.001 214	4.157 463		128	0.000 911	1.626 585
3	4	0.001 206	1.181 010	6	4	0.000 989	1.198 157
	8	0.001 559	1.630 040		8	0.000 941	1.019 136
	16	0.000 949	1.654 749		16	0.000 800	1.293 207
	32	0.000 951	2.611 008		32	0.000 848	1.139 044
	64	0.001 134	3.127 309		64	0.000 933	1.124 102
	128	0.001 097	3.016 233		128	0.000 853	1.312 499

注：加粗字体表示根据模型评价标准确定的最优拟合结果。

5.3.2　基于 NAGARCHSK-LSTM 模型的碳金融资产收益预测分析

为检验本研究模型 NAGARCHSK-LSTM 的预测效果，本节将其与上文基准评价模型的预测结果进行比较分析，检验结果如表 5.4 所示。

(1) 对于考虑时变高阶矩波动特征的碳价预测模型，本研究提出的 NAGARCHSK-LSTM 相比其他基准模型在所有的误差类指标和收益类指标上具有显著优势。

在误差类指标上，NAGARCHSK-LSTM 模型的 RMSE、MAE、MAPE 分别为 0.012 578，0.002 766 和 0.315 809，显著低于 NAGARCHSK-GRU、NAGARCHSK-GBR、NAGARCHSK-MLP、NAGARCHSK-EFR 和 NAGARCHSK-BP 等基准模型的误差评价效果，表明 NAGARCHSK-LSTM 模型对于拟合和映射考虑时变高阶矩波动特征的碳价序列具有较好的鲁棒性和稳定性。在市场预期指标上，NAGARCHSK-LSTM 模型的 DA 为 0.976 000，与基准模型 NAGARCHSK-GRU 的 0.978 000 差别较小，并且明显高于 NAGARCHSK-GBR 模型的 0.768 924，NAGARCHSK-MLP 模型和 NAGARCHSK-EFR 模型的 0.778 884 以及 NAGARCHSK-BP 模型的 0.770 297。这表明，本研究提出的 NAGARCHSK-LSTM 模型对碳资产收益的预测能力和预测效果比较符合投资者的市场心理预期，模型预测收益与真实收益具有较强的方向一致性，进一步说明该模型能够为投资者研判市场行情、制定投资策略提供技术支撑。相比之下，NAGARCHSK-MLP 模型的误差类指标为所有模型中预测效果最差的，即 RMSE、MAE 以及 MAPE 值分别 1.255 749，0.785 653 和 26.461 265，NAGARCHSK-GBR 模型的市场预期指标最差，DA 值为 0.768 924。图 5.2(见 168 页彩图)显示 NAGARCHSK-MLP 模型和 NAGARCHSK-GBR 模型的拟合差异较为明显，表明这两个模型的市场预测效果难以符合投资者的碳价收益预期，模型的稳定性和鲁棒性不足。

表 5.4　基于 NAGARCHSK-LSTM 模型的中国碳金融资产价格预测

	本研究模型	基准模型				
	Panel A:考虑时变高阶矩属性波动特征的碳价预测模型					
	NAGARCHSK-LSTM	NAGARCHSK-GRU	NAGARCHSK-GBR	NAGARCHSK-MLP	NAGARCHSK-EFR	NAGARCHSK-BP
RMSE	**0.012 578**	0.012 792	1.208 009	1.255 749	1.202 820	0.064 257
MAE	**0.002 766**	0.003 003	0.777 403	0.785 653	0.776 103	0.034 628
MAPE	**0.315 809**	0.337 209	28.240 639	26.461 265	26.442 425	2.705 691
DA	**0.976 000**	0.978 000	0.768 924	0.778 884	0.778 884	0.770 297
	Panel B:不考虑时变高阶矩属性波动特征的碳价预测模型					
	LSTM	GRU	GBR	MLP	EFR	BP
RMSE	0.019 471	0.026 716	1.176 405	1.259 147	1.184 160	0.046 343
MAE	0.007 636	0.017 144	0.769 329	0.784 810	0.771 861	0.027 900
MAPE	1.674 638	4.744 742	28.093 736	26.643 079	26.441 960	2.199 122
DA	0.964 000	0.866 000	0.770 916	0.776 892	0.778 884	0.794 059

注:加粗字体表示根据模型评价标准确定的最优拟合结果。

(2) 对于不考虑时变高阶矩波动特征的碳价预测模型,具有两层网络结构的 LSTM 模型的所有误差类指标均最小,市场预期指标值最大。即 LSTM 模型的 RMSE、MAE、MAPE 分别为 0.019 471,0.007 636,1.674 638 ,DA 值为 0.964 000。这表明 LSTM 模型的预测性能较高,即使不考虑任何时变高阶矩特征,仅考虑条件均值和方差的条件下,LSTM 模型依然具有较强的预测精度和稳健性,模型的市场预测表现较好地符合投资者的心理预期,能够满足投资者进行市场投资决策的需要。如图 5.3 所示(见 169 页彩图),相比其他基准模型的收益拟合效果,LSTM 模型的碳价预测值和真实值比较接近,偏差较小。

(3) 通过比较表 5.4 中 Panel A 和 Panel B 所有模型的预测效果发现,刻画时变高阶矩波动特征具有明显优势的 NAGARCHSK-LSTM 模型的所有误差类指标和市场预期指标的评价效果,均明显优于不考虑时变高阶矩波动的 LSTM 模型的效果。

这表明,考虑碳资产时变高阶矩波动特征的碳价预测模型能够对碳资产收益进行更加准确的解释。也进一步证明了碳融资产收益不仅受到低阶矩属性定价因子的影响，而且在现有研究中，被学者忽略的反映市场非对称信息和极端事件冲击的碳资产时变高阶矩属性信息也是碳资产收益的重要解释因素，据此作为定价因子进行价格预测能够为投资者、商业银行和减排企业等机构研判市场行情、预测收益走势以及开展风险管理等决策的制定提供支撑。

5.3.3 基于不同期限 NAGARCHSK-LSTM 模型的收益预测分析

为证明 NAGARCHSK-LSTM 模型在预测碳资产价格上具有时间上的鲁棒性，本小节对长期、中期和短期的碳资产收益进行预测效果分析。其中，长期、中期和短期分别取碳资产收益序列的最后 300 个交易日、200 个交易日以及 100 个交易日序列数据作为测试集，其余数据作为参数训练集，模型的参数结构采用前面设定的最优网络结构。

(1) 由不同期限碳资产收益预测结果发现(表 5.5)，相比于基准模型，无论是在长期、中期还是短期的碳资产收益预测上，NAGARCHSK-LSTM 模型在所有模型误差指标上具有显著的优势，显著低于其他基准模型的误差标准，预测误差波动幅度最小，鲁棒性更好(图 5.4～图 5.6，见 169～170 页彩图)。

(2) 随着预测期限由短期逐渐增加到长期，预测样本时间增加，各预测模型所有的预测误差均逐渐降低，表明模型精度和稳定性的提高。特别是 NAGARCHSK-LSTM 模型的预测误差值最小，预测效果最好。即短期预测误差 RMSE、MAE、MAPE 分别为 0.017 18，0.012 836，1.488 288，中期预测误差 RMSE、MAE、MAPE 分别为 0.016 855，0.011 578，1.477 312，长期预测误差 RMSE、MAE、MAPE 分别为 0.012 119，0.004 409，0.902 823。这表明 NAGARCHSK-LSTM 模型的预测准确性和稳定性随着预测时间的延长，逐渐得到优化，并且显著优于其他的基准模型，其能够对较长时间序列(300 个连续交易日)的滞后收益进行有效的预测。LSTM 模型擅长处理较长时间序列的数据拟合和预测，本研究的结论对此提供了进一步的证据支撑。

表 5.5　基于期限差异的中国区域碳价预测鲁棒性效果

	本研究模型	基准模型				
	NAGARCHSK-LSTM	NAGARCHSK-GRU	NAGARCHSK-GBR	NAGARCHSK-MLP	NAGARCHSK-EFR	NAGARCHSK-BP
Panel A：长期预测结果(300 个交易日)						
RMSE	**0.012 119**	0.022 782	0.965 539	1.065 341	0.953 252	0.059 317
MAE	**0.004 409**	0.010 709	0.585 285	0.600 996	0.584 407	0.024 447
MAPE	**0.902 823**	2.185 163	24.991 447	24.815 918	25.134 057	1.431 930
Panel B：中期预测结果(200 个交易日)						
RMSE	0.016 855	0.022 100	0.711 059	0.713 781	0.712 922	0.025 041
MAE	0.011 578	0.018 257	0.437 401	0.439 830	0.439 299	0.015 892
MAPE	1.477 312	11.414 140	22.387 683	23.450 723	23.163 086	6.233 165
Panel C：短期预测结果(100 个交易日)						
RMSE	0.017 180	0.030 588	0.874 174	0.874 478	0.875 297	0.031 344
MAE	0.012 836	0.027 714	0.587 449	0.587 146	0.587 346	0.021 121
MAPE	1.488 288	15.211 038	24.190 382	24.172 370	23.866 883	5.291 822

注：加粗字体表示根据模型评价标准确定的最优拟合结果。

5.4　本 章 小 结

(1) 碳金融资产价格机制刻画与预测研究应该立足于碳价的专属特征。本章基于碳资产的市场非对称性、政策冲击敏感性强以及时变波动性等特征，构建考虑时变高阶矩波动的碳资产集成预测模型 NAGARCHSK-LSTM，揭示了市场非对称信息和极端因素对碳价的时变冲击关系，为碳溢价波动提供新的解释。

(2) 碳资产具有明显的时变高阶矩波动特征，NAGARCHSK 模型在刻画碳收益时变高阶矩特征上具有显著优势，能够解释碳价所呈现的波动集聚现象和溢价机制。

(3) 本研究所构建的碳资产集成预测模型 NAGARCHSK-LSTM 能够对碳收益进行较好的拟合和预测，特别是对较长时间序列(300 个交易日)的碳价预测效果表现出良好的稳定性和精准度。本研究为碳市场建设和监管机构、微观交易者以及减排实体等掌握碳市场运行特征、价格机制变化以及技术操作等提供参考。

第6章 研究结论与展望

6.1 研究结论

作为应对全球气候变化的市场化机制创新，碳金融市场的创建立足于国际社会履行减排责任的各项公约和协议，发展于各国推进碳金融市场运行的政策手段和保护措施。相比于其他金融市场，碳金融市场极易受到能源政策、减排配额信息、国际气候谈判和博弈以及资本市场领域金融危机等重大“黑天鹅事件”的冲击。而由于碳金融市场效率低下，市场上各种碳金融资产价格和收益并未反映所有的价值信息，在非完全理性投资者的交易推动下碳金融市场存在明显的市场非对称性。因此，碳金融资产定价研究必须将其易受市场非对称信息和极端事件冲击的特征纳入到定价框架之中。

而现有关于碳金融资产定价的研究，聚焦从收益率的低阶矩属性视角研究定价因子对碳金融资产收益的价格引导、价格信息传递和风险的波动溢出等，忽略从更高阶矩属性视角，即市场偏度和峰度出发，研究市场非对称信息和极端政策冲击等因素对碳金融资产收益的影响和溢价解释，缺乏碳价序列自身的时变性特征刻画，特别是条件高阶矩序列的时变性对碳价的冲击关系。事实上，碳价的无条件尾部特征和动态异方差性使得碳价呈现明显的时变波动性，这对预测碳价波动趋势非常重要。

随着全球金融网络的复杂化和全球资本流动的增强，碳金融市场与全球资本市场和能源市场等在发生收益和方差属性的信息传递和波动溢出关系的同时，也会产生因市场非对称信息和极端事件冲击而导致的、发生在偏度和峰度等高阶矩属性视角的风险传染现象。而基于高阶矩属性风险传染理论，这种高阶矩属性的风险传染关系能够从市场基本面之外为碳金融资产价格的溢价波动提供解释，即从市场非对称信息和极端事件冲击视角分析投资者预期行为的变化及其导致的碳金融资产溢价波动等。

因此，将碳金融资产及其定价因子间高阶矩属性风险传染关系融入到碳金融资产多因子定价框架之中，考虑符合碳金融资产市场非对称性、政策冲击敏感性强以及时变波动性等专属特征的碳溢价波动机理，研究考虑高阶矩属性风险传染的碳金融资产定价框架，不仅符合碳金融资产具备的市场非对称性和极端冲击敏感性等特征，而且还能为碳金融资产收益的溢价波动提供更有力的解释。

本研究的主要工作和研究结论总结如下：

1. 构建考虑高阶矩属性风险传染关系的碳金融资产多因子定价框架

(1) 将基于二元资产的高阶矩 CAPM 金融资产定价框架拓展至多因子，形成拓展高阶矩的碳金融资产多因子 APT 定价框架。该框架不仅刻画了碳定价因子各高阶矩项对碳金融资产收益的冲击，而且还反映了碳价及其定价因子间的协高阶矩关系对碳资产溢价的解释。

(2) 基于金融资产高阶矩属性风险传染理论，对多因子 APT 定价框架中碳价及其定价因子间的协高阶矩关系进行风险传染关系的检验和识别，研究波动异质性差异下的碳金融资产及其定价因子间风险传染关系和传染强度。根据高阶矩属性风险传染理论，即风险净传染理论，只有存在显著性高阶矩属性风险传染关系，才能对超越市场基本面之外的，纯粹由市场非理性协同运动和极端冲击所导致的价格变动提供有效的解释，而这一收益波动的解释视角恰好符合碳金融资产所具备的市场非对称信息和极端冲击敏感性等特征。

(3) 将经过高阶矩属性风险传染检验和筛选，具备相互风险传染关系的碳价及其定价因子反馈到拓展高阶矩的碳金融资产多因子 APT 定价框架之中，从而形成融合高阶矩属性多因子定价理论和高阶矩属性风险传染理论的定价框架，即考虑高阶矩属性风险传染关系的碳金融资产定价框架。该框架不仅考虑各定价因子高阶矩项对碳金融资产收益的影响，还将碳金融资产及其定价因子间因市场非对称信息和极端冲击等因素所导致的风险传染作为溢价解释因素，符合碳金融资产的价格波动特征。

2. 构建考虑波动趋势异质性的碳金融资产及其定价因子间的高阶矩属性风险传染关系检验的新方法

由于碳金融资产收益波动具有波动异质性和波动非对称性特征，本研究在碳金融资产收益快速波动趋势和缓慢波动趋势下，即快速波动上升和快速波动下降，缓慢波动上升和缓慢波动下降的趋势下，探究碳金融资产及其定价因子间的高阶矩属性风险传染关系。

研究发现：① 碳金融资产及其定价因子间不仅存在低阶矩属性的风险传染关系，而且还存在协偏度、协峰度以及协波动率等高阶矩属性渠道的风险传染关系。这表明，现有文献仅从低阶矩属性视角研究碳金融资产及其定价因子间信息传递和波动溢出，不足以揭示碳金融资产收益的决定机制。将碳金融资产及其定价因子间因市场非对称信息和极端事件冲击而导致的风险传染关系纳入到定价框架，能够提高定价框架对碳金融资产收益的解释能力。② 通过分析多数风险传染渠道的传染强度发现，在快速波动趋势下的风险传染强度大于缓慢波动趋势下的。快速波动对应碳金融资产风险的快速变化，风险处于快速上升和快速下降的趋势，意味着碳金融资产收益背后隐藏着非对称信息和极端事件冲击的可能性较大，碳金融资产收益的变化较大；而缓慢波动趋势表示收益波动较为平稳，碳金融资产收益趋势稳定。即不同风险波动趋势下的风险传染强度的差异，实质上反映了不同高阶矩属性风险传染与碳金融资产收益的对应关系。以上两点为筛选具有高阶矩属性风险传染关系的碳定价因子，并开展定价模型的拟合与预测提供了分析基础。

3. 基于机器学习模型的碳金融资产定价框架的拟合与预测

根据所识别的具有高阶矩属性风险传染关系的碳价及其定价因子，对所构建的碳金融资产定价框架进行重构，使用机器学习方法多层多变量长短期记忆神经网络对定价框架进行拟合。采用机器学习方法 Multi-LSTM 进行碳金融资产定价框架拟合的原因：一是构建的考虑高阶矩属性风险传染的碳金融资产定价框架具有参数多、输入变量存在阶矩属性维度差异和非线性网络结构等特征，需要借助机器学习方法进行深度特征的提取，提高模型拟合的效果；二是 Multi-LSTM 模型具有处理较长金融时间序列的优势，能够对较长时期的数据特征进行记忆，并学习到当前的网络结构中，具有预防梯度消失和梯度爆炸的优势，拟合和泛化能力较强。

研究发现，相比于不考虑高阶矩属性的碳金融资产定价框架，考虑高阶矩属性风险传染的定价框架能够对碳金融资产收益进行较好的拟合和预测，尤其是 Multi-LSTM 的模型绩效显著优于其他深度网络模型（Multi-GRU、RNN、MLP）、波动率模型（GARCH-M）、神经网络模型（BP）等回归分类器的。进一步对不同期限 Multi-LSTM 模型及其基准模型对碳金融资产定价框架的预测分析发现，Multi-LSTM 模型对所有定价框架的长期、中期和短期的数据拟合和预测均具有显著的优势。特别地，Multi-LSTM 模型对考虑高阶矩属性风险传染的碳金融资产定价框架的长期预测能力效果最好，而对短期和中期的预测效果较差，即对 12 个月的收益预测效果具有模型的稳定性和精准度。这一结论不仅进一步印证并支持 Multi-LSTM 模型具有拟合较长时期金融数据的能力和优势的结论；而且也证明了本书基于融合高阶矩属性多因子定价理论和高阶矩属性风险传染理论，所构建的考虑高阶矩属性风险传染关系的碳金融资产定价框架能够为碳价信息提供有力的解释。这进一步表明将碳价及其定价因子市场非对称信息和极端冲击而导致的高阶矩属性风险传染纳入到定价框架的合理性和有效性。

4．基于 NAGARCHSK-LSTM 模型的碳金融资产时变高阶矩溢价波动测度

现有碳资产定价研究，主要聚焦从收益率的低阶矩视角研究定价因子对碳收益的价格信息传递和风险的波动溢出等，忽略从更高阶矩属性视角，即从市场偏度和峰度出发，研究市场非对称信息和极端政策等因素对碳收益的时变冲击关系，缺乏时变高阶矩波动特征的碳溢价解释。为弥补现有研究的缺陷，本研究基于碳资产特有的市场非对称性、政策冲击敏感性强以及时变波动性等专属特征，构建考虑时变高阶矩波动的碳资产定价集成模型 NAGARCHSK-LSTM，研究市场非对称信息和极端因素对碳价的时变冲击关系，为碳溢价波动提供新的解释。

研究显示：① 碳资产具有明显的时变高阶矩波动特征，相比常数高阶矩波动率模型而言，时变高阶矩波动率模型能够通过时变方差、时变偏度和时变峰度方程揭示系统性风险、市场非对称信息以及极端因素对碳溢价的时变冲击关系。并且 NAGARCHSK 模型在刻画碳收益时变高阶矩特征上具有显著优势，能够解释碳价所呈现的波动集聚现象和溢价机制。② 考虑时变高阶矩波动特征的碳定价模型 NAGARCHSK-LSTM 能够对碳收益进行较好的拟合和预测，特别是对较长时间序列（300 个交易日）的碳价预测效果表现出良好的稳定性和精准度。该结论不仅印证并支持 LSTM 模型具有拟合较长时期金融数据的优势的结论，而且也证明本研究所构建的考虑时变高阶矩波动特征的碳价预测模型能够对碳价提供有力的解释，进一步表明将市场非对称信息和极端因素对碳价的时变冲击特征纳入到价格预测模型的合理性和有效性。

6.2 管理启示

在全球资本流动和碳金融资本跨市场配置的背景下，本研究考虑碳金融资产及其定价因子间的风险传染关系，即金融市场非对称信息和极端事件冲击而导致的发生在高阶矩属性的风险"净传染"关系，并聚焦高阶矩属性风险传染关系下的碳金融资产定价问题的解决。相关研究结论和创新对政府管理机构、市场平台机构和微观市场参与者等具有如下管理启示：

1. 完善碳金融市场风险监管机制，优化碳定价制度安排

完善相关的风险监管法律机制，监测碳金融市场风险传染关系，对碳金融市场管理机构管控市场风险、建立稳定的价格形成机制意义重大。建立完善的碳市场风险监管法律机制，厘清碳金融市场与全球资本市场和能源市场等发生的跨市场联动现象，建立稳定的市场风险传染监测机制，有助于跟踪监控全球减排资金的配置情况，降低碳市场本身的投资风险，在一定程度上促进碳金融市场抑制污染物排放作用的发挥，有助于碳市场管理机构掌握全球低碳资金的配置情况，为完善碳市场运行机制提供决策支持。

(1) 政府管理机构应构建完善的碳交易市场风险监管法律机制，加强对碳市场基本面价格和风险信息的实施掌控和风险动态分析，出台市场风险危机触发报警机制和危机应急处置机制。尤其是制定有效的碳金融市场风险实时监测机制，从制度上保障对突发性极端事件或政策性事件造成的动态风险传染过程进行实时监控、跟踪和应对等。

(2) 继续完善碳金融市场的准入和激励惩罚机制。有效推进涨跌幅限制、最大持仓量限制、大户报告制度、风险警示制度和风险准备金制度等的落实和管理创新，营造良好的碳交易市场制度和法规环境。

(3) 坚持碳金融资产定价的市场化本质，做好服务碳定价的制度安排。碳金融市场的建立具有政策依赖性和主导性，然而其具体的运作过程，特别是定价机制则要按照市场化机制开展。因此，围绕碳定价的政府服务措施，继续完善碳交易市场运行的制度规范，如加强配额分配制度、信息披露制度、报告审查制度、国家碳交易注册登记管理制度，以及核算、报告、核查制度等的创新和完善。政府健全的法律规制，将保障碳交易市场的有序推进，增强政府和企业对风险的监测、识别和管控能力，更好地服务于碳交易的开展和市场效率的提升。

2. 推进平台中介建设，服务碳交易市场效率提升

作为碳交易市场的服务中介和交易平台，碳交易所有责任和义务对碳交易资金流向、资金配置等进行实时掌控，动态把握影响和冲击碳交易市场运行的各种外部事件信息，如国家能源政策、环境政策、宏观经济运行等对碳金融市场资金配额的影响。碳交易平台建设的完善将直接促进市场效率的提升和交易机制的成熟。因此，在碳交易所层面，其要加强碳交易所风险监控的主体作用，推动各项风险监管制度的完善和落实，推动碳交易实时风险监控，促进市场效率的提升。

一方面，对碳交易会员注册登记、交易条件审查、交易完成，以及市场信息、异常情况等全过程进行实时监控，深入分析可能产生的重大异常风险点及其对碳金融资产溢价波动的冲击和影响，从而提高定价效率和市场效率。

另一方面，将专业化的投资管理机构引入到碳金融市场，提供更专业的投资技能、交易分析，服务于碳交易企业进行的碳资产管理。碳资产管理效率的提升，有助于碳交易产品的活跃和市场流动性的提升，促进市场效率的完善。这些管理措施为处于转型中的中国碳市场建设提供有益借鉴。

3. 加强非基本面技术分析，推进微观市场决策

将碳金融资产及其定价因子间发生的高阶矩属性风险传染关系纳入碳定价框架中，解决碳定价问题。基于这一思路的碳定价研究不仅能更准确地映射碳金融资产价格波动趋势，得到更准确的价格预测和拟合效果，而且还契合碳金融资产的价格序列特征。这表明从高阶矩属性维度探索碳金融资产溢价波动的形成机理具有其内在合理性。

对微观碳金融市场交易主体而言，其要重视非基本面因素对碳金融资产溢价的影响。在进行碳金融资金配额和投融资决策时，除了继续关注基本面因素可能导致的碳金融收益溢价波动之外，还应该从非基本面因素视角，分析投资者非理性心理、羊群效应、外部政策事件冲击等因素对碳金融资产溢价的影响机理,特别是这种非基本面冲击下,碳金融市场与其他能源市场和资本市场之间的价格影响关系。分析多市场间的风险传染关系,能够为市场微观参与者捕捉价格信息、预测价格变动等提供技术分析基础。

6.3 研究展望

若考虑将非结构化定价因子纳入到碳金融资产定价框架之中,并解决定价框架中多源异构碳定价因子的特征融合问题,则可以进一步提高碳金融资产定价框架对碳价风险溢价的解释能力和模型预测精度。

本研究所搭建的考虑高阶矩属性风险传染的碳金融资产定价框架聚焦于矩属性视角研究碳金融资产的溢价决定问题,各定价因子均是具有统计意义上的结构化定价因子,并未考虑非结构化定价因子对碳价的影响。在现实碳金融市场交易中,碳金融资产价格除受到具有统计属性的定价因子影响外,还极易受到市场内部的投资者情绪、市场外部的政策调整和以国际谈判等事件代表的,不具有统计意义的非结构化因素的影响,对这些非结构性定价因子的挖掘和量化将突破统计数据上阶矩属性边界,能够为碳金融资产定价提供更丰富的因子来源。但是由于碳金融市场成立时间较晚,目前这类非结构定价因子的文本载体或是尚未公开或是存量较少,抑或隐藏于其他文本之中,缺乏专业公开的具有稳定数据体量的信息源来披露并揭示投资者交易信息、投资评论、购销决策等市场信息。因此,随着碳市场机制的成熟和完善,各种信息源渠道的丰富等,未来研究可通过文本挖掘、语义解析等方法提取并量化投资者情绪、政策调整和国际谈判变化等非结构化因素,从而进一步在定价框架中解决结构化和非结构化等多源异构因子的特征融合问题,更好地拟合碳金融资产收益序列特征,为碳金融资产溢价提供有效解释。

参考文献

[1] Kim S, Lee G, Park Y J. Skewness versus kurtosis: implications for pricing and hedging options [J]. Asia-Pacific Journal of Financial Studies, 2017, 46(6): 903-933.

[2] Bastianin A. Robust measures of skewness and kurtosis for macroeconomic and financial time series [J]. Applied Economics, 2020, 52(7): 637-670.

[3] Fry-McKibbin R, Hsiao C Y. Extremal dependence tests for contagion[J]. Econometric Reviews, 2018, 37(6): 626-649.

[4] Karolyi G A. Does international financial contagion really exist? [J]. International Finance, 2003, 6(2): 179-199.

[5] Forbes K J, Rigobon R. No contagion, only interdependence: measuring stock market comovements [J]. The Journal of Finance, 2002, 57(5): 2223-2261.

[6] Barillas F, Shanken J. Comparing asset pricing models[J]. Journal of Finance, 2018, 73(2): 715-754.

[7] Sharpe W F. Capital asset prices: a theory of market equilibrium under conditions of risk[J]. Journal of Finance, 1964, 19(3): 425-442.

[8] Mayers D. Nonmarketable assets and the determination of capital asset prices in the absence of a riskless asset[J]. Journal of Business, 1973, 46(2): 258-267.

[9] Ross S A. The arbitrage theory of capital asset pricing[J]. Journal of Economic Theory, 1976, 13(3): 341-360.

[10] Merton R C. A simple model of capital market equilibrium with incomplete information[J]. The Journal of Finance, 1987, 42(3): 483-510.

[11] Moerman G A, Van Dijk M A. Inflation risk and international asset returns[J]. Journal of Banking & Finance, 2010, 34(4): 840-855.

[12] Asparouhova E, Bessembinder H, Kalcheva I. Liquidity biases in asset pricing tests[J]. Journal of Financial Economics, 2010, 96(2): 215-237.

[13] Lam K S K, Tarn L H K. Liquidity and asset pricing: evidence from the Hong Kong stock market[J]. Journal of Banking & Finance, 2011, 35(9): 2217-2230.

[14] Apergis N, Artikis P, Sorros J. Asset pricing and foreign exchange risk [J]. Research in International Business & Finance, 2011, 25(3): 308-328.

[15] Bali T G, Cakici N. World market risk, country-specific risk and expected returns in international stock markets [J]. Journal of Banking & Finance, 2010, 34 (6): 1152-1165.

[16] Moerman G A. How domestic is the Fama and French three-factor model? An application to the euro area[J]. ERIM Report Series Reference No. ERS-2005-035-F&A, 2005.

[17] Biscarri J G, Espinosa G L. The influence of differences in accounting standards on empirical pricing models: an application to the Fama-French model[J]. Journal of Multinational Financial Management, 2008, 18(4): 369-388.

[18] Eikseth H M, Lindset S. A note on capital asset pricing and heterogeneous taxes[J]. Journal of Banking & Finance, 2009, 33(3): 573-577.

[19] Fama E F, French K R. Common risk factors in the returns on stocks and bonds[J]. Journal of Financial Economics, 1993, 33(1): 3-56.

[20] 毛小元，陈梦根，杨云红. 配股对股票长期收益的影响：基于改进三因子模型的研究[J]. 金融研究，2008(5)：114-129.

[21] 廖理，沈红波. Fama-French 三因子模型与股权分置改革效应研究[J]. 数量经济技术经济研究，2008，25(9)：117-125.

[22] 刘维奇，牛晋霞，张信东. 股权分置改革与资本市场效率：基于三因子模型的实证检验[J]. 会计研究，2010(3)：65-72.

[23] 宿成建. 股票非预期收益定价的三因素模型研究：基于中国股票市场的检验[J]. 系统工程理论与实践，2014，34(3)：600-612.

[24] Jiang Y. Testing asset pricing models under non-linear assumptions: evidence from UK firm level panel data[D]. Birmingham: University of Birmingham, 2014.

[25] Carhart M M. On persistence in mutual fund performance [J]. The Journal of Finance, 1997, 52(1): 57-82.

[26] Fama E F, French K R. A five-factor asset pricing model[J]. Journal of Financial Economics, 2015, 116(1): 1-22.

[27] Guo B, Zhang W, Zhang Y, et al. The five-factor asset pricing model tests for the Chinese stock market[J]. Pacific-Basin Finance Journal, 2017, 43: 84-106.

[28] 田利辉，王冠英，张伟. 三因素模型定价：中国与美国有何不同？[J]. 国际金融研究，2014(7)：37-45.

[29] 赵胜民，闫红蕾，张凯. Fama-French 五因子模型比三因子模型更胜一筹吗：来自中国 A 股市场的经验证据[J]. 南开经济研究，2016(2)：41-59.

[30] Fama E F, French K R. International tests of a five-factor asset pricing model[J].

Journal of Financial Economics, 2017, 123(3): 441-463.

[31] Roy R, Shijin S. A six-factor asset pricing model[J]. Borsa Istanbul Review, 2018, 18(3): 205-217.

[32] Gong D S, Che J X, Wang J Z, et al. Short-term electricity price forecasting based on novel SVM using artificial fish swarm algorithm under deregulated power[C]// 2008 Second International Symposium on Intelligent Information Technology Application. IEEE, 2008, 1: 85-89.

[33] Singhal D, Swarup K S. Electricity price forecasting using artificial neural networks[J]. International Journal of Electrical Power & Energy Systems, 2011, 33(3): 550-555.

[34] Ugurlu U, Oksuz I, Tas O. Electricity price forecasting using recurrent neural networks[J]. Energies, 2018, 11(5): 1255.

[35] Yuan Y. Forecasting the movement direction of exchange rate with polynomial smooth support vector machine[J]. Mathematical and Computer Modelling, 2013, 57(3-4): 932-944.

[36] Plakandaras V, Papadimitriou T, Goga P. Directional forecasting in financial time series using support vector machines: the USD/ Euro exchange rate[J]. Journal of Computational Optimization in Economics and Finance, 2013, 5(2):125-138.

[37] Özorhan M O, Toroslu İ H, ehito ğlu O T. A strength-biased prediction model for forecasting exchange rates using support vector machines and genetic algorithms[J]. Soft Computing, 2017, 21(22): 6653-6671.

[38] Shen F, Chao J, Zhao J. Forecasting exchange rate using deep belief networks and conjugate gradient method[J]. Neurocomputing, 2015, 167: 243-253.

[39] Zheng J, Fu X, Zhang G. Research on exchange rate forecasting based on deep belief network[J]. Neural Computing and Applications, 2019, 31(1): 573-582.

[40] Cao W, Zhu W, Wan G W, et al. A deep coupled LSTM approach for USD/CNY exchange rate forecasting[J]. IEEE Intelligent Systems, 2020, 35(2): 43-53.

[41] Kim S J, Boyd S. A minimax theorem with applications to machine learning, signal processing, and finance[J]. SIAM Journal on Optimization, 2008, 19(3): 1344-1367.

[42] Wang Y, Wong H Y. VIX forecast under different volatility specifications[J]. Asia-Pacific Financial Markets, 2017, 24(2): 131-148.

[43] 张波，蒋远营. 基于中国股票高频交易数据的随机波动建模与应用[J]. 统计研究，2017，34(3)：107-117.

[44] Black F, Scholes M S. The pricing of options and corporate liabilities[J]. Journal of Political Economy, 1973, 81(3): 637-654.

[45] Heston S L. A closed-form solution for options with stochastic volatility with

applications to bond and currency options [J]. Review of Financial Studies, 1993, 6(2): 327-343.

[46] Zhu S P, Lian G H. Pricing forward-start variance swaps with stochastic volatility [J]. Applied Mathematics and Computation, 2015, 250: 920-933.

[47] 陈淼鑫,武晨. 随机跳跃强度与期权隐含风险溢酬[J]. 管理科学学报, 2018, 21(4): 33-47.

[48] 朱福敏,郑尊信,吴恒煜. 跳跃自激发与非对称交叉回馈机制下的期权定价研究[J]. 系统工程理论与实践, 2018, 38(1): 1-15.

[49] 王苏生,王丽,李志超,等. 基于卡尔曼滤波的期货价格仿射期限结构模型[J]. 系统工程学报, 2010, 25(3): 346-353.

[50] 张金锁,金浩,邹绍辉. 基于跳扩散模型的石油价格长期趋势分析[J]. 系统工程理论与实践, 2015, 35(1): 67-74.

[51] 邢文婷,吴胜利. 天然气价格跳跃下的期货定价动态模型及实证研究[J]. 系统科学与数学, 2017, 37(9): 1988-1998.

[52] Harvey C R, Siddique A. Conditional skewness in asset pricing tests[J]. The Journal of Finance, 2000, 55(3): 1263-1295.

[53] 郑振龙,郑国忠. 隐含高阶协矩:提取、分析及交易策略[J]. 统计研究, 2017, 34(4): 101-111.

[54] Kraus A, Litzenberger R H. Skewness preference and the valuation of risk assets[J]. The Journal of Finance, 1976, 31(4): 1085-1100.

[55] Fama E F, Macbeth J D. Risk、return and equilibrium: empirical tests[J]. Journal of Political Economy, 1973, 81(3): 607-636.

[56] Conrad J, Dittmar R F, Ghysels E. Ex ante skewness and expected stock returns[J]. The Journal of Finance, 2013, 68(1): 85-124.

[57] Harvey C R, Siddique A. Time-varying conditional skewness and the market risk premium[J]. Research in Banking and Finance, 2000, 1(1): 27-60.

[58] Buckle M, Chen J, Williams J M. Realised higher moments: theory and practice[J]. European Journal of Finance, 2016, 22(13): 1272-1291.

[59] Smith D R. Conditional coskewness and asset pricing[J]. Journal of Empirical Finance, 2007, 14(1): 91-119.

[60] 王金安,陈浪南. 考虑流动性的三阶矩资本资产定价的理论模型与实证研究[J]. 会计研究, 2008(8): 50-58.

[61] 郑振龙,黄文彬. 基于高阶矩的基金绩效考核模型[J]. 厦门大学学报:哲学社会科学版, 2009(4): 72-78.

[62] Boyer B, Mitton T, Vorkink K. Expected idiosyncratic skewness[J]. Review of Financial Studies, 2010, 23(1): 169-202.

[63] Lin Y, Lehnert T, Wolff C. Skewness risk premium: theory and empirical evidence[J]. International Review of Financial Analysis, 2019, 63: 174-185.

[64] Hwang S, Satchell S E. Modelling emerging market risk premia using higher moments[J]. Return Distributions in Finance, 2001, 4(4): 75-117.

[65] Chung Y P, Johnson H, Schill M J. Asset pricing when returns are nonnormal: Fama-French factors versus Higher-Order systematic comoments[J]. The Journal of Business, 2006, 79(2): 923-940.

[66] Conrad J, Dittmar R F, Ghysels E. Ex ante skewness and expected stock returns[J]. The Journal of Finance, 2013, 68(1): 85-124.

[67] Ang A, Hodrick R J, Xing Y, et al. High idiosyncratic volatility and low returns: international and further U. S. evidence[J]. Journal of Financial Economics, 2009, 91(1): 1-23.

[68] Amaya D, Christoffersen P, Jacobs K, et al. Does realized skewness predict the cross-section of equity returns? [J]. Journal of Financial Economics, 2015, 118(1): 135-167.

[69] Christoffersen P, Fournier M, Jacobs K, et al. Option-based estimation of the price of coskewness and cokurtosis risk[J]. Journal of Financial and Quantitative Analysis, 2021, 56(1): 65-91.

[70] 蒋翠侠，许启发，张世英. 金融市场条件高阶矩风险与动态组合投资[J]. 中国管理科学，2007，15(1): 27-33.

[71] 蒋翠侠，许启发，张世英. 基于多目标优化和效用理论的高阶矩动态组合投资[J]. 统计研究，2009，26(10): 73-80.

[72] Fry R, Martin V L, Tang C. A new class of tests of contagion with applications[J]. Journal of Business & Economic Statistics, 2010, 28(3): 423-437.

[73] Fry-Mckibbin R, Hsiao C Y L, Tang C. Contagion and global financial crises: lessons from nine crisis episodes[J]. Open Economies Review, 2014, 25(3): 521-570.

[74] Chan J C C, Fry-McKibbin R A, Hsiao C Y L. A regime switching skew-normal model of contagion[J]. Studies in Nonlinear Dynamics & Econometrics, 2018, 23(1): 1-24.

[75] Fry-McKibbin R, Martin V L, Tang C. Financial contagion and asset pricing[J]. Journal of Banking and Finance, 2014, 47: 296-308.

[76] Zhang Y J, Wei Y M. An overview of current research on EU ETS: evidence from its operating mechanism and economic effect[J]. Applied Energy, 2010, 87(6): 1804-1814.

[77] Engle R F. Autoregressive conditional heteroscedasticity with estimates of the variance of united kingdom inflation[J]. Econometrica, 1982, 50(4): 987-1007.

[78] Baillie RT, Bollerslev T, Mikkelsen H O. Fractionally integrated generalized autoregressive conditional heteroskedasticity[J]. Journal of econometrics, 1996, 74(1): 3-30.

[79] Chevallier J. EUAs and CERs: Vector autoregression, impulse response function and cointegration analysis[J]. Economics Bulletin, 2010, 30(1): 558-576.

[80] Nazifi F. Modelling the price spread between EUA and CER carbon prices[J]. Energy Policy, 2013, 56: 434-45.

[81] Taschini L, Paolella M S. An econometric analysis of emission trading allowances[J]. Journal of Banking and Finance, 2008, 32(10): 6-26.

[82] Benz E, Truck S. Modeling the price dynamics of CO_2 emission allowances[J]. Energy Economics, 2009; 31(1): 4-15.

[83] Byun S J, Cho H. Forecasting carbon futures volatility using GARCH models with energy volatilities[J]. Energy Economics, 2013, 40: 207-221.

[84] Koop G, Tole L. Forecasting the european carbon market[J]. Journal of the Royal Statistical Society: Series A (Statistics in Society), 2013, 176(3): 723-741.

[85] Palao F, Pardo A. Assessing price clustering in european carbon markets [J]. Applied Energy, 2012, 92(2): 51-56.

[86] 张晨，杨玉，张涛. 基于Copula模型的商业银行碳金融市场风险整合度量[J]. 中国管理科学，2015，23(4)：61-69.

[87] Zhang C, Yang Y, Yun P. Risk measurement of international carbon market based on multiple risk factors heterogeneous dependence[J]. Finance Research Letters, 2020, 32: 101083.

[88] 张晨，丁洋，汪文隽. 国际碳市场风险价值度量的新方法：基于EVT-CAViaR模型[J]. 中国管理科学，2015，23(11)：12-20.

[89] 张晨，杨仙子. 基于多频组合模型的中国区域碳市场价格预测[J]. 系统工程理论与实践，2016，36(12)：3017-3025.

[90] Lu W, Wang W. Dynamic correlation between carbon market and Chinese stock market based on AGDCC-GARCH[C]//2009 International Conference on Management Science and Engineering. IEEE, 2009: 779-784.

[91] Peace J, Juliani T. The coming carbon market and its impact on the american economy[J]. Policy and Society, 2009, 27(4): 305-316.

[92] Rubin J D. A model of intertemporal emission trading, banking, and borrowing[J]. Journal of Environmental Economics and Management, 1996, 31(3): 269-286.

[93] Ellerman A D, Buchner B K. The european union emissions trading scheme: origins, allocation, and early results[J]. Review of environmental economics and policy, 2007, 1(1): 66-87.

[94] Alberola E, Chevallier J, Chèze B. Price drivers and structural breaks in european carbon prices 2005-2007[J]. Energy policy, 2008, 36(2): 787-797.

[95] Alberola E, Chevallier J. European carbon prices and banking restrictions: evidence from phase I (2005-2007)[J]. The Energy Journal, 2009, 30(3): 51-79.

[96] Green R. Carbon tax or carbon permits: the impact on generators' risks[J]. The Energy Journal, 2008, 29(3): 67-89.

[97] Lu C, Tong Q, Liu X. The impacts of carbon tax and complementary policies on chinese economy[J]. Energy Policy, 2010, 38(11): 7278-7285.

[98] 朱永彬，刘晓，王铮. 碳税政策的减排效果及其对我国经济的影响分析[J]. 中国软科学，2010(4)：1-9.

[99] 张晨. 碳金融市场定价与风险度量：理论·方法·政策[M]. 北京：科学出版社，2008.

[100] 刘纪显，苏艺龙. 欧债危机对 EU ETS 碳价的影响及其对我国的启示[J]. 预测，2013，32(05)：27-33.

[101] 高莹，郭琨. 全球碳交易市场格局及其价格特征：以欧洲气候交易体系为例[J]. 国际金融研究，2012(12)：82-88.

[102] Hammoudeh S, Lahiani A, Nguyen DK, et al. An empirical analysis of energy cost pass-through to CO_2 emission prices[J]. Energy Economics, 2015, 49: 149-156.

[103] Convery F J, Redmond L. Market and price developments in the european union emissions trading scheme[J]. Review of Environmental Economics and Policy, 2007, 1(1): 88-111.

[104] Chevallier J. Carbon futures and macroeconomic risk factors: a view from the EU ETS[J]. Energy Economics, 2009, 31(4): 614-625.

[105] 袁婿，刘纪显，张芳. 碳配额市场价格非对称性波动研究：基于欧盟碳配额管理制度的实证分析[J]. 金融论坛，2015(5)：44-53.

[106] Zhang C, Yun P, Wagan Z A. Study on the wandering weekday effect of the international carbon market based on trend moderation effect[J]. Finance Research Letters, 2019, 28: 319-327.

[107] 张晨，朱晓丹，胡志玮，等. 投资者过度自信影响国际碳期货价格的数理模型分析[J]. 合肥工业大学学报：自然科学版，2018，41(8)：1134-1142.

[108] Ji Q, Xia T, Liu F, et al. The information spillover between carbon price and power sector returns: Evidence from the major European electricity companies[J]. Journal of Cleaner Production, 2019, 208: 1178-1187.

[109] 陈柳卉，邢天才. 我国八家碳排放交易市场价格波动性分析[J]. 重庆社会科学，2019，293(04)：93-103.

[110] Yang X, Zhang C, Yang Y, et al. China's carbon pricing based on heterogeneous

tail distribution[J]. Sustainability, 2020, 12(7): 2754.

[111] 胡根华, 吴恒煜, 周葵, 等. 政策导向、市场开放与跳跃行为: 基于我国区域性碳排放交易市场的研究[J]. 系统工程, 2017, 35(10): 33-41.

[112] 杨星, 梁敬丽. 国际碳排放权市场分形与混沌行为特征分析与检验: 以欧盟碳排放交易体系为例[J]. 系统工程理论与实践, 2017, 37(6): 1420-1431.

[113] 汪文隽, 汤丽娟, 陈玲玲. 欧盟和湖北碳市场量价关系的多重分形特征对比研究[J]. 云南师范大学学报: 哲学社会科学版, 2017, 49(1): 107-114.

[114] 张晨, 范芳芳, 杨仙子, 等. 国际碳市场价量关系的多重分形特征研究[J]. 合肥工业大学学报: 自然科学版, 2019, 42(9): 1284-1291.

[115] Zhu B, Ma S, Xie R, et al. Hilbert spectra and empirical mode decomposition: a multiscale event analysis method to detect the impact of economic crises on the european carbon market[J]. Computational Economics, 2018, 52(2): 1-17.

[116] Alberola E, Chevallier J, Chèze B. Price drivers and structural breaks in european carbon prices 2005-2007[J]. Energy policy, 2008, 36(2): 787-797.

[117] Zhu B, Zhu B, Wang P, et al. Carbon price analysis using empirical mode decomposition[J]. Computational Economics, 2015, 45(2): 195-206.

[118] Segnon M, Lux T, Gupta R. Modeling and forecasting the volatility of carbon dioxide emission allowance prices: a review and comparison of modern volatility models[J]. Renewable and Sustainable Energy Reviews, 2017, 69(3): 692-704.

[119] 杨星, 梁敬丽, 蒋金良, 等. 多标度分形特征下碳排放权价格预测算法[J]. 控制理论与应用, 2018, 35(2): 224-231.

[120] Mansanet-Bataller M, Pardo A, Valor E. CO_2 prices, energy and weather[J]. The Energy Journal, 2007, 28(3): 73-92.

[121] Oberndorfer U. EU emission allowances and the stock market: evidence from the electricity industry[J]. Ecological Economics, 2009, 68(4): 1116-26.

[122] Zhu H, Tang Y, Peng C, et al. The heterogeneous response of the stock market to emission allowance price: evidence from quantile regression[J]. Carbon Management, 2018, 9(3): 277-289.

[123] Chevallier J. Volatility forecasting of carbon prices using factor models [J]. Economics Bulletin, 2010, 30(2): 1642-1660.

[124] Chevallier J. Detecting instability in the volatility of carbon prices[J]. Energy Economics, 2011, 33(1): 99-110.

[125] Zeng S, Jia J, Su B, et al. The volatility spillover effect of the european union (EU) carbon financial market [J]. Journal of Cleaner Production, 2021, 282: 124394.

[126] Daskalakis G, Psychoyios D, Markellos R N. Modeling CO_2 emission allowance

prices and derivatives：evidence from the european trading scheme[J]. Journal of Banking & Finance，2009，33(7)：1230-1241.

[127] Taschini L，Paolella M S. An econometric analysis of emission trading allowances[J]. Journal of Banking and Finance，2008，32(10)：6-26.

[128] Seifert J，Uhrig-Homburg M，Wagner M. Dynamic behavior of CO_2 spot prices[J]. Journal of Environmental Economics and Management，2008，56(2)：180-194.

[129] Kumar S，Managi S，Matsuda A. Stock prices of clean energy firms，oil and carbon markets：a vector autoregressive analysis[J]. Energy Economics，2012，34(1)：215-226.

[130] Koop G，Tole L. Forecasting the european carbon market[J]. Journal of the Royal Statistical Society：Series A (Statistics in Society)，2013，176(3)：723-741.

[131] Sanin V M E，Violante F. Understanding volatility dynamics in the EU-ETS market：lessons from the future[R]. Université catholique de Louvain，Center for Operations Research and Econometrics (CORE)，2009.

[132] Benz E，Trück S. Modeling the price dynamics of CO_2 emission allowances[J]. Energy Economics，2009，31(1)：4-15.

[133] Hammoudeh S，Nguyen D K，Sousa R M. Energy prices and CO_2 emission allowance prices：a quantile regression approach[J]. Energy Policy，2014，70：201-206.

[134] Kim H S，Koo W W. Factors affecting the carbon allowance market in the US[J]. Energy Policy，2010，38(4)：1879-1884.

[135] Malik M Y，Latif K，Khan Z，et al. Symmetric and asymmetric impact of oil price，FDI and economic growth on carbon emission in pakistan：evidence from ARDL and non-linear ARDL approach[J]. Science of the Total Environment，2020，726：138421.

[136] Zhu B，Ye S，Wang P，et al. A novel multiscale nonlinear ensemble leaning paradigm for carbon price forecasting[J]. Energy Economics，2018，70：143-57.

[137] Zhou J，Huo X，Xu X，et al. Forecasting the carbon price using extreme-point symmetric mode decomposition and extreme learning machine optimized by the grey wolf optimizer algorithm[J]. Energies，2019，12(5)：950.

[138] Xiong S，Wang C，Fang Z，et al. Multi-step-ahead carbon price forecasting based on variational mode decomposition and fast multi-output relevance vector regression optimized by the multi-Objective whale optimization algorithm[J]. Energies，2019，12(1)：147.

[139] Zhang X，Zhang C，Wei Z. Carbon price forecasting based on multi-resolution singular value decomposition and extreme learning machine optimized by the moth-flame optimization algorithm considering energy and economic factors[J].

Energies, 2019, 12(22): 4283.

[140] Sun W, Duan M. Analysis and forecasting of the carbon price in china's regional carbon markets based on fast ensemble empirical mode decomposition, phase space reconstruction, and an improved extreme learning machine[J]. Energies, 2019, 12(2): 277.

[141] Hao Y, Tian C, Wu C. Modelling of carbon price in two real carbon trading markets[J]. Journal of Cleaner Production, 2020, 244: 118556.

[142] Ji Q, Zhang D, Geng J. Information linkage, dynamic spillovers in prices and volatility between the carbon and energy markets[J]. Journal of Cleaner Production, 2018, 198: 972-978.

[143] Oliveira F A D, Nobre C N, Luis E Z. Applying artificial neural networks to prediction of stock price and improvement of the directional prediction index-case study of PETR4, petrobras, brazil[J]. Expert Systems with Applications, 2013, 40(18): 7596-7606.

[144] Zhang Y J, Zhang J L. Volatility forecasting of crude oil market: a new hybrid method[J]. Journal of Forecasting, 2018, 37(8): 781-789.

[145] 张晨，胡贝贝．基于误差校正的多因素BP国际碳市场价格预测[J]．价格月刊，2017(1)：11-18.

[146] 蒋锋，彭紫君．基于混沌PSO优化BP神经网络的碳价预测[J]．统计与信息论坛，2018，33(05)：94-99.

[147] 王娜．基于Boosting-ARMA的碳价预测[J]．统计与信息论坛，2018，33(5)：93-98.

[148] 吕靖烨，杜靖南，曹铭，等．利用ARIMA-SVM模型的碳排放交易价格预测[J]．西安科技大学学报，2020，40(03)：170-176.

[149] 朱帮助，魏一鸣．基于GMDH-PSO-LSSVM的国际碳市场价格预测[J]．系统工程理论与实践，2011，31(12)：2264-2271.

[150] Atsalakis G S. Using computational intelligence to forecast carbon prices[J]. Applied Soft Computing, 2016, 43: 107-116.

[151] Fan X, Li S, Tian L. Chaotic characteristic identification for carbon price and an multi-layer perceptron network prediction model[J]. Expert Systems with Applications, 2015, 42(8): 3945-3952.

[152] Han S K, Ahn J J, Oh K J, et al. A new methodology for carbon price forecasting in EU ETS[J]. Expert Systems, 2015, 32(2): 228-243.

[153] Zhu B, Ye S, Wang P, et al. A novel multiscale nonlinear ensemble leaning paradigm for carbon price forecasting[J]. Energy Economics, 2018, 70: 143-57.

[154] Zhu J, Wu P, Chen H, et al. Carbon price forecasting with variational mode

decomposition and optimal combined model[J]. Physica A: Statistical Mechanics and its Applications, 2019, 519: 140-158.

[155] Zhang J, Li D, Hao Y, et al. A hybrid model using signal processing technology, econometric models and neural network for carbon spot price forecasting[J]. Journal of Cleaner Production, 2018, 204: 958-964.

[156] 崔焕影，窦祥胜. 基于 EMD-GA-BP 与 EMD-PSO-LSSVM 的中国碳市场价格预测[J]. 运筹与管理，2018，27(7)：133-143.

[157] 闫梦，王聪. 基于多尺度集成模型预测碳交易价格：以广州碳排放交易中心为例[J]. 技术经济与管理研究，2020，286(05)：21-26.

[158] Sun W, Xu C. Carbon price prediction based on modified wavelet least square support vector machine[J]. Science of The Total Environment, 2021, 754: 142052.

[159] Yun P, Zhang C, Wu, Y, et al. A novel extended higher-order moment multi-factor framework for forecasting the carbon price: testing on the multilayer long short-term memory network[J]. Sustainability, 2020, 12(5): 1869.

[160] Grossman G, Krueger. Environmental impacts of a north american free trade agreement [C]// National Bureau Economic Research Working Paper NO. 3914, Cambridge MA. 1991.

[161] Shafik N, Bandyopadhyay S. Economic growth and environmental quality: time-series and cross-country evidence[M]. World Bank Publications, 1992.

[162] Dales J H. Pollution, property & prices: an essay in policy-making and economics[M]. England: Edward Elgar Publishing, 2002.

[163] Montgomery W D. Markets in licenses and efficient pollution control programs[J]. Journal of Economic Theory, 1972, 5(3): 395-418.

[164] Fama E F. The behavior of stock-market prices[J]. The Journal of Business, 1965, 38(1): 34-105.

[165] Fama E F. Random walks in stock market prices[J]. Financial Analysts Journal, 1965, 51(1): 75-80.

[166] Fama E F. Efficient market hypothesis: a review of theory and empirical work[J]. Journal of Finance, 1970, 25(2): 28-30.

[167] Fama E F, Schwert G W. Asset returns and inflation[J]. Journal of Financial Economics, 1977, 5(2): 115-146.

[168] Fama E F. Efficient capital markets: Ⅱ[J]. The Journal of Finance, 1991, 46(5): 1575-1617.

[169] Barberis N, Mukherjee A, Wang B. Prospect theory and stock returns: an empirical test[J]. Review of Financial Studies, 2016, 29(11): 3068-3107.

[170] Black F. Capital market equilibrium with restricted borrowing[J]. Journal of

Business, 1972, 45(3): 444-455.

[171] Acharya V V, Pedersen L H. Asset pricing with liquidity risk[J]. Journal of Financial Economics, 2005, 77(2): 375-410.

[172] Breeden D T, Gibbons M R, Litzenberger R H. Empirical tests of the consumption-oriented CAPM[J]. The Journal of Finance, 1989, 44(2): 231-62.

[173] Kahneman D Tversky A. Prospect theory: an analysis of decision under risk[J]. Econometrica, 1979, 47(2): 263-291.

[174] Barberis N, Greenwood R, Jin L, et al. Extrapolation and bubbles[J]. Journal of Financial Economics, 2018, 129(2): 203-227.

[175] Tversky A, Kahneman D. The framing of decisions and the psychology of choice[J]. Science, 1981, 211(4481): 453-458.

[176] Kahneman Tversky A. Prospect Theory: an analysis of decision under risk[J]. Econometrica, 1979, 47(2): 263-292.

[177] Tversky A, Kahneman D. Advances in prospect theory: cumulative representation of uncertainty[J]. Journal of Risk and Uncertainty, 1992, 5(4): 297-323.

[178] Ang A, Hodrick R J, Xing Y, et al. High idiosyncratic volatility and low returns: international and further US evidence[J]. Journal of Financial Economics, 2009, 91(1): 1-23.

[179] Boyer B, Mitton T, Vorkink K. Expected idiosyncratic skewness[J]. Review of Financial Studies, 2010, 23(1): 169-202.

[180] Barberis N, Xiong W. What drives the disposition effect? an analysis of a long-standing preference-based explanation[J]. The Journal of Finance, 2009, 64(2): 751-784.

[181] Kimball MS. Precautionary saving in the small and in the large[J]. Econometrica, 1990, 58(1): 53-73.

[182] Fang H, Lai T Y. Co-Kurtosis and capital asset pricing[J]. Financial Review, 1997, 32(2): 293-307.

[183] Ripley D M. Systematic elements in the linkage of national stock market indices[J]. The Review of Economics and Statistics, 1973, 55(3): 356-361.

[184] Kodres L E, Pritsker M. A rational expectations model of financial contagion[J]. The journal of Finance, 2002, 57(2): 769-799.

[185] Kumar M, Moorthy U, Perraudin W. Predicting emerging market currency crashes[J]. Journal of Empirical Finance, 2003, 10(4): 427-454.

[186] King M A, Wadhwani S. Transmission of volatility between stock markets[J]. The Review of Financial Studies, 1990, 3(1): 5-33.

[187] Støve B, Tjøstheim D, Hufthammer K O. Using local gaussian correlation in a

nonlinear re-examination of financial contagion[J]. Journal of Empirical Finance, 2014, 25(2): 62-82.

[188] Arakelian V, Dellaportas P. Contagion determination via copula and volatility threshold models[J]. Quantitative Finance, 2012, 12(2): 295-310.

[189] Abbara O, Zevallos M. Assessing stock market dependence and contagion[J]. Quantitative Finance, 2014, 14(9): 1627-1641.

[190] Chevallier J. Global imbalances, cross-market linkages, and the financial crisis: a multivariate markov-switching analysis[J]. Economic Modelling, 2012, 29(3): 943-973.

[191] Zhang Y J, Sun Y F. The dynamic volatility spillover between European carbon trading market and fossil energy market[J]. Journal of Cleaner Production, 2016, 112: 2654-2663.

[192] Boyer B H, Kumagai T, Yuan K. How do crises spread? evidence from accessible and inaccessible stock indices[J]. The Journal of Finance, 2006, 61(2): 957-1003.

[193] 陈庭强,何建敏.基于复杂网络的信用风险传染模型研究[J].中国管理科学,2014, 22(11):1-10.

[194] Kodres L E, Pritsker M. A rational expectations model of financial contagion[J]. Journal of Finance, 2002, 57(2): 769-799.

[195] Hamilton J D. A new approach to the economic analysis of nonstationary time series and the business cycle[J]. Econometrica, 1989, 57(2): 357-384.

[196] Jiang T, Zhou X, Dong Y. Stock market cycle fluctuation in china: markov regime switching model[J]. Systems Engineering: Theory and Practice, 2013, 33(8): 1934-1939.

[197] Nazifi F, Milunovich G. Measuring the impact of carbon allowance trading on energy prices[J]. Energy & environment, 2010, 21(5): 367-383.

[198] Aatola P, Ollikainen M, Toppinen A. Price determination in the EU ETS market: theory and econometric analysis with market fundamentals[J]. Energy Economics, 2013, 36: 380-395.

[199] Le R N, Bengio Y. Representational power of restricted boltzmann machines and deep belief networks[J]. Neural Computation, 2008, 20(6): 1631-1649.

[200] Cho K, Van Merriënboer B, Gulcehre C. Learning phrase representations using RNN encoder-decoder for statistical machine translation[C]// Conference on Empirical Methods in Natural Language Processing (EMNLP 2014). 2014.

彩　　图

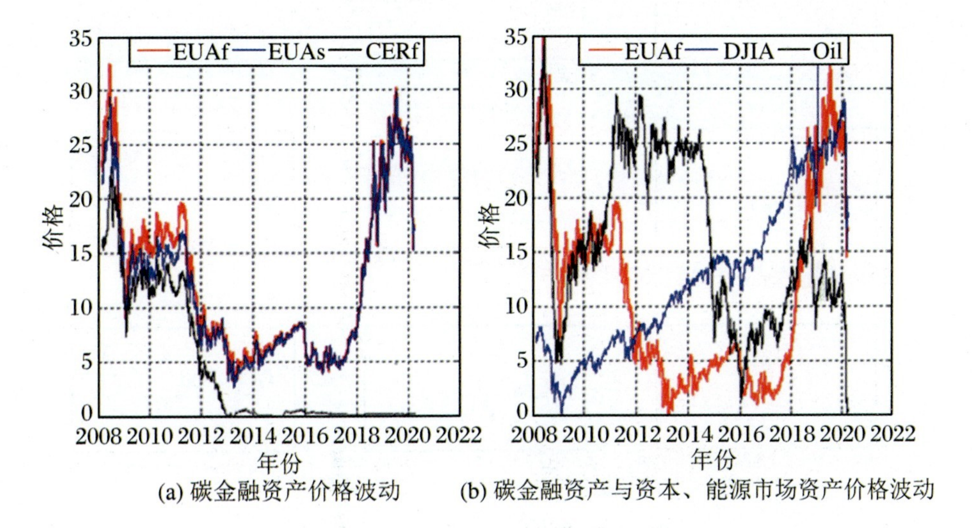

(a) 碳金融资产价格波动　　(b) 碳金融资产与资本、能源市场资产价格波动

图 1.2　2018～2020 年碳金融资产价格与资本和能源市场资产的价格波动①

---

① 数据来源:Wind 金融资讯和洲际交易所。

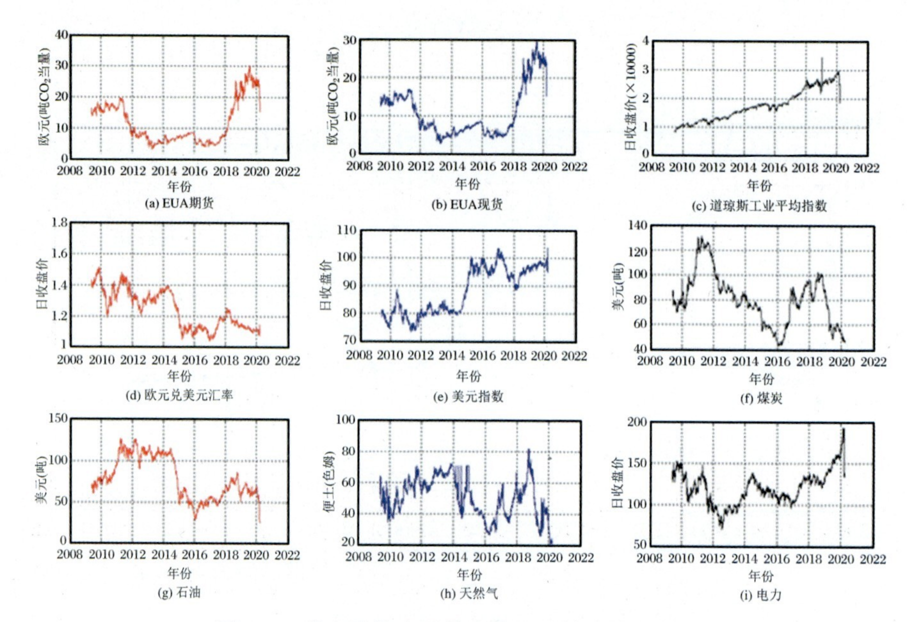

图 4.1　碳金融资产及其定价因子的价格趋势图

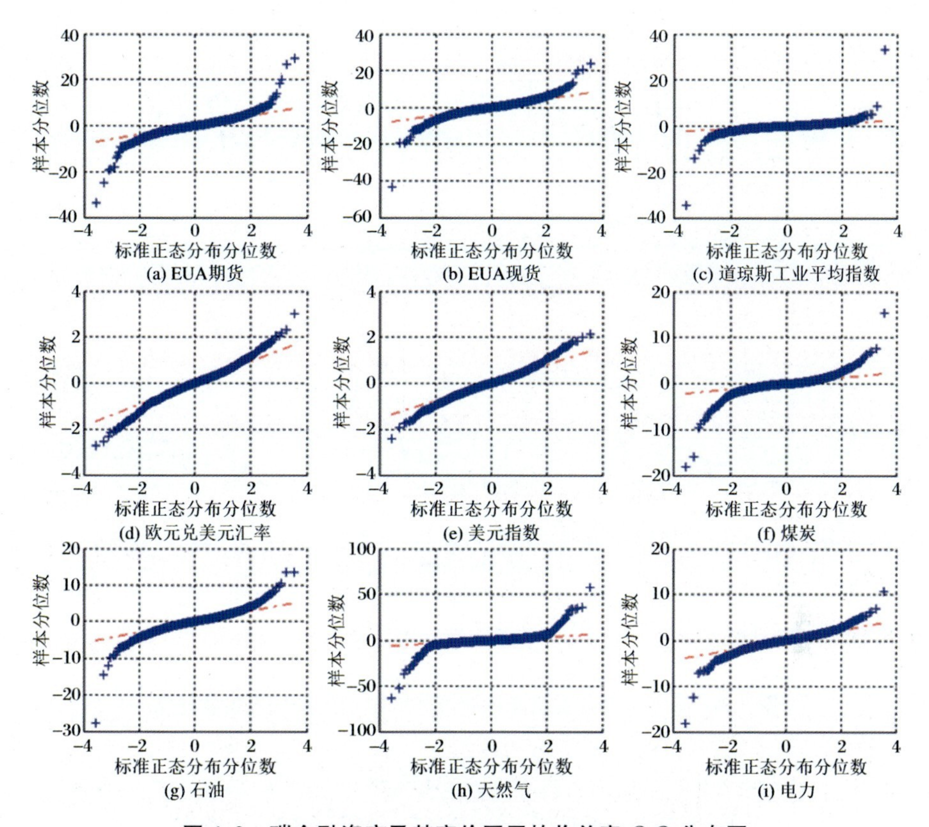

图 4.2　碳金融资产及其定价因子的收益率 Q-Q 分布图

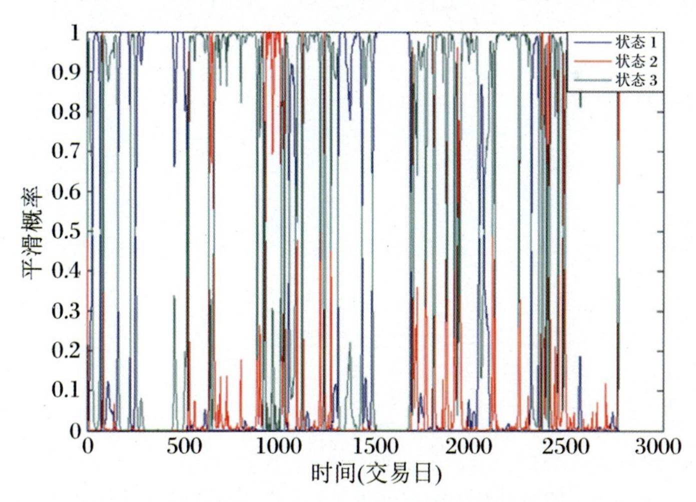

图 4.3　碳金融资产波动趋势状态转移平滑概率曲线

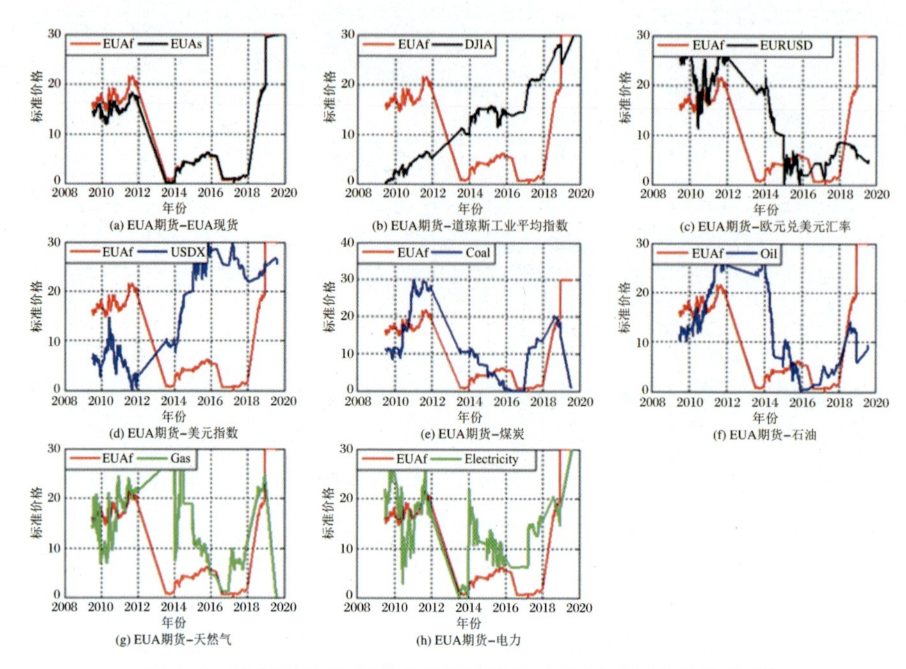

图 4.4　稳定波动状态碳金融资产与其定价因子标准价格趋势

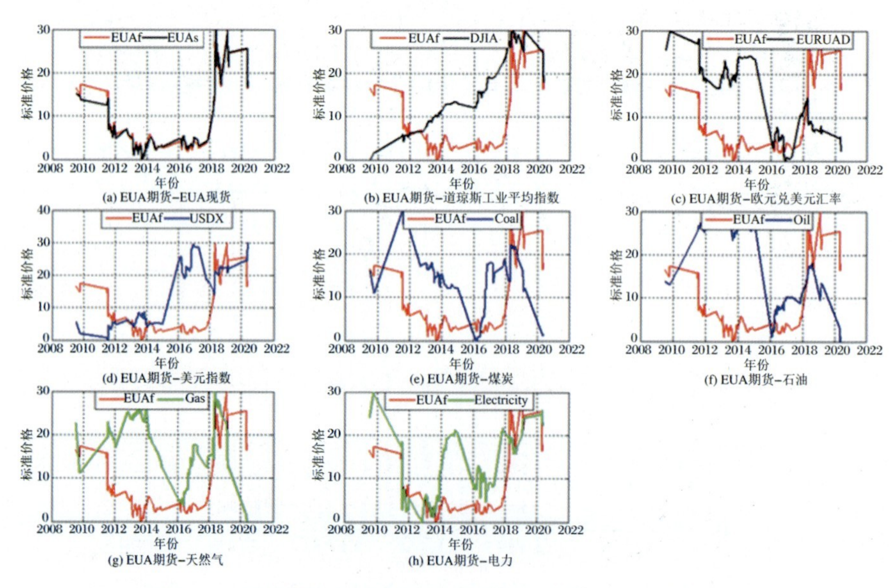

图 4.5　高波动状态碳金融资产与其定价因子标准价格趋势

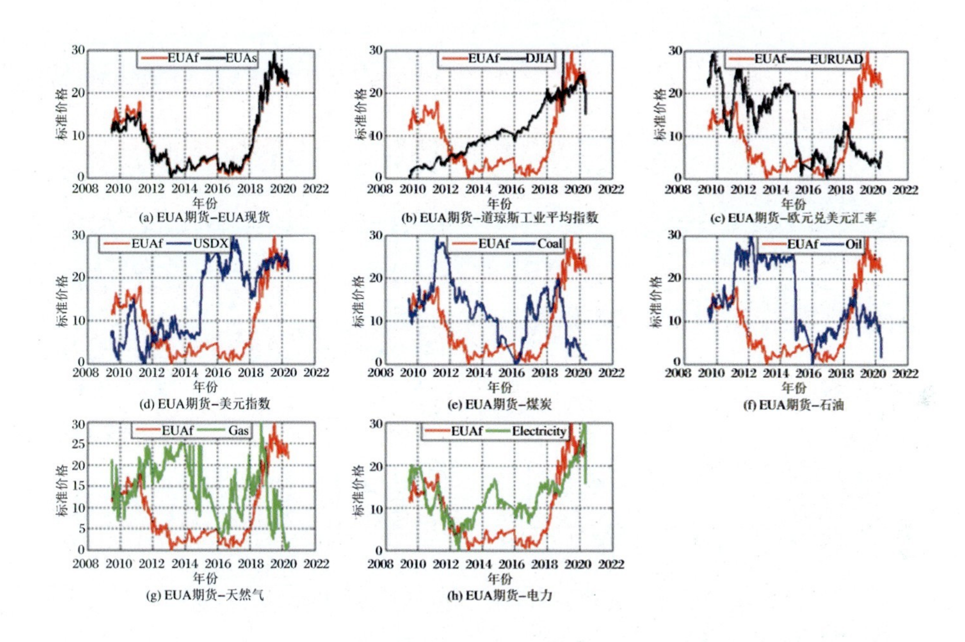

图 4.6　低波动状态碳金融资产与其定价因子标准价格趋势

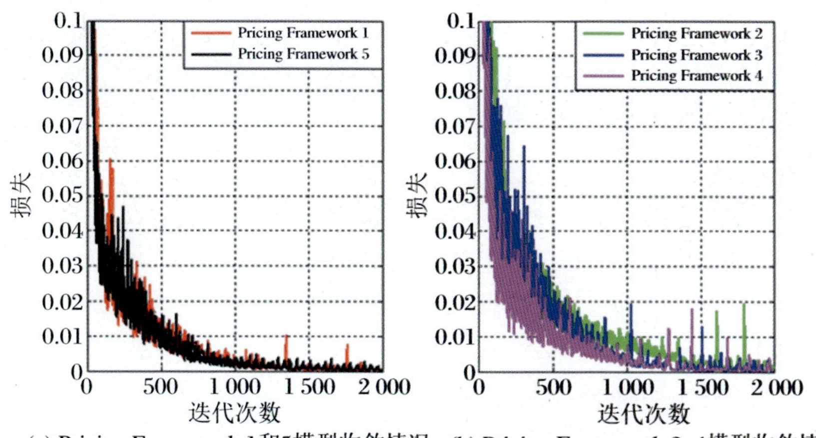

图 4.7　不同定价框架的模型迭代收敛情况

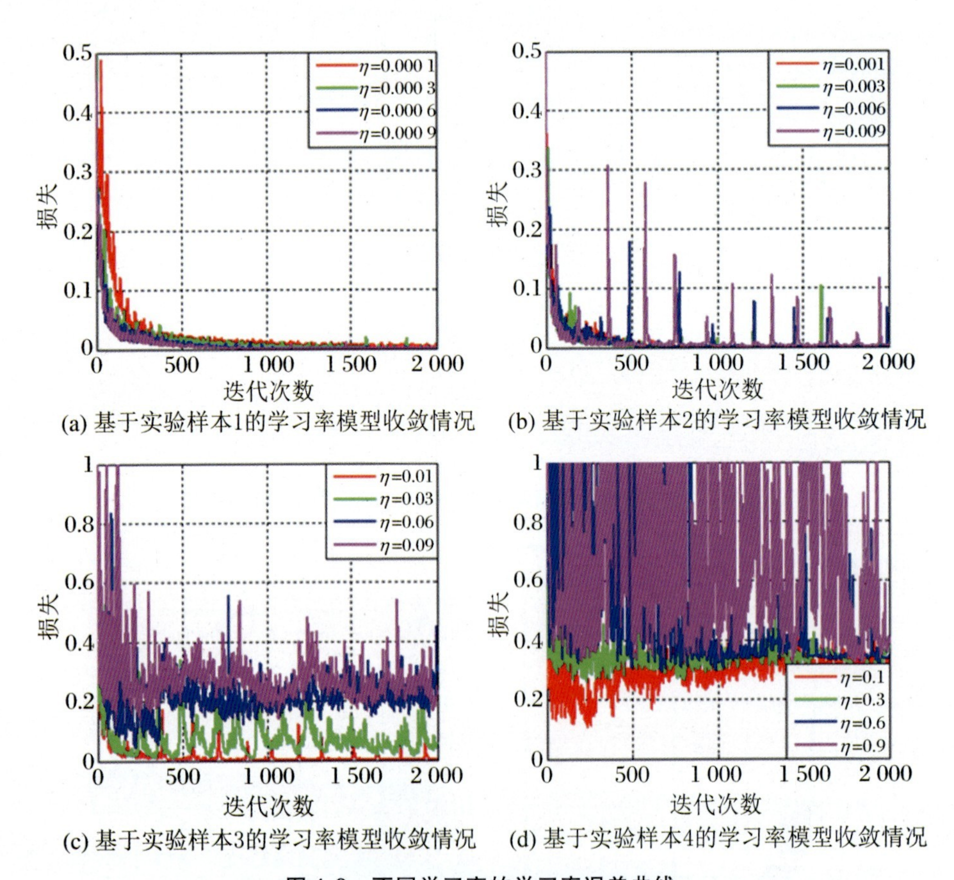

(a) 基于实验样本1的学习率模型收敛情况　(b) 基于实验样本2的学习率模型收敛情况

(c) 基于实验样本3的学习率模型收敛情况　(d) 基于实验样本4的学习率模型收敛情况

图 4.9　不同学习率的学习率误差曲线

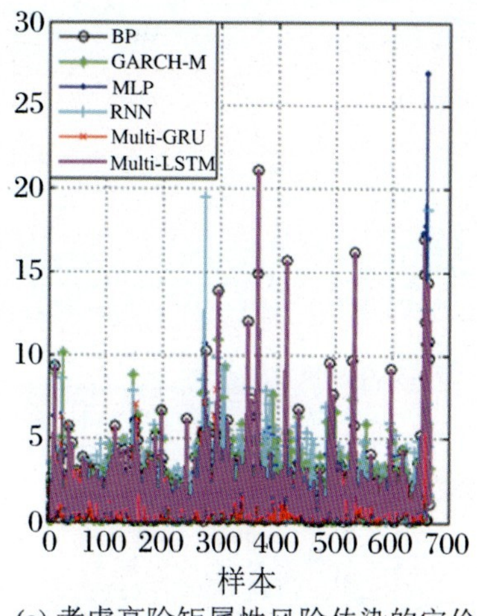

(a) 考虑高阶矩属性风险传染的定价模型

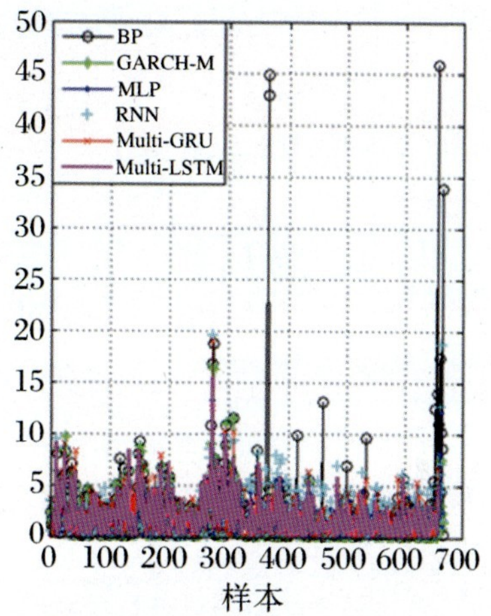

(b) 不考虑高阶矩属性风险传染的定价模型

图 4.11 基于 MAE 的 Multi-LSTM 及其基准模型碳价预测效果曲线

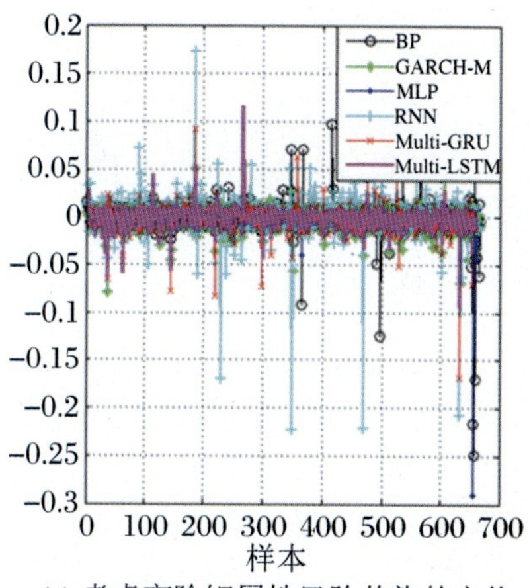

(a) 考虑高阶矩属性风险传染的定价模型

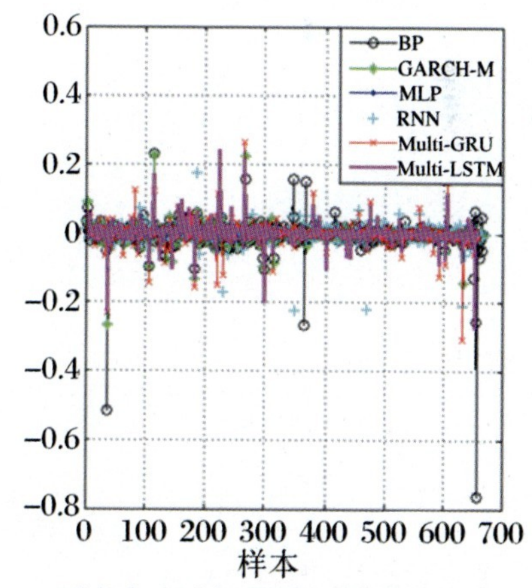

(b) 不考虑高阶矩属性风险传染的定价模型

图 4.12 基于 MAPE 的 Multi-LSTM 及其基准模型碳价预测效果曲线

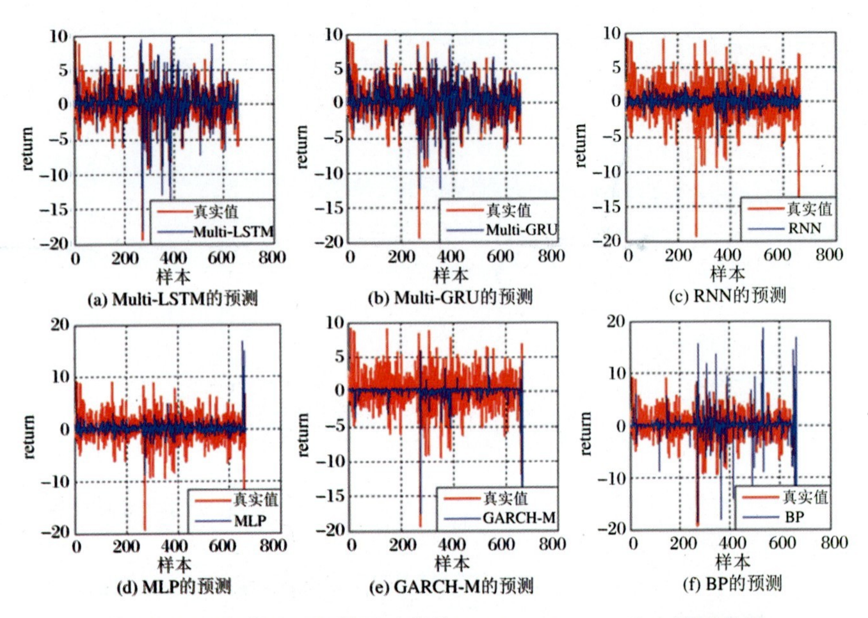

图 4.13　考虑高阶矩属性风险传染 Pricing Framework 1 预测效果

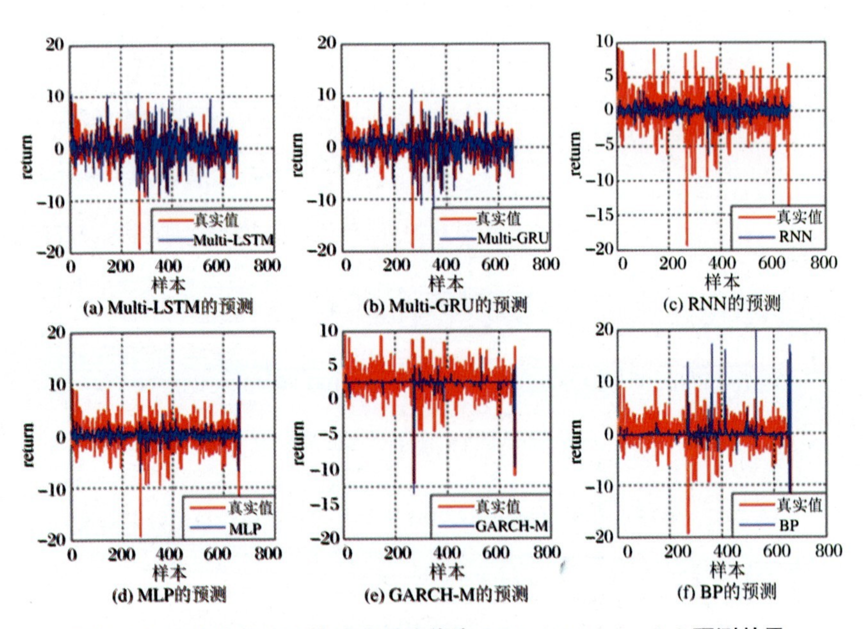

图 4.14　考虑协偏度和协峰度风险传染 Pricing Framework 2 预测效果

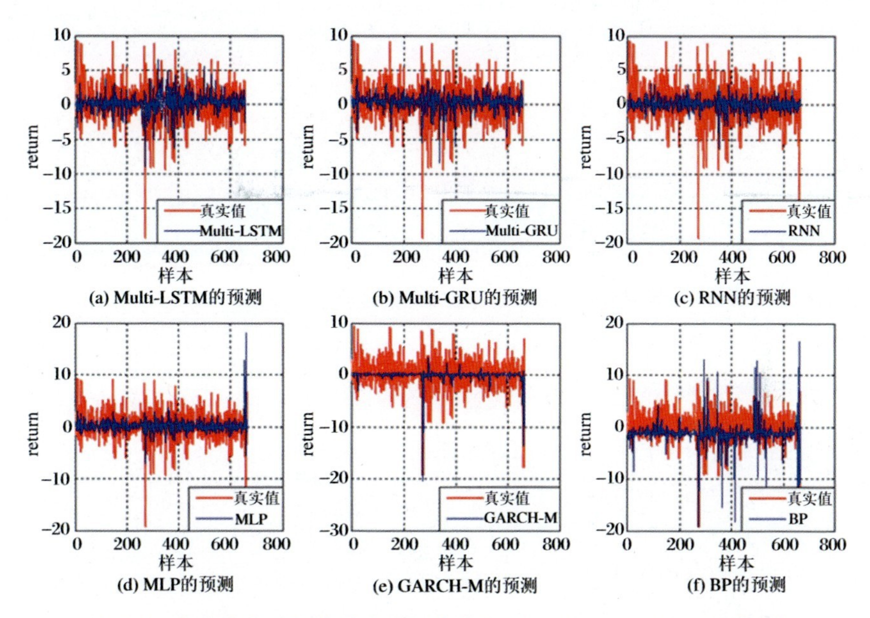

图 4.15 考虑协方差和协峰度风险传染 Pricing Framework 3 预测效果

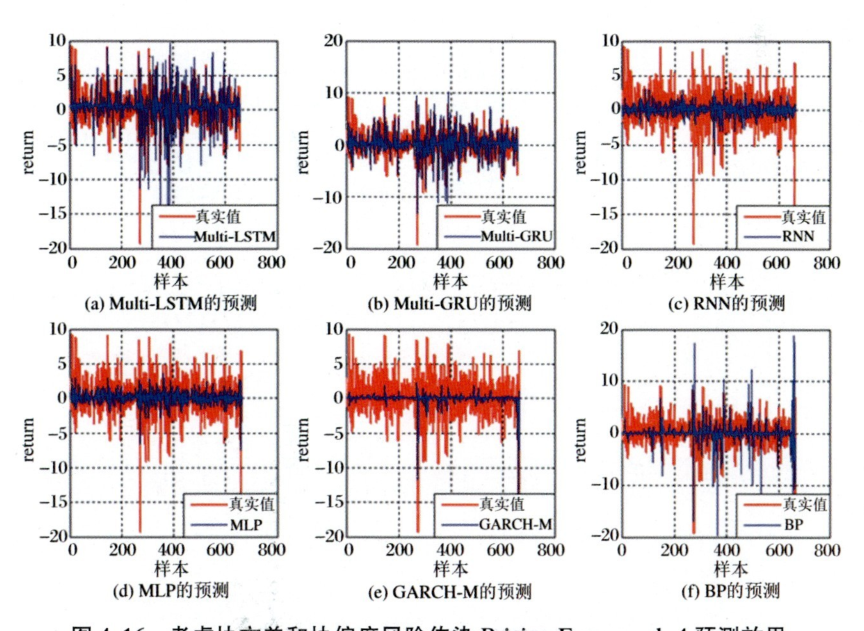

图 4.16 考虑协方差和协偏度风险传染 Pricing Framework 4 预测效果

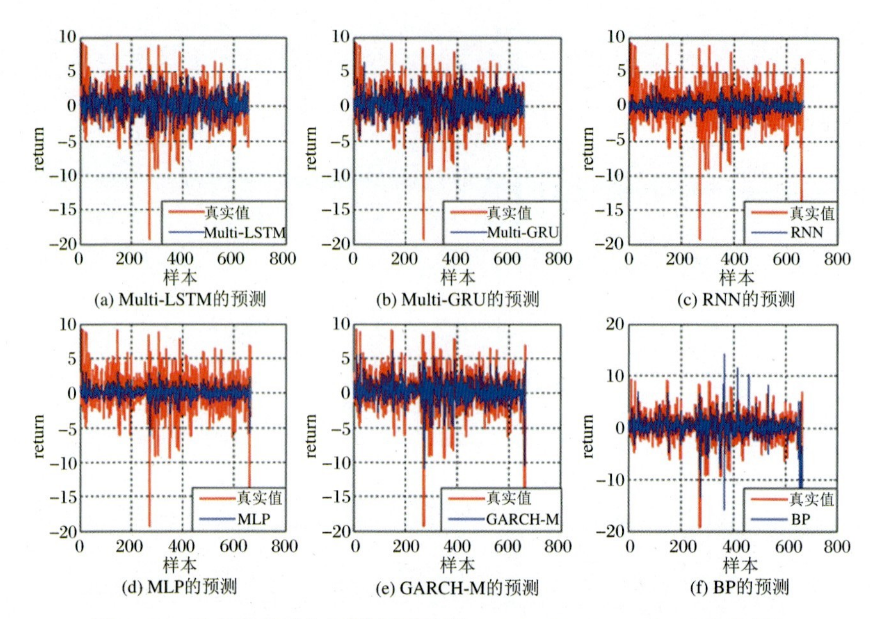

图 4.17　不考虑高阶矩属性风险传染 Pricing Framework 5 预测效果

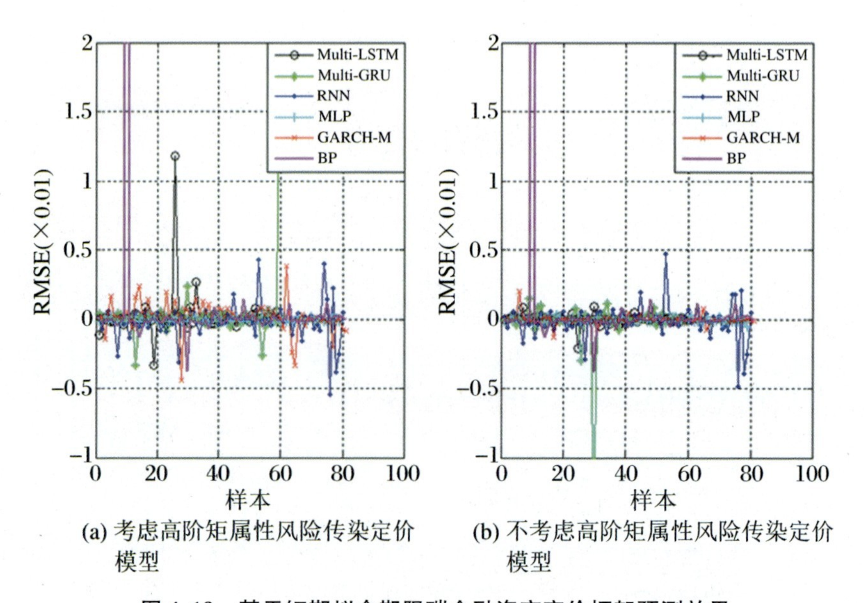

图 4.18　基于短期拟合期限碳金融资产定价框架预测效果

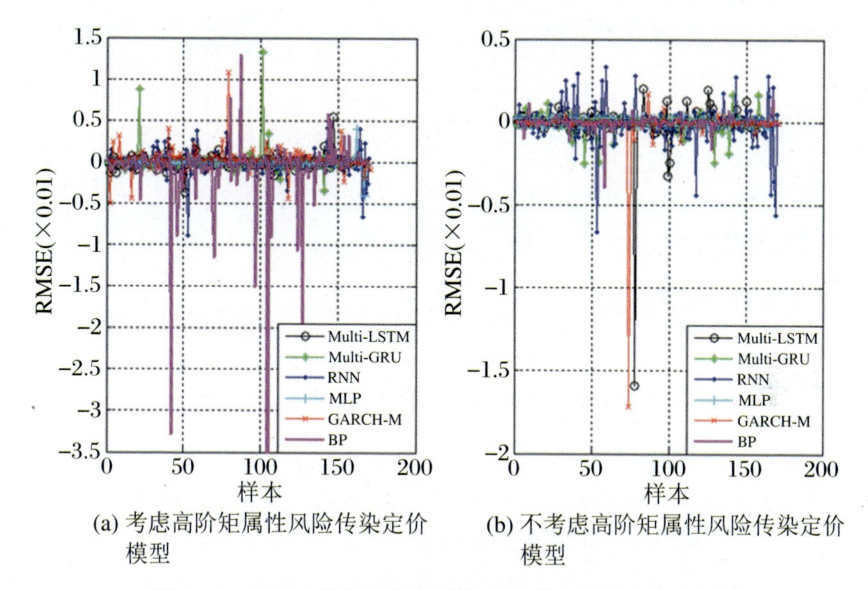

(a) 考虑高阶矩属性风险传染定价模型　(b) 不考虑高阶矩属性风险传染定价模型

图 4.19　基于中期拟合期限碳金融资产定价框架预测效果

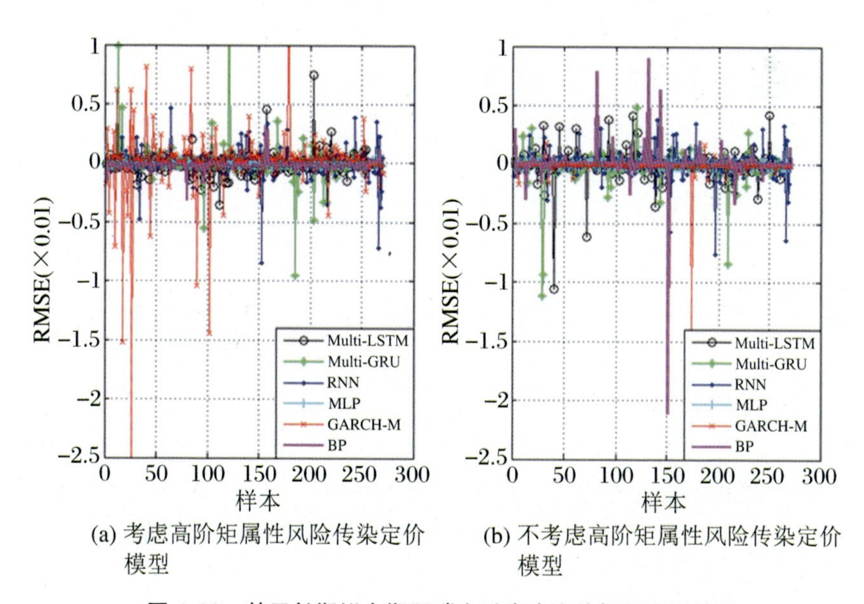

(a) 考虑高阶矩属性风险传染定价模型　(b) 不考虑高阶矩属性风险传染定价模型

图 4.20　基于长期拟合期限碳金融资产定价框架预测效果

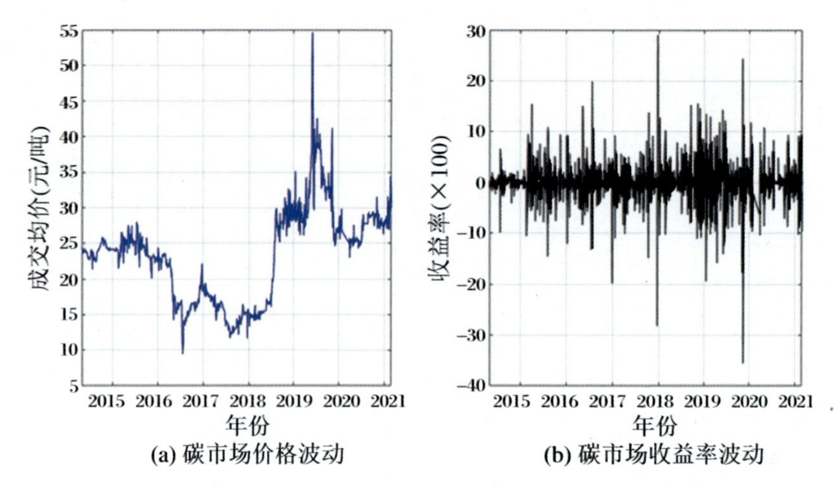

(a) 碳市场价格波动　　(b) 碳市场收益率波动

图 5.1　2014 年 4 月 28 日～2021 年 2 月 26 日我国湖北碳交易市场成交价格和收益率波动趋势

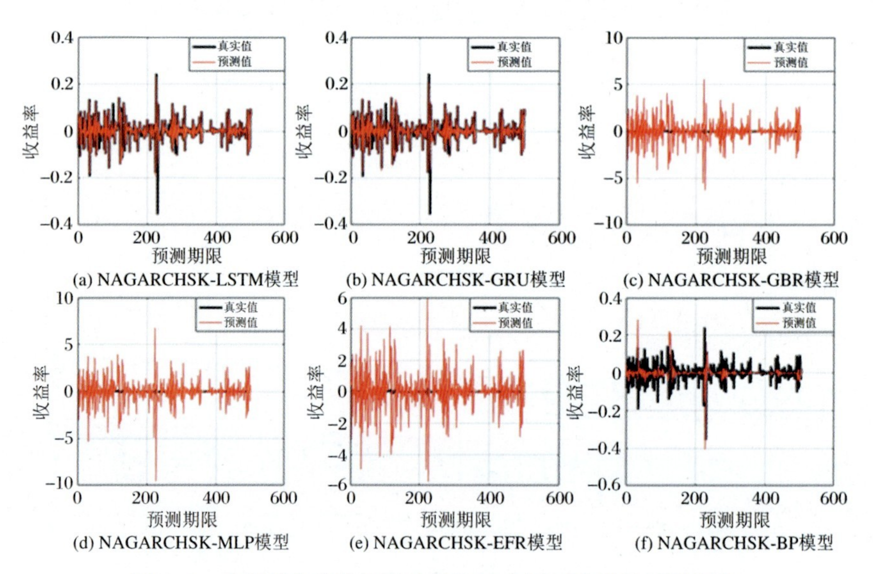

(a) NAGARCHSK-LSTM模型　(b) NAGARCHSK-GRU模型　(c) NAGARCHSK-GBR模型

(d) NAGARCHSK-MLP模型　(e) NAGARCHSK-EFR模型　(f) NAGARCHSK-BP模型

图 5.2　考虑时变高阶矩波动特征的中国区域碳价预测曲线

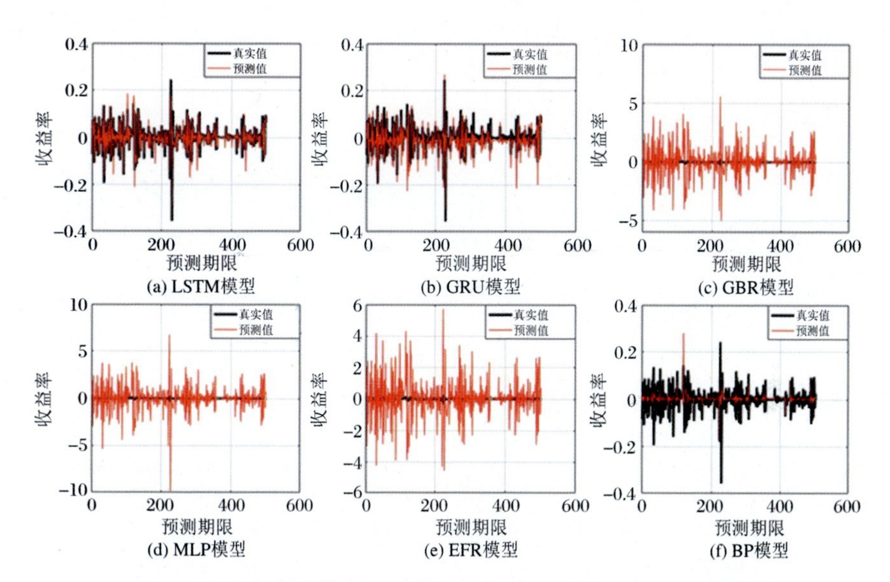

图 5.3　不考虑时变高阶矩波动特征的中国区域碳价预测曲线

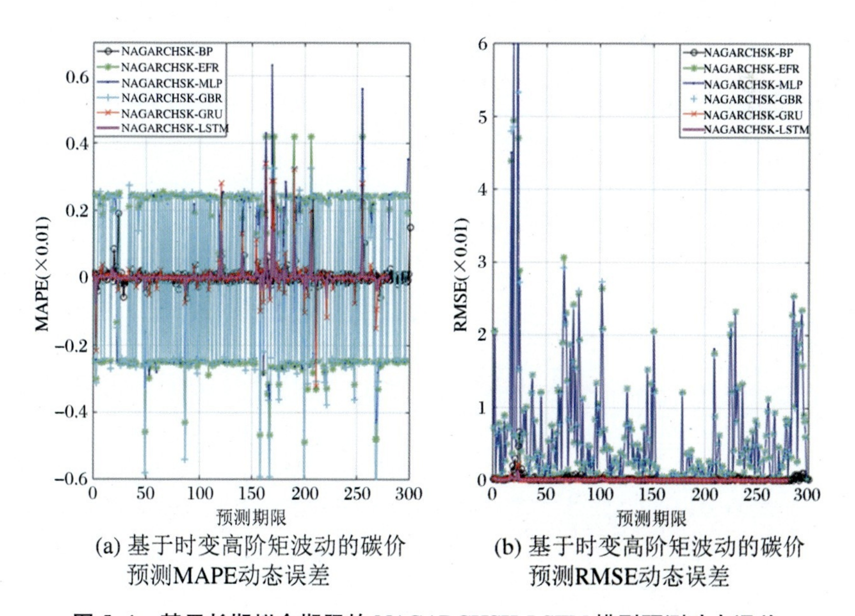

图 5.4　基于长期拟合期限的 NAGARCHSK-LSTM 模型预测动态误差

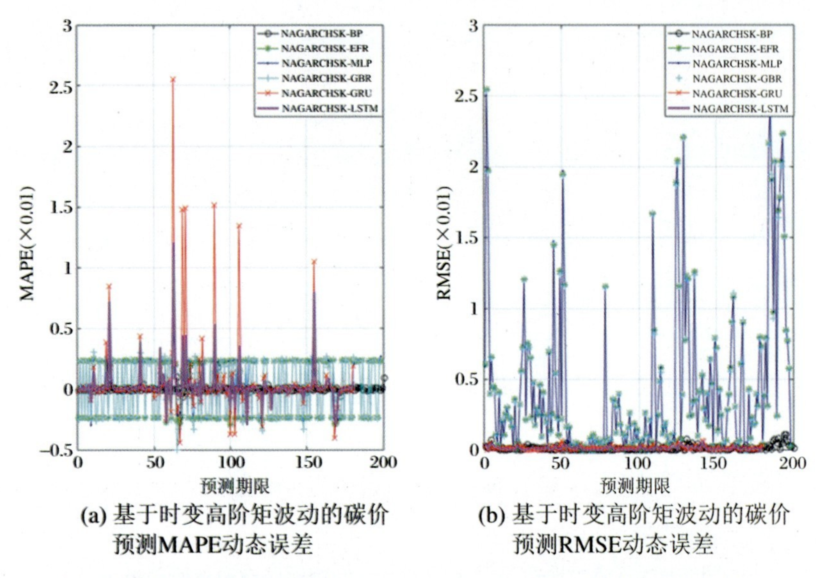

(a) 基于时变高阶矩波动的碳价预测MAPE动态误差

(b) 基于时变高阶矩波动的碳价预测RMSE动态误差

图 5.5　基于中期拟合期限的 NAGARCHSK-LSTM 模型预测动态误差

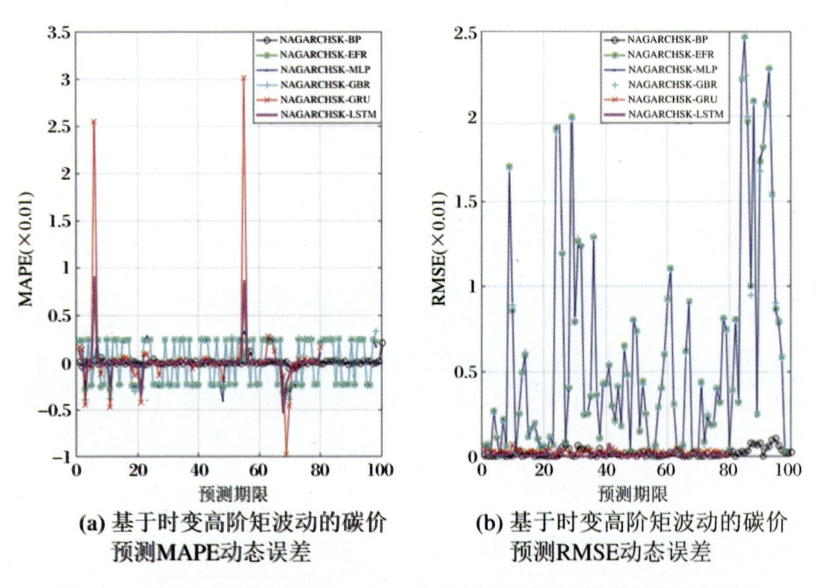

(a) 基于时变高阶矩波动的碳价预测MAPE动态误差

(b) 基于时变高阶矩波动的碳价预测RMSE动态误差

图 5.6　基于短期拟合期限的 NAGARCHSK-LSTM 模型预测动态误差